Friedrich Gleiss

Jüdisches Leben in Segeberg

vom 18. bis 20. Jahrhundert

Gesammelte Aufsätze aus zwei Jahrzehnten
mit über 100 Fotos und Dokumenten

Vorwort von
Prof. Miriam Gillis-Carlebach, Israel

unter Mitarbeit von
Torsten Mußdorf und
Manfred Neumann

Schlußredaktion, Satz, Layout, Digitalisierung: Fritz Gleiß/Hamburg
Umschlaggestaltung: Dr. Arthur A. Keller/Kunsthaus Schwanheide
Personen dem Uhrzeiger nach, beginnend oben rechts: Ervin Bossanyi – Adolf Levy mit Frau Johanna
geb. Wulff – Moritz Steinhof mit Tochter Flora – Alice Calder geb. Baruch – Leopold Baruch –
Marianne Selig geb. Lembke mit Tochter Helene und Sohn Hans-Jürgen
Fotos: c/o Friedrich Gleiss/Bad Segeberg

Copyright & v.i.S.d.P.:
Friedrich Gleiss
Hamburger Str. 118
D-23795 Bad Segeberg
Tel./Fax 04551/2621
Direktvertrieb über den Verfasser
Im Buchhandel über BoD - www.bod.de
Einzelexemplar 12,80 Euro
2002
ISBN 3-8311-3215-1
Herstellung: Books on Demand GmbH

Inhalt

Vorwort

Aus drei Sichtweisen möchte ich die Bedeutung des vorliegenden Buches hervorheben. Erstens: das Buch als Mahnung zur Erinnerung.

Auf der großen Landkarte Deutschlands mit den Ländern, den Haupt- und Großstädten, den Landesbezirken und Kleinstädten ist Segeberg auf den ersten Blick gar nicht sichtbar. Um 1929 hatte es rund 5.000 Einwohner, unter denen die jüdische Bevölkerung weniger als ein Prozent ausmachte. Eine verschwindend kleine Menge in einer Stadtgeschichte – so verschwindend, daß der Juden in dem 1982 erschienenen, schön bebilderten Buch „Die Stadt Bad Segeberg" nicht gedacht und sie nicht erwähnt werden – weder die Juden noch ihre Synagoge, 1842 eingeweiht, 1938 geschändet –, als hätten sie in der 850jährigen Segeberger Stadtgeschichte niemals existiert. Der einzige Jude, der endlich genannt wird, ist Jean Labowsky, der nach dem Krieg von den Engländern zum Stadtdirektor ernannt wurde.

Segeberg war jedoch eine Kleingemeinde von ca. 60 Juden, die seit 1792 eine Chevra Kaddisha, eine Beerdigungsbrüderschaft besaß und 1927 deren 135. Stiftungstag im jüdischen Restaurant von Frl. Baruch veranstaltete. „Diese Veranstaltung zeigt", so der Israelitische Kalender Schleswig-Holstein für das Jahr der Welt 5688, „wie selbst die Kleingemeinden fähig sind, in geeigneter Weise ihren Mitgliedern Erbauung, Freudenstimmung und tiefe Erlebnisse, die sich ins Herz einschreiben, zu verschaffen" (Blumenfeld 1996). Aber die Zeit zwischen 1933 und 1945 wird in der Segeberger Stadtgeschichte in zwei Zeilen abgetan – ohne Juden. Doch „Geschichte ist kein Supermarkt, an dem man sich Ware aussucht und das nicht Gewollte auf den Regalen verstauben läßt" (Traverso 1993). Diese „ungewollte Ware" wird jetzt angeboten in dem Band von Friedrich Gleiss. Dieses Buch kann die Ausgelöschten und das Ausgelöschte nicht wieder lebendig machen, aber das schriftlich niedergelegte Zeugnis kann Geschichte in menschliche Erinnerung bringen – für die Segeberger und für die Nachkommen der einst dort unter ihnen lebenden Juden.

Aber warum wollen wir, ja müssen wir uns immer wieder erinnern? Warum können wir nicht einfach jetzt, in diesem Moment, alles sozusagen von Neuem anfangen, unbelastet und unbeschwert, warum drängen sich die Erinnerungen uns immer wieder auf? Es ist dies eine dem Menschen besondere Notwendigkeit, fast ein Naturgesetz, nicht nur in der Gegenwarts-Gemeinschaft leben zu wollen, sondern sich auch zu den noch so schweren Geschehnissen der Gemeinschaft von der Urvergangenheit an zugehörig zu fühlen, sich hineinzuträumen, und sich einer Zukunft zu vergewissern, an der wir mitbauen. Wir leben in einer Zeit, in der dieses Naturgesetz aus den Fugen geraten ist. Viele von uns sind Waisenkinder der Shoa, und für unsere Kinder und Enkel sind die Begriffe Oma, Opa, Urgroßmutti, Onkel, Tante keine natürlichen Erlebnisse, sondern nur Schulvokabeln, wie eine abgerissene Kette. Deswegen ist es unsere doppelte und dreifache Pflicht, die Bruchstücke der Erinnerung zusammenzutragen – von der Vergangenheit durch die Gegenwart für die Zukunft.

Zweitens – das Buch als Beispiel und Symbol: Wofür und für wen? Für andere Städte und Dörfer, Klein- und Großgemeinden. Zu viel Ähnliches hat sich in vielen Städten ereignet, sowohl im jüdischen Leben als auch im Verschweigen jüdischen Lebens. So möge dieser Band als Beispiel dienen, um Forscher und Geschichtsschreiber aus anderen Orten anzuspornen, auch zu erforschen, aufzuschreiben und zu veröffentlichen – für die Menschen und, wie gesagt, für die Nachkommen der einst dort lebenden Juden.

Es ist noch ein Drittes hinzuzufügen: das Buch aus meiner persönlichen Sicht. Eben durch die Verbindung der Geschichte von Schleswig-Holstein und der Segeberger mit meinem Vater Oberrabbiner Dr. Joseph Carlebach. Sein Wirken für Segeberg ist ja in den vorliegenden Aufsätzen beschrieben und soll deshalb hier nur in sechs Punkten zusammengefasst werden: Die Sorge für die jüdischen Friedhöfe, um den Israelitischen Kalender für Schleswig-Holstein, als Wanderlehrer, bei Tagungen oder „Judentagen", sein Bemühen um gemeinsame Kinder-Sabbate sowie die Rabbinatsbesuche in den Zwerggemeinden.

In den beiden letzten Punkten taucht Segeberg immer wieder in unserer Familiengeschichte auf. Aus einem Brief meiner Mutter Lotte Carlebach vom 22. Januar 1939: „ ... gestern war Jo (Dr. J. Carlebach) mit Peter in Segeberg, da er zum ‚Erben' für das dortige Gut eingesetzt war. Sie holten einige Sefarim, Toramäntelchen etc., Machsorim, hebräische Bücher ... In Segeberg sind noch drei alte Leute, sagt er, die sich (merkwürdiger- und glücklicherweise) miteinander gut vertragen und sich immer gegenseitig zum Kaffee einladen." Wenn Joseph Carlebach den Sabbat in einer der Zwerggemeinden verbrachte, blieb unsere Mutter am Sabbat mit ihren neun Kindern in Altona. Dieser Verzicht ihrerseits stellte eine sozusagen passive Mitarbeit an der Aufrechterhaltung der Verbindung mit Segeberg dar. Aber bei einigen Gelegenheiten, besonders, wenn es sich nur um einen Nachmittag oder Abend handelte, war sie der begleitende Ehrengast.

Joseph Carlebach, bekannt als kindgerechter Pädagoge, empfand, daß Religionsunterricht für einzelne Kinder oder in sehr kleinen Gruppen, ja selbst die Teilnahme am Gottesdienst in den kleinen Synagogen, das konkrete Gottesdiensterlebnis in einer größeren, vollen Synagoge und die Bekanntschaft mit jüdischen Kinder- und Jugendkreisen nicht ersetzen könne. So wurde von Mal zu Mal für die Provinzkinder ein Sabbat in Altona organisiert. Im Mittelpunkt stand dann das gemeinsame Sabbatmahl im Rabbinerhaus, mit Toraerklärungen und frohem jüdischen Gesang.

Diese Gedankengänge möchten als Abschluß meines kleinen Vorworts dienen. Damit ist vor allem mein aufrichtiger Dank an Herrn Pastor Friedrich Gleiss mit eingeschlossen.

Miriam Gillis-Carlebach
Joseph Carlebach Institut, Bar Ilan Universität, Israel, , im Jahre 2002

Oberrabbiner Dr. Joseph Hirsch Carlebach (Lübeck 1883 - 1942 bei Riga)

Einleitung

Die vorliegende Sammlung von Beiträgen über jüdisches Leben in Segeberg entstand aus meinen kontinuierlichen Nachforschungen seit 1980.
Viele Arbeiten wurden in früheren Jahren bereits einmal publiziert und sind
nun gründlich überarbeitet und auf den neuesten Stand gebracht worden.
Überflüssiges wurde fortgelassen, einiges gekürzt, um Wiederholungen zu ver-
meiden. Allerdings sind solche aus Sachgründen nicht vollständig zu umgehen,
denn jeder Einzelaufsatz steht auch für sich allein.

Die Sammlung enthält keine fortlaufende Chronik und keine Gemeinde-
geschichte der ehemaligen Segeberger Juden. Sie wird wohl nie geschrieben
werden, denn dafür fehlen z.B. Aufzeichnungen der Gemeindevorsteher vor
1880, Unterlagen der Sterbe-Gilde, Kassenberichte oder Familien-Chroniken.
Meine Beiträge sollen Farbe in damaliges jüdisches Dasein bringen, dessen An-
teil am Leben unserer holsteinischen Kleinstadt damit wieder zum Vorschein
kommen möchte.

Ungezählte Menschen waren und sind an den Informationen beteiligt. Sie
hier namentlich aufzuführen, habe ich mit Bedacht unterlassen; sie bleiben
lebendig in diesen Schilderungen. Daß ich zum Kenner des israelitischen Lebens und Leidens in meiner Vaterstadt geworden bin („Das Gedächtnis Segebergs" nannte man mich in der Presse), verdanke ich dieser großen Schar von
Zeugen.

Alle Personennamen, Lebensdaten, Jahreszahlen und andere Detailangaben
in diesem Band sind nachprüfbar, auch die Namen und Schicksale der 55 während der nationalsozialistischen Herrschaft Ermordeten. Am Ende finden sich
die Quellen und Literaturangaben, auf denen die Sammlung beruht.

Den Menschen jüdischer Herkunft, die hier mehr als zwei Jahrhunderte lang
lebten, litten, meistens schwer benachteiligt waren und schließlich verfolgt und
ermordet wurden, sind wir Heutigen es schuldig, ihr Gedächtnis wach zu halten. Ihre Namen, ihre Lebensschicksale, vor allem ihre Menschenwürde sollen
und müssen bewahrt bleiben. Sie waren ein Teil von uns. Ohne sie wäre Bad
Segeberg nicht das, was es heute ist.

Neben den Mitautoren Torsten Mußdorf und Manfred Neumann nenne ich
dankbar noch einen weiteren Namen: Miriam Gillis-Carlebach, Tochter des
Oberrabbiners Dr. Joseph Carlebach aus Altona, die heute in Israel lebt. 1986
zeigte sie uns deutschen Besuchern die Bar Ilan-Universität in Ramat-Gan und
verschwieg ihre deutsche Herkunft nicht. Sie gab die Schriften ihres Vaters heraus – Ehre seinem Andenken! –, aus denen seine vielseitige Bildung, Begabung

und Toleranz erkennbar spricht. Seither war sie zweimal zu Vorträgen in Segeberg und mehrmals in Norddeutschland. Hier gab sie zwei Bücher heraus, das Memorbuch für die holsteinischen Opfer der Shoa sowie „Menora und Hakenkreuz", einen Sammelband, an welchem auch ich mitarbeiten durfte und den sie gemeinsam mit Professor Gerhard Paul aus Schleswig redigierte. Wir danken ihr von ganzem Herzen für das Vorwort zu diesem Band.

Die vielen Fotos und Dokumente konnten nicht immer an der vom Leser erwarteten Stelle plaziert werden. Oft veranschaulichen sie auch Aspekte aus mehr als einem Beitrag. Um sie leicht auf- und wiederzufinden, wurde am Schluss des Bandes ein Abbildungsverzeichnis angelegt.

Friedrich Gleiss, Bad Segeberg im April 2002

Jüdischer Friedhof von 1792, aufgenommen ca. 1985

1. Der erste Jude in Segeberg

Es war der „hochfürstlich plönische Pensionarius" Claus Schnack auf Herrenmühle, sechs Kilometer von der Stadt, geboren 1684, am 30.Sept. 1738 auf dem damaligen ersten Friedhof vor der Marienkirche begraben „mit Leichenpredigt und Parentation", wie das Sterberegister vermeldet. Dieser Vermerk steht längst nicht in jedem Kirchenbucheintrag. Parentation bedeutet, mit allen kirchlichen Ehren bestattet, u.a. mit Geläut. Seine Grabstätte befand sich in Höhe der heutigen Parkplätze.

Am Ende des 17. Jahrhunderts gab es noch keinen einzigen Juden in unserer Stadt. Die ersten beiden urkundlich erwähnten Levin Heydelbrun und Bendix Siemon ließen sich um 1730 hier nieder. 1744 legten sie den Bürgereid mit der für Juden diskriminierenden Formel ab: „Dies versichere ich bei dem allmächtigen lebendigen Gott, der Himmel und Erde erschaffen hat, Moses erschienen ist im Busch, und komme über mich aller meiner und meiner Voreltern Sünde, auch der im Gesetz Mosis beschriebene Fluch, und gebe mich Gott zum Schandzeichen meinem Volk ewiglich." (Horst Tschentscher, „Juden im Segeberger Bürgerbuch 1744-1813", Familienkundliches Jahrbuch Schleswig-Holstein, Kiel 1981, S. 83) Schnack hatte noch keine Glaubensgenossen in seiner Heimatstadt, so daß er sich der evangelischen Gemeinde seiner Frau anschloß. Ein Übertritt wird durch Taufe vollzogen, wenn sie nicht schon früher stattfand. Seine jüdische Herkunft geht aus der Grabsteingestaltung hervor, die ich

Herrenmühle vor Segeberg, von Claus Schnack im 18. Jh. bewirtschaftet

zum Abschluß interpretiere. Sie bezeugt, daß er seinen Glauben nie verleugnete.

Familie Schnack ist aus unseren Kirchenregistern sowie aus den Unterlagen der Herrenmühle im Landesarchiv Schleswig wohlbekannt. Claus' Vater Johann Friedrich hatte sieben Kinder: 1679 Hedwig, 1681 Anna Maria, 1684 unser Claus, 1686 Jochim, 1689 Daniel, 1691 Hans, 1694 Caspar. Von diesem jüngsten seiner Brüder findet sich im Schleswiger Landesarchiv ein Brief vom 7.7.1732 an die Regierung in Kopenhagen, aus Elmshorn geschrieben. Caspar sollte Pachtunterlagen vorlegen, die schon 1713 bei einem Brand verlorengegangen waren. Claus Schnack heiratete 1712 Anna Margarethe Lindemann, geboren 1699, verstorben 1753. Sie hatten zwei Töchter: Sophia Amalia, geboren 1718 und früh gestorben; Catrina Hedewig, geboren 1720. Beide Töchter empfingen die Kindtaufe.

Das Pachten der Herrenmühle war Grundlage soliden Wohlstands. Zu ihr gehörten 25 umliegende Dörfer: „Die zu einer Mühle gehörenden Zwangsgäste dürfen nirgendwo anders ihr Korn mahlen oder schroten lassen" (sogenannter Mühlenzwang, Akte vom 6. Mai 1694). Außerdem hatten die Bauern Hand- und Spanndienste zu leisten. Die Pacht war ein rundes Jahrhundert lang in Händen der Familie:

1670-1694 Johann Friedrich Schnack

1692-1738 sein ältester Sohn Claus, noch unmündig; ein Onkel führte für ihn anfangs den Betrieb

1738-1753 Claus' Witwe Anna Margarethe geb. Lindemann

1753-1780 Tochter Catharina Hedwig, die „Kanzlerätin" Stange, die 1762 die Pacht an Detlev Hudemann abtrat, vermutlich aus Gesundheitsgründen.

Zugehörige Wohnhäuser und Ländereien sorgten mit den 25 Dörfern für die Einkünfte. Der Reichtum ist bis heute ablesbar an den beiden von Familie Schnack gestifteten Messing-Kronleuchtern in St. Marien zu Segeberg, wozu damals auch jährliche Kerzen und Reinigungen gehörten. Beide Schenkungen erfolgten erst Jahre nach dem Tod des jüdischen Erblassers. Seine Witwe starb 1753. 1754 wurde der erste Leuchter gestiftet, 1783 der zweite durch die Tochter Catharina Stange. Diese beiden Schmuckstücke zieren bis heute seit zweieinhalb Jahrhunderten das gotisches Kirchenschiff.

Nun ist die Frage zu beantworten, woher wir wissen, daß Claus Schnack ursprünglich Jude gewesen ist. Sein Grabstein, der seit 1949 nicht mehr am ursprünglichen Platz, sondern in der Nähe des Turms vor der Südmauer von St. Marien steht, gibt die Antwort. Aus gelbem, inzwischen stark verwittertem Sandstein gehauen, steht obenan der Vers aus der Offenbarung des Johannes, 2,10: „Sei getreu bis an den Tod, so will ich dir die Krone des Lebens geben."

Vorderer Kronleuchter in St. Marien Segeberg, von Familie Schnack im 18. Jh. gestiftet

Zwei Engel halten sie darüber mit den Händen. Wer die Heraldik kennt, weiß, daß es sich nicht um eine adelige Kopfzierde oder um Kaiser-Insignien mit dem Kreuz auf der Weltkugel handelt, sondern unverwechselbar um eine Tora-Krone wie tausendfach auf jüdischen Gräbern. Mit ihr werden die beiden ummantelten Schriftrollen geschmückt. So wird hier bildlich ausgesagt, daß der den Gläubigen biblisch zugesagte Lohn in der gekrönten Tora, wie Juden ihre Bibel bezeichnen, besteht. Sie ist Gottes Geschenk an sein Volk.

Der linke Engel hält statt eines Bibelbuches eine Torarolle im Arm. Nur Juden schreiben die biblischen Bücher handschriftlich auf Pergamentrollen. (Im Gottesdienst der Synagogen werden sie geöffnet und abschnittsweise vorgelesen; die fünf Mosebücher im Laufe eines Jahres). Der rechte Engel trägt einen Anker als Hinweis biblischer Hoffnung auf ewiges Leben – 1. Kor. 13,13: Glaube, Liebe, Hoffnung bleiben. Christen kennen die Bibel nur in Buchform. Diese drei Zeichen: Torakrone, Torarolle und Anker symbolisieren den Glauben an den „König der Welt", wie er in vielen jüdischen Gebeten angeredet wird.

Ebenso eindeutig ist der Spruch unten auf dem Stein: „Lasset ihn liegen, niemand bewege seine Gebeine". Dies Wort stammt aus dem Talmud und erläutert jüdische Grundsätze gegenüber den Verstorbenen. Einem toten Juden gehört der Fleck Erde, in welche er gebettet wird, auf unbegrenzte Zeit, auf ewig. Es gibt weder erneute Bestattungen auf demselben Platz wie bei uns nach Ablauf der Verwesungsfrist, noch Exhumierungen; letzteres mit zwei Ausnahmen: Überführung in ein Familiengrab oder nach Jerusalem, wo der Messias erwartet wird. Mit diesem Satz auf seinem Grabstein hat Claus Schnack seiner Familie die Weisung hinterlassen: Ich bin als Jude geboren und bis zum Tode treu gewesen, wie es der Vers aus dem Neuen Testament besagt. Nach meinem Ableben sollt ihr mich so ehren, wie es einem geborenen Juden zukommt.

Das künstlerisch gestaltete Grabmal für Claus Schnack mahnt die Lebenden zur Toleranz gegenüber Andersgläubigen und erinnert an die jüdische Herkunft des Verstorbenen.

Übrigens: Der letzte Jude in Segeberg war von 1943 bis 1945 Jean Labowsky, der einzige Überlebende hier aus seiner knapp neunzig Seelen umfassenden Gemeinde. 1945 bis 1952 war er unser Stadt-Direktor und genoß in der Bevölkerung hohes Ansehen. Zwischen diesen beiden Männern liegt die Tragödie der jüdischen Gemeinde Segeberg.

Grabstein des getauften Juden Claus Schnack von 1738 vor St. Marien Segeberg

2. Juden in Segeberg von 1700 bis 1945

I. Motivation und Intention

Wie kommt jemand dazu, mehr als vierzig Jahre nach dem zweiten Weltkrieg eine Arbeit über Juden in Segeberg vorzulegen, nachdem es seit 1945 bis heute in Segeberg nur wenige Juden gibt? Ich möchte für die Segeberger die Erinnerung an die jüdische Gemeinde bewahren. Den Jüngeren in unserer Stadt soll das intensive Miteinanderleben von Christen und Juden lebendig werden. Den ermordeten Mitbürgern muß Gerechtigkeit widerfahren.

Meine persönliche Motivation hat ihren Ursprung vor allem in der Begegnung mit der Jüdin Edna Brocke aus Moers und dem Theologie-Professor Heinz Kremers von der Gesamthochschule Duisburg Mitte der 70er Jahre. Beide haben u.a. im Ausschuß der Rheinischen Landessynode „Christen und Juden" sowie auf den evangelischen Kirchentagen mitgearbeitet. Kremers war Sohn eines Judenmissionars, Alttestamentler, Judaist und Judenfreund. In dieser Zeit lernte ich auch jüdische Menschen kennen, so Schaja Weisbeker, Düsseldorf, einen Auschwitz-Überlebenden. 1979 machte ich die erste Studienreise, 1986 die zweite nach Israel, seither sechs weitere. Im Rheinland unterrichtete ich Fachoberschüler, in Segeberg Fach-Gymnasiasten der 11. bis 13. Jahrgangsstufe in Religion. Zum Stoffplan der Oberstufen gehören fremde Religionen, vorrangig der jüdische Glaube, die Wurzel des Christentums. Schüler-Wochenendtagungen mit jüdischen und anderen Referenten sowie eine Projektwoche vertieften den Unterricht.

So begann ich seit meiner Rückkehr in die Vaterstadt 1980, systematisch und intensiv die Geschichte der hiesigen jüdischen Gemeinde von damals zu recherchieren, wobei Kollegen mithalfen. Den letzten Anstoß gab bei Dienstantritt die Meinung des Schulleiters, Segeberg sei doch „ein weißer Fleck auf der Landkarte des Antisemitismus" gewesen. Seine Bürokraft nach dem Krieg war der ehemalige NSDAP-Ortsgruppenleiter Otto Gubitz gewesen. Befragungen in Segeberg und eine umfangreiche Korrespondenz mit Instituten in Deutschland und im Ausland, insbesondere in Israel, USA und Großbritannien waren nötig. Quellen mußten gefunden und studiert werden, auch in anderen Städten. Mit drei Zeitungsanzeigen in Tel Aviv, New York und London habe ich Nachlebende der Emigranten gesucht und auch gefunden. In Segeberg gibt es Rats-Protokolle, Grundbücher, die „Segeberger Zeitung", das Stadtarchiv, Adreß- und Kirchenbücher, Bauakten usw. In fremden Archiven, vor allem in Schleswig, Kiel, Hamburg (Institut für die Geschichte der deutschen Juden), im

Bundesarchiv Koblenz und Coswig/Anhalt, in Frankfurt, Berlin, Lübeck, auch in Jerusalem (Yad Vashem) und Washington befinden sich unzählige Dokumente. Aus hunderten kleinen Steinchen ist ein Bild entstanden, das der Wirklichkeit nahe kommt.

Ausriss aus den Lübecker Nachrichten vom 27.5.2001 mit einem wieder aufgetauchten, gegen den Willen des Besitzers veröffentlichten Foto einer Bücherverbrennung am 10. Mai 1933 auf dem Segeberger Marktplatz - durchgeführt von NSDAP-Kreisleiter Werner Stiehr

Nicht alle Einzelheiten der 30er Jahre sind heute rekonstruierbar, einige Lebensdaten von jüdischen Gemeindegliedern fehlen. In unserer Stadt leben immer noch Zeitzeugen. Fast alle sind befragt worden. Vielen von ihnen fehlen genaue Erinnerungen, manche täuschen sich bei wichtigen Einzelheiten, einige verschließen sich. Dann war ich auf andere, weitere Quellen angewiesen, die mühsam aufzufinden sind. In zwanzig Jahren sind es aber so viele geworden, daß die Darstellung eine verläßliche, solide Grundlage erhalten hat. Das Gesamtbild kann der geschichtlichen Wahrheit standhalten. Die wenigen nachlebenden Juden aus der dritten Generation in aller Welt haben es konsolidiert.

Wir verloren mit unserer jüdischen Gemeinde einen großen Reichtum an kulturellen, geistigen und religiösen Werten. Die Segeberger Bürger, die mitschuldig waren an ihrer Vernichtung, leben zum Teil noch unter uns.

II. Menschen minderen Rechts

Das Ausmaß des Völkermordes im Dritten Reich ist ohne Beispiel in der Geschichte, aber jahrhundertelange Pogrome gingen voraus. Erste jüdische Ansiedlungen in Deutschland gab es schon zur Römerzeit. 321 erteilte Kaiser Konstantin den Juden in Köln das Privileg zur Niederlassung – selbstverständlich gegen angemessene Gebühren! Wenig später finden wir jüdische Gemeinden in Magdeburg, Meißen, Merseburg, Mainz, Trier, Worms und Speyer. Besonders befähigte Juden erhielten einen kaiserlichen Schutzbrief – auch für viel Geld – und wurden bis ins 19. Jahrhundert „Schutzjuden" genannt. Von Anfang an hatten Juden einen minderen Rechtsstatus. Auch die Pogrome am Rhein zur Zeit der ersten Kreuzzüge ab 1099, denen zigtausend Juden zum Opfer fielen, sind Indiz dafür. Abgerundet wird dieses Bild eines dekretierten Randdaseins von Wohnungs-, Kleider- und Berufsvorschriften das ganze Mittelalter hindurch. 1267 erließ die Wiener Kirchenversammlung, daß Juden einen spitzen Hut zu tragen hätten – der „Judenhut" war geboren. 1530 schrieb die Reichspolizeiordnung einen gelben Ring an Rock oder Mantel für Israeliten vor – der „Judenstern" war da, im ganzen Reich.

Die Vertreibung aller 160.000 jüdischen Familien aus Spanien im Kolumbus-Jahr 1492 - ein geschlossener Exitus in unvorstellbarer Größenordnung! – nach Jahrhunderten friedlichen Miteinanders von Mauren, Muslimen und Christen muß erwähnt werden, weil danach jüdische Einwanderungsströme von der iberischen Halbinsel nicht nur Italien, sondern auch Nordeuropa erreichten, vor allem Kopenhagen, Altona und Friedrichstadt.

In einem „Publicandum" für Kiel vom 12. September 1766 ist zu lesen: „Es sollte daselbst nie mehr als eine Judenfamilie geduldet werden", was später „großzügig" auf drei Familien erweitert wurde. Bis 1803 galt in Kiel die Bestimmung, daß „kein fremder Jude länger als 24 Stunden hier geduldet werden durfte"[1]. So konnte sich dort nie eine nennenswerte jüdische Gemeinde bilden im Gegensatz zu Segeberg. Dr. Horst Tschentscher hat in seiner Arbeit „Juden im Segeberger Bürgerbuch 1744-1813"[2] nachgewiesen, wie auch in unserer Stadt die Juden diskriminiert wurden: „Juden waren bei ihrer Vereidigung streng von den Christen abgesondert."[3] Der sogenannte Judeneid von 1773 schloß mit der oben zitierten diskriminierenden Formel.

Dazu kam, wie Nikolaus Falck feststellt[4]: „Bei der Ableistung des Judeneids müssen mindestens zehn männliche Juden gegenwärtig sein" (sogenannte Müßiggänger). „Die durch Unterschrift vollzogene Eidesleistung war eine auf Juden beschränkte Besonderheit."[5] Konkret bedeutete dies: „Anno 1763 den 9. Februar hat ein Jude Abraham Joseph den Bürger-Juden-Eid ablegen wollen; er

Juden, durch Spitzhüte gekennzeichnet, eskortieren Jesus zur Kreuzigung. Im Neuen Testament sind es römische Soldaten. Konstanzer Psalter, 13. Jh.

ist aber nicht angenommen, sondern angewiesen, erstlich eine königliche Concession zu suchen, daß er hier in der Stadt wohnen dürfe."[6] Dazu Tschentscher: „Fälle, daß ein Bewerber von der Vereidigung als Bürger zurückgewiesen wurde, sind bei Christen im Bürgerbuch nicht anzutreffen."[7] Das ist gar nicht verwunderlich, denn kein Christ benötigte eine solche Genehmigung.

Die Befreiungsversuche aus diesen Fesseln finden ihren Ausdruck in den verschiedensten Formen der Emanzipationsbewegung vom 17. bis zum 19. Jahrhundert. Sie begann in England Mitte des 17. Jahrhunderts. 1776 erfolgte die „declaration of human rights" in den USA. 1791 war es in Frankreich so weit, 1812 in Preußen, erst 1863 in Schleswig-Holstein. „In keinem Bezirke Deutschlands hat die bürgerliche Emanzipation der Juden so lange auf sich warten lassen wie in Holstein."[8] Das Emanzipationsedikt Friedrich Wilhelms III. von Preußen vom 11.März 1812 enthielt noch immer Beschränkungen, z.B. bei Staatsämtern (§ 9) oder beim Niederlassungsrecht fremder Juden (§ 31 und 35). In unserem Land spielte sich der Kampf um die Emanzipation primär zwischen 1840 und 1863 ab. Er wurde 1836 eingeläutet durch das zunächst anonym erschienene Grundsatzplädoyer für die Judenbefreiung von Hermann de Castro[9], das er an die schleswig-holsteinischen Provinzialstände richtete.

Die Kopenhagener Regierung legte der Ständeversammlung 1840 einen Gesetzentwurf zur Abstimmung vor: „Entwurf zu einer Verordnung für die Herzogtümer Schleswig und Holstein, die Verhältnisse der mosaischen Glaubensgenossen betreffend". Das Parlament setzte eine Fachkommission ein, die eine Vorlage zu erarbeiten hatte. Im Kommissionsbericht heißt es: „Es wird gefürchtet, daß Christen der Konkurrenz der Mosaiten nicht standhalten. Der ruhige, vielleicht etwas phlegmatische Bewohner der Herzogtümer dürfte von der leicht beweglichen, rastlosen Natur des Morgenländers überflügelt werden, besonders da, wo der von Generation zu Generation fortgeerbte, durch Not und Druck fast krankhaft gesteigerte Zahlensinn des Mosaiten den Ausschlag gibt."[10]

Die Vorlage der Regierung wurde von der Ständeversammlung mit 29 zu 13 Stimmen abgelehnt. Was von dem unverhohlenen Neid zu halten war, drückte ein Christ in der „Kopenhagenpost" so aus: „Gefesselt an einige Landstriche, beschränkt auf einen engen Kreis von Nahrungszweigen, verachtet von den Christen und beraubt aller politischen Rechte, haben die holsteinischen Juden bis jetzt fast übermenschliche Kraft und Mut gegen den Druck, unter welchem sie geseufzt haben, gezeigt, ohne dadurch demoralisiert worden zu sein. Steine, aber nicht Holsteiner könnten diese ihre unglückliche Verfassung bewegen."[11] Eine weitere Zäsur war das Jahr 1853. Die jüdischen Gemeinden in Altona, Elmshorn, Glückstadt, Rendsburg und Segeberg, also auch unsere nicht privilegierte Gemeinde, richteten an die 7. Provinzial-Ständeversammlung eine Petition zwecks „Gleichstellung der Israeliten in Holstein mit ihren christlichen Mitbrüdern". Auch dieser Vorstoß wurde abgelehnt.

Juden mit Spitzhut anstatt der Römer kreuzigen Jesus. Einer ist mit Geldbeutel dargestellt

Erst 1863 nahm die Ständeversammlung mit großer Mehrheit und trotz leidenschaftlicher Gegenstimmen, so vom Grafen Baudissin aus Borstel, den Emanzipationserlaß an. In ihm wird u.a. volle Wohnfreiheit im ganzen Land und bürgerliche Gleichberechtigung verfügt. Der Vorbereitungsausschuß tagte unter dem Vorsitz von Pastor Versmann, Itzehoe, dem große Verdienste an der Zustimmung der Abgeordneten zukommen. Die einzige größere Hürde bildete das Ehe- und Scheidungsrecht. Dazu gingen 135 Petitionen aus dem ganzen Lande ein, u.a. von Matthias David Levy aus Segeberg. Sie beantragten, daß „außer den allgemein gesetzlichen Formen zur Auflösung der Ehe der Scheidebrief erforderlich bleibt", also beibehalten werden soll, während das Gesetz ihn nicht mehr vorsieht (§ 7 und 8). Nur streng orthodoxe Juden forderten dies. Der Gesetzgeber wollte aber nicht in den innerjüdischen Gegensatz eingreifen. Im Ausschußbericht wird das so begründet: „Bei dem nahen Zusammenhang, in welchem das jüdische Eherecht mit den Religionsgrundsätzen und dem Ritual der Juden steht, wird es geraten sein, so wenig als irgend möglich in diese Verhältnisse einzugreifen, damit nicht den Juden aus der neuen Gesetzgebung eine Gewissensbeschwerung erwachse."

Am 1.August 1902, nach 24 Jahren Amtszeit des antisemitischen Bürgermeisters Johannes Friedrich Ludwig Plambeck, erließ die Stadt Segeberg das

„Regulativ für die israelitische Realschule in Segeberg", kurz „Schulregulativ" genannt. Der Altonaer Oberrabbiner hatte die geistliche Aufsicht, ohne dadurch das staatliche Aufsichtsrecht zu berühren. Z.B. steht im § 12, daß unentschuldigt fehlende Schüler dem Magistrat zur Bestrafung zu melden sind, nur dieser konnte sie maßregeln. Lehrervergütungen wurden genehmigungspflichtig. Hier wird erkennbar, wie bedingt die Selbständigkeit der jüdischen Gemeinde damals war. Noch drastischer sieht man das am städtischen „Regulativ für die israelitische Gemeinde Segeberg" vom 6. Dezember 1902. Genehmigungspflichtig durch den Regierungspräsidenten waren bisher: Steueränderungen, Anleihen, Erwerb und Veräußerung von Grundstükken, Gebührentarife einschließlich des Friedhofs, Regulativänderungen und – ganz neu – die Anstellung von Ausländern (vgl. hierzu: „Antisemitische Bürgermeister vor 1933"). Steuerrückstände der jüdischen Gemeindeglieder sind anzuzeigen und können nur vom Magistrat erhoben werden. Jede Jahresrechnung ist vorzulegen. Auch die jüdische Gemeindeverwaltung wird vom Magistrat beaufsichtigt. Auf einen Nenner gebracht: strengste staatliche Kontrolle der Gemeindearbeit, speziell in den Finanzen, obwohl die Juden arm waren. Die Emanzipation konnte also keine volle Gleichberechtigung in allen Bereichen bewirken. Dennoch fühlten sich unsere jüdischen Bürger als Deutsche.

Eintrittskarte zur antisemitischen Wählerversammlung am 6.6.1893

Antisemitische Wahlaufkleber um 1920

Antisemitische Annoncen vor 1933

Die Ziele der Antisemiten, Jahre vor der NSDAP, wurden den meisten Juden nicht bewußt. Welchen Illusionen sich viele hingaben, zeigt der Leitartikel von Chefredakteur Dr. Georg Landauer in der Berliner „Jüdischen Rundschau" vom 31. Januar 1933 unter der Überschrift „Regierung Hitler". Die Rundschau verstand sich als Sprachrohr der Volksbewußten. Landauer schrieb: „Der Nationalsozialismus ist eine judenfeindliche Bewegung, programmatisch in einem Maße antisemitisch, wie es noch keine Partei war. Er verdankt der skrupellosen Judenhetze einen großen Teil seiner agitatorischen Erfolge. Als Parteiführer konnte Hitler sich auf die von ihm fanatisierten Massen stützen, als Reichskanzler muß er wissen, daß Deutschland aus verschiedenen Elementen zusammengesetzt ist, die Anspruch auf Respektierung ihrer Eigenart haben. Wir sind überzeugt, daß auch im deutschen Volk die Kräfte noch wach sind, die sich gegen eine barbarische antijüdische Politik wenden würden. Auch ein nationalsozialistisch regiertes Deutschland kann die internationalen Beziehungen nicht ignorieren." Das war eine Stimme der Illusion. Die Realitäten gleich nach der Machtergreifung sprechen eine andere Sprache, erst recht die späteren Jahre. Aus dem Berliner „Jüdischen Nachrichtenblatt" seien hier die wichtigsten und einschneidendsten Maßnahmen der NS-Behörden über das Jahr 1942 wiedergegeben.[12]

6. Januar 1942
11. Verordnung zum Reichsbürgergesetz betreffend Gewährung eines Unterhaltsbeitrages. Die Höhe ist wie folgt festgesetzt:
a) für die nichtjüdische Ehefrau (im Falle des Todes eines jüdischen Versorgungsberechtigten) bis zur Höhe des Witwengeldes ohne Antrag;
b) für die jüdische Ehefrau höchstens die Hälfte der vorbezeichneten Beträge, nur auf Antrag.

9. Januar 1942
Verordnung über die Beschäftigung von Juden vom 3. Oktober 1941: Die Durchführungsverordnung schließt die jüdischen Arbeitskräfte aus der deutschen Sozialversicherung aus, auf die regulären Sätze der Arbeitslosenhilfe haben Juden keinen Anspruch. Die Beiträge sind aber weiterhin zu entrichten.[13]

13. Februar 1942
Jeder Jude muß eine Kennkarte haben, mit großem „J" signiert, zudem einen zusätzlichen Vornamen: Israel oder Sara. Die Bestimmungen über die Erstattung von Kosten für Luftschutzeinrichtungen finden auf Juden keine Anwendung. Entsprechende Anträge von Juden an die Finanzämter sind daher zu unterlassen.

3. April 1942
Polizeiverordnung über die Kennzeichnung von Wohnungen der Juden vom 1. September 1941. Jede Verwechslung mit der Wohnung eines „Ariers" muß ausgeschlossen werden.

17. April 1942
Die Benutzung öffentlicher Verkehrsmittel ist Juden ohne schriftliche Erlaubnis der Ortspolizeibehörde (die fast nie erteilt wurde) verboten.

15. Mai 1942
Mit sofortiger Wirkung ist Juden das Halten von Haustieren verboten. Vorhandene sind bei Sammelstellen abzuliefern.

29. Mai 1942
Juden ist jede Inanspruchnahmne von arischen Friseuren in Läden oder Wohnungen verboten.

19. Juni 1942
Alle Juden haben bei jüdischen (!) Sammelstellen sofort, entschädigungslos und ohne Quittung abzuliefern: elektrische Geräte, Plattenspieler, Schallplatten, Fahrräder, optische Geräte.

3. Juli 1942
Mit sofortiger Wirkung ist Juden die Benutzung von Warteräumen und Wirtschaften der Verkehrsbetriebe verboten.

17. Juli 1942
Juden sind von der Belieferung mit Zeitungen, Zeitschriften oder Verordnungsblättern durch Post, Verlage oder Straßenhändler ausgeschlossen.

21. August 1942
Für jede Aufenthaltsveränderung von Juden, auch besuchsweise, besteht sofortige Meldepflicht.

9. Oktober 1942
Der Kauf von Büchern ist Juden in allgemeinen Buchhandlungen nicht gestattet, nur im Buchvertrieb der Reichsvereinigung der Juden.

Die Liste ist unvollständig, läßt aber keinen Zweifel zu an der nationalsozialistischen Ideologie und Zielsetzung. Im Dritten Reich gab es rund 2.000 antijüdische Verordnungen.[14] Die Parteifunktionäre und Beamten waren hierin äußerst phantasiereich. Bis 1933 lebten in Deutschland ca. eine halbe Million Juden, nach 1945 bis 1989 nur knapp 30.000. Alle jüdischen Bürger unserer Stadt haben im Dritten Reich ohne Ausnahme existentiell leiden müssen wie im übrigen Deutschland: Sie haben Häuser, Geschäfte und Betriebe, Praxen, Heime zur Heilung und Erholung, Eigentum, Existenz und Beruf, Einkommen und Vermögen, Familie, Verwandte, ja ihre Ehre, Freiheit, Heimat, Leben und Zukunft verloren (vgl. den Beitrag „Arisierungen"). Das alles nicht durch eigenes Verschulden, sondern nur, weil sie Juden waren – dies allein war ihr „Verbrechen". Die wenigen Überlebenden sind in alle Winde und Kontinente zerstreut worden. Das kann der Leser dem Wohnungsverzeichnis im Kapitel XI entnehmen.

III. Jüdisches Gemeindeleben in Segeberg

„Von den Juden in den Herzogtümern haben wir vor dem Anfang des 17. Jahrhunderts keine Nachrichten."[15] Die erste jüdische Gemeinde Norddeutschlands finden wir 1583 in Altona, das damals zum Königreich Dänemark gehörte.[16] 1640 gewährte der dänische König der portugiesischen Altonaer Judengemeinde weitgehende, natürlich erkaufte Privilegien, darunter das Zinsprivileg. In Schleswig-Holstein bildeten sich im 17. und 18. Jahrhundert weitere jüdische Gemeinden[17]: 1616 in Glückstadt (1662 privilegiert), 1649 in Friedrichstadt (1677 privilegiert), 1692 in Rendsburg (Privileg für Rendsburg-Neuwerk 1692), 1727 in Elmshorn (1736 privilegiert). Außerhalb dieser fünf Städte galten verschärfte Bedingungen: Sonderantrag an den Hof in Kopenhagen, jährliches Schutzgeld von 5.000 Reichstalern, Verbot von Ackerbau und Gewerbe, Beschränkungen im Handel, Ausschluß von politischen Rechten. Als Jude in Segeberg zu leben, bedeutete damals, harte Einschränkungen in vielen Lebensbereichen hinnehmen zu müssen. Durch diese Bestimmungen blieb Juden oft nur das Hausieren übrig (Moritz Steinhof, Jacob Blumenthal), wobei auch dies durch königliches Hausiergesetz von 1837 bis zur Emanzipation 1863 fast ganz unterbunden wurde.

Segeberg war neben den fünf privilegierten Kleinstädten die wichtigste jüdische Niederlassung im Norden, bedeutender als Kiel und Neumünster. 1739 stellte Levin Heydelbrun, ein Altonaer Schutzjude, bei der Regierung den Antrag auf Niederlassung und Handelslizenz in Segeberg, ebenso Bendix Siemon 1743. Beide erhielten 1744 Segeberger Bürgerrecht.[18] Daraus ist zu schließen, daß sich in der ersten Hälfte des 18. Jahrhunderts erstmals jüdische Menschen in Segeberg niederließen und damit ein israelitisches Gemeindeleben begann. Zwischen 1762 und 1797 finden sich im Landesarchiv Schleswig Dutzende von Gesuchen Segeberger Juden, sogenannter „Supplicanten" (Bittsteller), an den Königshof in Kopenhagen, in denen Wohn- und Arbeitsrecht erbeten wird. Sie wurden fast alle, jedenfalls im ersten Anlauf, mit langatmigen Begründungen, die das schlechte Gewissen der Bürokraten belegen, abschlägig beschieden: „Auf diese Bitte könne nicht eingetreten werden aus Gründen, die nach unserem unmaßgeblichen Ermessen einen Einfluß in die abzugebende schlüssige Resolution haben werden" (1773). Oder: „Um der dem Auskommen städtisch handelnder Bürger stets nachteiligen Anhäufung der Judenfamilien zuvorzukommen" (1797). Diese waren an einer Hand abzuzählen! Mit ähnlicher Begründung wurde 1797 der Antrag von Wulff Moses, Sohn des Segeberger Friedhofsgründers Moses Moses, sich in Segeberg niederzulassen, abgelehnt: „Der Juden würden dann zu viele." Dabei sind 1832 erst elf Schutzjuden in Segeberg urkundlich belegt bei damals ca. 2.500 Einwohnern! Ein häufig angewandtes probates Mittel des Kopenhagener Hofes waren Scheingutachten örtlicher Behörden oder städtischer Gremien, die stets die „Notlage" der heimischen Wirtschaft herausstellten.

Bringt man das auf einen Nenner, muß man sagen, daß der Eigennutz deutscher Geschäftsleute die Ablehnung jüdischer Konzessionsgesuche bestimmte. Dazu kam das antisemitische Vorurteil, alle Juden seien Trödler, Wucherer, Schächer, Krämerseelen, die durch Verkauf von Ramsch und Gebrauchtwaren die Preise unterlaufen (in der mittelalterlichen christlichen Ikonographie wird der Jude oft mit umgehängtem Geldbeutel dargestellt) – als wenn solche Praktiken unter christlichen Kaufleuten nicht üblich wären, ganz abgesehen davon, daß sie durch Berufsverbote vonseiten der Christen erzwungen waren. Vereinzelte Ansiedlungsgenehmigungen gab es erst ab 1841/42.

Ein bedeutsames Jahr in der Geschichte der Gemeinde war 1792. Der jüdische Friedhof an der Kurhausstraße 81 wurde genehmigt und in Benutzung genommen. Gleichzeitig wurde die Sterbegilde gegründet, die „Chewra Kadisha"*. 1842 eröffnete die Gemeinde ihre Synagoge in der Lübecker Straße 2 nach gründlichem Umbau eines vorhandenen Hauses. Das Grundstück war seit 1727 in jüdischem Besitz. Zwischen 1766 und 1786 brannte das Haus dreimal ab.[19] Wenige Jahre nach der Synagogenweihe erfolgte 1848/49 eine größere Zuwanderung von jüdischen Bürgern: 16 Juden stellten gemeinsam einen Antrag auf Ansiedlungsgenehmigung, der ihnen en bloc bewilligt wurde. Hier bahnt sich der Umschwung in der Emanzipationsbewegung an, wovon schon die Rede war, denn im selben Jahr wird auch in Kiel ein starker Zustrom von Juden registriert. Dennoch ist noch 1868, fünf Jahre nach dem Gleichstellungsgesetz, im Verzeichnis der Volkszählung des Herzogtums Schleswig nur von „sich aufhaltenden" Juden, nicht von hier lebenden oder wohnenden die Rede.

Ein Zeichen des gewachsenen Selbstbewußtseins unserer israelitischen Gemeinden nach dem Erlaß von 1863 ist ein Vorgang aus dem Jahr 1866. Es wurden Umstrukturierungen der jüdischen Gemeinden und ihrer geistlichen Aufsichtsbezirke notwendig. Ein neuer zusätzlicher Rabbiner in Wandsbek erhielt die Jurisdiktionsgewalt über Segeberg, die bis dahin, wie später wieder, der Altonaer Oberrabbiner innehatte. Als nun Rabbi Jakob Ettlinger, Altona, seit 1836 in diesem Amt, eine Gehaltszulage beantragte, lehnten das die Segeberger rundweg ab: 1. müßten sie jetzt an Wandsbek zahlen; 2. habe Ettlinger keine Gerichtspflichten mehr bei ihnen; 3. sei die Gemeinde viel zu klein für zusätzliche Steuerlasten.

Schreibweise und der Wortlaut der Übersetzung dieses grundlegenden Begriffs weichen in verschiedenen Quellen voneinander ab.

Segeberger Synagoge von 1842 vor ihrem Abriß 1962, Lübecker Str. 2

Am Beginn des 19. Jahrhunderts bewegte sich die Einwohnerzahl Segebergs auf 5.000 zu. Gleichzeitig konsolidierte sich die israelitische Gemeinde. Ihre offizielle Seelenzahl lag nach den Statistiken zwischen fünfzig und siebzig, eine Größenordnung, die bis in die 30er Jahre des 20. Jahrhunderts konstant blieb. Dem entspricht die Zahl der Forensen bzw. Censiten, der jüdischen Steuerzahler. Sie betrug zwölf bis zweiundzwanzig und dürfte ungefähr der Zahl der Schutzjuden entsprechen. Ebenso kontinuierlich blieb die Zahl der religionspflichtigen Kinder vom 6. bis 15. Lebensjahr, nämlich zehn bis fünfzehn. Inoffiziell lag die Seelenzahl aus mehreren Gründen höher. Das interpretiert der jüdische Kalender von 1927/28 wie folgt: „Bemerkt sei, daß diese Statistik nur eine untere Grenze der wirklichen Zahlen bietet, daß, wie wir festgestellt haben, die wirkliche Zahl noch weit darüber hinaus geht. Denn nicht alle haben sich zu ihrer jüdischen Religion bekannt."[20]

Seit dem 1. Januar 1913 gehörten die Neumünsteraner Juden zu Segeberg. 1917 wurde Klein Niendorf mit 35 jüdischen Seelen eingemeindet (mit dem Kinderheim in der Bismarckallee), und seit 1918 waren alle Juden im Kreis Segeberg Mitglied ihrer Kreisstadtgemeinde. Weiter ist zu berücksichtigen, daß manche Juden sich entweder taufen ließen (Rechtsanwalt Selig, Jean Labowsky) oder nicht zur Religionsgemeinde gehören wollten, weil sie ungläubig waren. So wurden am 3. August 1865 bei der Volkszählung folgende Nichtmitglieder der jüdischen Gemeinde Segeberg namentlich genannt: Burchard Meyer, Moses Asher Bethanuchiner, Samuel Levy Abraham Levison. Bemerkenswert ist, daß sie dennoch ihren Gemeindebeitrag zahlten, was man bei Christen so nicht findet. Juden erfüllen die sozialen Verpflichtungen für ihre Glaubensgenossen auch dann, wenn sie sich innerlich längst vom Judentum losgesagt haben. Schließlich sind in der amtlichen Zählung die hiesigen Kinder, Lehrlinge, Kurgäste und das zugehörige Personal des „Sidonie Werner-Heims" in der Bismarckallee, des Bachmeier-Instituts in der Marienstraße 37 und der Pensionen nicht mitgezählt. Ihre Zahl betrug zusammen über zweihundert; die Groß-küche Bismarckallee 21 konnte für 200 Personen kochen.

In der zweiten Hälfte des 19. Jahrhunderts wuchs die kulturelle Bedeutung und Integration der jüdischen Gemeinde. So konnte 1856 der Schutzjude Wulf Levin kommissarischer Polizeioffiziant werden. Die Brüder Ludwig und Adolf Levy entwickelten vielfache Aktivitäten im kommunalen und sozialen Bereich, u.a. gründeten sie 1885 bei der Kurhauseinweihung die Badeanstalt am Großen See und förderten die Solbad Segeberg G.m.b.H. Nach der Jahrhundertwende haben die Brüder im Verein mit dem israelitischen Gemeindevorstand, dessen Präses Ludwig Levy war, die Ansiedlung mehrerer Häuser mit humanitären Zielsetzungen begünstigt, vor allem Kinderheime, Pensionen, Kurheime sowie eine Behinderteneinrichtung. Die beiden Levys gehörten neben anderen Juden zu den geachtetsten Bürgern unserer Stadt.

Zu Beginn des 20. Jahrhunderts finden wir in Segeberg eine stabile, geachtete und aktive jüdische Gemeinde vor, die von der antisemitischen NS-Bewegung überrascht wurde. Der jüdische Religionsunterricht in den Schulen sowie in der Haushaltungsschule Bismarckallee 21 fand trotz kleiner Schülerzahlen statt. Man konnte zwar keinen hauptamtlichen Lehrer besolden, wohl aber einen Wanderlehrer. 1925 wurden in Holstein drei Wanderlehrerbezirke eingerichtet: Elmshorn, Segeberg und Friedrichstadt. Die Wanderlehrer hatten neben dem Religionsunterricht die Synagogengottesdienste zu halten, bei entsprechender

Segeberger Synagoge von 1842, Betraum innen, 1962

Leo Baruch (1871-1930), Kaufmann, Vorsteher der Sterbe-Gilde

Vorbildung das rituelle Schächten zu versehen (Schlachtmethode für Tiere nach 5. Mose 12,21ff, eine schmerzlose Tötungsart) und manchmal die Beschneidung durchzuführen. In Segeberg unterrichteten sie die Schulkinder sowie Lehrlinge der Haushaltungsschule. Oberrabbiner Dr. Joseph Carlebach hat sich in seinen Briefwechseln mit der Heimleiterin Sidonie Werner darüber geäußert.[21] Wanderlehrer waren seit 1912: David Baum, ab 1927 Ernst Beer, 1929 Leopold Bornstein (* 1899, 1938 in Reval ermordet), 1935 Max Moddel (* 1894, verschollen in Riga), 1936 Leopold Levy, verstorben am 28. Dezember 1936.

Kurz vor Hitlers Machtübernahme gab es Höhepunkte im Leben der Judengemeinde. 1927 feierte sie das 135. Stiftungsfest ihrer Sterbegilde in der Pension von Sally Baruch, Kurhausstraße 31. 1929 beim 50. Jubiläum des Kindervogelschießervereins wurde das Gründungsmitglied Adolf Levy mit anderen Segebergern hoch geehrt. Im August 1930 gab eine große Trauergemeinde dem Kaufmann Leo Baruch aus der Kirchstraße 1-3 das Ehrengeleit, freilich schon mit den ersten Mißtönen durch Antisemiten.

Die Erniedrigung folgte rasch. Ab 1933 wurden die Geschäfte und Praxen von Juden durch SA-Posten „bewacht", Kunden fotografiert und zur Rede gestellt, Boykotte organisiert, Hetzartikel standen in der Presse. 1933 bis 1935 flohen die meisten selbständigen Juden aus der Stadt (vgl. „Die Flucht der Segeberger Juden ..."). Schon 1935 wurde Dr. Martin Abendstern, Neumünster, in den Vorstand geholt, weil die Segeberger Gemeinde arg geschrumpft war. Spätestens seit 1937 gab es judenfeindliche Schilder an Häusern und Straßen. 1938 lebten nur noch acht Juden hier[22], nämlich die Familien von Louis Goldstein, gestorben 1943, Levy Meier, gestorben 1938, und Jean Labowsky, gestorben 1964 in Segeberg. Diese drei bildeten bei den letzten Wahlen am 9. Mai 1937 den Gemeindevorstand, die übrigen kamen aus Neumünster und sogar Hamburg. Am 3. Mai 1939 war nach einer Grundbucheintragung kein Segeberger mehr im engeren Vorstand der jüdischen Gemeinde vertreten, Jean Labowsky nur Deputierter. Spätestens seit dem 9. November 1938 war die hiesige Gemeinde ausgelöscht.

IV. Die Stadt Segeberg und ihre Israeliten

Ich beschränke mich bei dieser Darstellung auf das 19. und 20. Jahrhundert, das 18. ist nicht mehr ausreichend erfaßbar. Die Zeit war geprägt von einer retardierenden Haltung der hiesigen Kaufmannschaft, wie zum Beispiel aus Gutachten, die der Kopenhagener Hof bei jüdischen Niederlassungsgesuchen anforderte, auch aus Schreiben der städtischen Zünfte an den Magistrat in dessen Protokollbüchern hervorgeht. Nach Errichtung des Jüdischen Friedhofs 1792, dem Bau der Synagoge 1842 und dem Emanzipationserlaß von 1863 hat sich die Stadt offenbar notgedrungen mit der Existenz einer israelitischen Minderheit abgefunden. Jedenfalls haben die Stadtkollegien am 28. Juli 1874 der Gemeinde die Hälfte der Kommunalabgaben für die Synagoge wegen der überwiegend gottesdienstlichen Nutzung erlassen. Das ist mehrere Jahrzehnte so praktiziert worden.

1869, erneuert 1906, erließ die Stadt eine Sabbatordnung. In ihr wird die Sonntagsheiligung auch für Juden verbindlich gemacht. Der Sabbat wird anerkannt, wenn auch keine anderen jüdischen Feiertage. Juden dürfen sonnabends nicht vor Gericht geladen werden, ihre Geschäfte können geschlossen bleiben, was z.B. Moritz Steinhof tat, während Leo Baruch am Sabbat durch nichtjüdisches Personal verkaufen ließ. Märkte werden vom Sonnabend auf andere Werktage verlegt, in Elmshorn schon 1813. Schließlich haben Juden keine Kirchenabgaben zu leisten, z.B. dingliche Kirchensteuern vom Grundbesitz oder Stolgebühren für Amtshandlungen (von stola, Amtstracht).

Kurhaus Segeberg, 1885 eingeweiht, Sponsoren: die Brüder Ludwig und Adolf Levy

1885 erbat die israelitische Gemeinde einen Zuschuß zum Religionsunterricht wie bei den christlichen Schulen. Der Magistrat unter Bürgermeister Plambeck (1878-1902) hat dies trotz Empfehlung vonseiten der Regierung bis 1899 abgelehnt.[23] Später änderte sich das allerdings. Ab 1907 (Plambeck war im Ruhestand) wurden zur Besoldung des jüdischen Wanderlehrers jährlich hundert Reichsmark zugeschossen bis in die 30er Jahre hinein.

Dennoch war Segeberg nie ausgesprochen judenfreundlich. Z.B. verkaufte J.W. Wittmaack das Haus Bismarckallee 11 im Jahr 1912 an Hermann Feddersen mit der Grundbuchauflage: „Käufer verpflichtet sich, nicht an einen Israeliten zu verkaufen." 1917 erwarb der „Israelitisch-humanitäre Frauenverein zu Hamburg" das Anwesen von Adolf Lütje aus Fahrenkrug – gekauft haben nur Israelitinnen. Und schon 1899 beantragte Sally Goldschmidt, Kieler Straße 53 (spätere Kurhausstraße), für sein Pensionat mit 18 Zimmern eine Konzession für den Weinausschank am Sabbat.[24] Sein Antrag wurde abgelehnt: „Ein Bedürfnis im öffentlichen Interesse ist nicht vorhanden." Auch das geschah zu Bürgermeister Plambecks Zeit. Im selben Jahr schloß die Stadt mit der israelitischen Gemeinde einen Vertrag zwecks Wegerecht und Abwasserableitung über das Synagogengrundstück Lübecker Straße 2. Die Stadt erhielt das Recht, Abwasserrohre auf dem jüdischen Grundstück zu lagern und dann unter dem Pflaster zu verlegen. Außerdem durfte das ganze Gelände öffentlich benutzt werden.

Es ist kein Wunder, daß der nationalsozialistische Antisemitismus ab 1933 wie schon vorher in unserer Stadt kräftig Fuß gefaßt hatte. Nur zwei Beispiele: Am 12. Juli 1937 behandelte der Segeberger Gemeinderat unter dem Vorsitz meines Klassenlehrers Studienrat Dr. Franz Eichstädt einen Protest des „Zentralvereins deutscher Staatsbürger jüdischen Glaubens" in Hamburg. Er richtete sich gegen die Aufstellung eines judenfeindlichen Schildes am Haus von Delfs, Ecke Lindenstraße-Kurhausstraße in der Nähe meines Elternhauses: „Juden sind hier unerwünscht." Der Rat billigte die Anbringung: Sie verstoße nicht gegen den Erlaß des preußischen Innenministers Hermann Göring vom 11. Juni 1935, der solche Schilder nur untersagte „an amtlichen Wegweisern und Richtungsschildern der Fernverkehrsstraßen" (die Olympiade in Berlin stand bevor!). Dann folgt die Anregung, das Schild an der jetzigen Stelle abzunehmen und stattdessen am Stadteingang Hamburger Straße anzubringen, „damit es seinen Zweck mehr erfüllt".

Zweites Beispiel: Am 28. Mai 1943 erhielt der Rat ein Kaufangebot der „Bezirksstelle Nordwestdeutschland der Reichsvereinigung der deutschen Juden" für das Synagogengrundstück Lübecker Straße 2 sowie für den Judenfriedhof Kurhausstraße 81 nebst einer Parzelle daneben. Geforderter Gesamtpreis nach Einheitswert zusammen 8.520 Reichsmark. Der Rat bot den Juden zynisch 500 Mark an. Notiz im Protokoll: „Von den Angeboten wird kein Gebrauch gemacht".

V. Der jüdische Friedhof in Segeberg

In den Beiträgen 4, 5 und 19 kann der Leser alle Informationen über diesen Ort erhalten. Sie werden hier nicht wiederholt. Ergänzend erläutere ich nur die sogenannte Sterbegilde, hebräisch „Chewra Kadisha", übersetzt „Heilige Bruderschaft". Wo ein jüdischer Friedhof existiert, gibt es auch diese Gemeinschaft. Die Gilde entstand mit der Gründung des Friedhofs 1792. 1927 feierte sie ihr 135jähriges Bestehen. Armenpflege, Krankenbetreuung und Sterbebegleitung sind unverzichtbare jüdische Grundsätze.[25] Die Mitglieder der Gilden praktizieren das. Sterbe-Gilden sind in vielen Fällen Eigentümer und Verwalter des Friedhofs. In Europa entstanden die ersten Gilden im 17., in Spanien schon im 13. Jahrhundert. In deutschen Verzeichnissen heißen sie gewöhnlich „Männerverein" oder „Männerwohlfahrtsverein". Die Gilden führten eigene Mitgliederlisten und -bücher, die leider in Segeberg nicht erhalten geblieben sind.

Am 31. August 1956 haben Bund und Länder gemeinsam erklärt, „anstelle der vernichteten jüdischen Gemeinden für die dauernde Sicherung und Betreuung der jüdischen Friedhöfe in der BRD zu sorgen". Bund und Land tragen je zur Hälfte die Kosten, die jeweilige Gemeinde führt die Arbeiten aus. Die Stadt Segeberg sorgt einmal wöchentlich für die Pflege. Der Vertrag basiert auf der Anerkennung und Respektierung jüdischer Grundlehren. Alfred Udo Theobald sagt es so: „Der jüdische Friedhof dient der heiligen Totenruhe bis zur Endzeit. Jüdische Gräber sind Ruhestätten für alle Zeiten. Die Erde, in die ein Jude gebettet wird, ist sein Eigentum auf ewig. Daher wird kein Friedhof aufgelassen und kein Grab mehrmals belegt. Exhumierungen sind nur bei Überführung in ein bereits bestehendes Familiengrab zulässig oder zwecks Bestattung im Lande Israel."[26] Juden nennen ihren Friedhof „Beth hachajim", „Haus des Lebens".

VI. Die Segeberger Synagoge

In Deutschland konnte bis zur Neuzeit kein jüdisches Versammlungshaus ohne Genehmigung durch den Landesherrn gebaut werden (übrigens auch keine Kirche einer nichtchristlichen Konfession), die fast immer versagt wurde. Im 19. Jahrhundert war der dänische König Souverän für die beiden Herzogtümer. Die israelitische Gemeinde Segeberg unter Janus Levy und Michel

Skizze des Jüdischen Friedhofs Segeberg Mitte der 30er Jahre; Evelyn Bruhn, 1986

Baruch ließ 1841 einen Aufruf im Lande veröffentlichen, der um Spenden für den Bau einer Synagoge in Segeberg bat. Die kleine Gemeinde konnte ihn aus eigenen Mitteln nicht finanzieren. Es gingen u.a. Gelder ein aus Kopenhagen, Glückstadt, Elmshorn und Hamburg. Nach königlicher Genehmigung konnte die Synagoge in der Lübecker Straße 2 vom Oberrabbiner 1842 geweiht werden. Im Parterre war eine bescheidene Wohnung für den Vorbeter (Chasan) mit zwei Zimmern, Küche und Bad. Ein dunkles Treppenhaus führte nach oben zum Betsaal. In der zweiten Etage war noch ein kleines Zimmer nach Osten zu. Die Gottesdienstbesucher gingen durch den Hauseingang herauf. Der Betsaal oben hatte vier Fenster zur Straße hin, nach hinten drei, weil das Grundstück konisch zulief. Hinter dem Hauptgebäude befand sich im Norden ein kleiner Garten und Stall, der 1891 mit einem Abort versehen wurde und seither im Grundbuch Abortgebäude heißt. Bis dahin mußten die Besucher die Toilette in der Vorbeterwohnung benutzen. Dieses isolierte kleine Hinterhaus wurde 1938 in der Reichspogromnacht abgebrannt, sozusagen ersatzweise für die Synagoge, die man wegen der beiden angrenzenden Nachbarhäuser verschonen mußte.[27]

Kantor Leopold Bornstein (1920), Religionslehrer, 1938 in Reval ermordet

1887 veröffentlichte der Gemeindevorstand am 30. April im „Segeberger Kreis- und Wochenblatt" folgende Anzeige: „Das Unterhaus der hiesigen Synagoge ist zu Michaelis in Miete zu haben. Nähere Auskunft erteilt Ludwig Levy." 1926 bis 1930 wohnte im Haus der evangelische Hausmeister Ernst Ketzner, geboren 1896, davor seit 1918 der Wanderlehrer Ernst Beer mit seiner Familie. Nach dem zweiten Weltkrieg wurde das Gebäude wiederum zu Wohnzwecken vermietet an Privatpersonen, der Betsaal als Unterrichtsraum für die Kreisberufsschule, wie mir zwei Lehrer berichteten.[28]

Über fröhliche Haus-Sabbat-Feiern berichtete Sidonie Werner aus ihren Kinderheimen in der Bismarckallee im Jüdischen Kalender. Sie feierten mit den Lehrlingen der Haushaltungsschule, oft auch mit Kurgästen. Kinder und junge Mädchen wurden hier in den jüdischen Lehren erzogen. Häusliche religiöse Feiern waren unumgänglich, denn Betsaal wie Frauenempore der Synagoge waren viel zu klein, um hundert Kinder und zwanzig Auszubildende mit Begleitpersonen aufzunehmen. Zudem ist die Andacht im Hause ein fester Brauch der Juden seit eh und je, insbesondere seit der Zerstörung des zweiten Tempels zu Jerusalem durch die Römer im Jahre 70 nach Chr.

Die angeblich freudlose, streng gesetzliche Religion der Juden ist ein Hirngespinst christlicher Theologen, die den israelitischen Alltag nicht kennen. Jede Synagoge besitzt in einem Schrein handgeschriebene Pergamentrollen der hebräischen Bibel, vor allem der fünf Bücher Mose. Diese werden in kostbaren Behältern aufbewahrt und im Laufe eines Mondjahres im Gottesdienst fortlaufend vorgelesen. Es ist für jeden Juden eine große Ehre, wenn er vom Vorbeter oder Kantor zum Lesen aufgerufen wird, wobei man ihn manchmal mit dem Ehrentitel „Rabbi" anredet. Das wird auch von Jesus im Neuen Testament berichtet. Bei Festgottesdiensten werden alle Schriftrollen aus dem Schrein geholt und von den Männern im Tanz herumgetragen, oft mit ihren Kindern

Ankunft jüdischer Kinder zur Kur in Segeberg, 20er Jahre

auf den Schultern. Das habe ich selbst erlebt am Festtag „Simchat Tora" (Freude an der Tora, an der Bibel) in Jerusalem.

Spätestens seit 1936 konnte die dezimierte Segeberger Gemeinde keine Gottesdienste mehr feiern. Das Schicksal der Synagoge war damit besiegelt. Die gegenüberliegende Kreisleitung der NSDAP und andere NS-Stellen nutzten das Haus als Lagerraum und Unterkunft. Nach dem Krieg erwarb die Stadt Bad Segeberg durch Kaufvertrag vom 27. September 1954 das 116 qm große Grundstück mit Gebäude für 50.000,- DM von der „Jewish Trust Corporation for Germany" in London. Die jahrzehntelange fehlende Bauunterhaltung, Vermietungen und Überbelegung in Notzeiten hatten das Haus innen und außen verkommen lassen. Wer die Bilder von 1962 vor dem Abriß ansieht, kann den erbärmlichen Bauzustand sehen. Eine Renovierung hätte Summen erfordert, die nicht verfügbar waren. Außerdem wäre ein Träger bzw. Betreiber nötig gewesen, den es auch nicht gab. Schließlich hätte der Wiederaufbau ein sinnvolles und auch erreichbares Ziel haben müssen, z.B. die Errichtung eines Museums. Eine jüdische Gemeinde gab es nicht. Aus der früheren fehlten seit dem 9. November 1938 alle Mitglieder und sämtliche Kultgeräte. So wurde der Bau abgerissen. Seit 1962 klafft an seiner Stelle eine Baulücke.

VII. Jüdische Heime, Pensionen und Ausbildungsstätten in Segeberg

Die bedeutendsten Einrichtungen auf diesem Gebiet befanden sich in der Bismarckallee, wo zwischen 1908 und 1919 drei Häuser eingerichtet, umgebaut und später gekauft wurden, heute die Hausnummern 5, 11 und 21. Träger war der „Israelitisch-humanitäre Frauenverein zu Hamburg". In den drei Häusern waren Plätze für hundert erholungsbedürftige Kinder bzw. Mütter, zwanzig Hauswirtschaftslehrlinge sowie über zwanzig Betreuerinnen.[29] Im September 1920 lebten hier zusammen 175 Personen. Anfangs gab es in der Straße nur vier Häuser, so daß sie im Volksmund „Judenallee" hieß. Aus den Grundbüchern kann man Besitzverhältnisse und Nutzung ablesen. Noch deutlicher wird dies anhand des Lebenslaufs der Gründerin und Leiterin, der Hamburger Lehrerin Sidonie Werner, zweifellos eine der bedeutendsten Frauengestalten innerhalb der jüdischen Geschichte in Deutschland am Anfang unseres Jahrhunderts. Sie war am 16. März 1860 geboren und starb am 27. Dezember 1932 (vgl. den Beitrag über sie). 1904 wurde sie stellvertretende Vorsitzende des „Jüdischen Frauenbundes in Deutschland" (50.000 Mitglieder) und löste 1915 ihre ebenso profilierte Vorgängerin und Freundin Bertha Pappenheim (1859-1936) – in der medizinischen Literatur Anna O. – im Vorsitz ab. 1906 wählte man Frau Werner zur ersten Vorsitzenden des „Israelitisch-humanitären Frauenvereins zu Hamburg", den Gustav Tuch 1893 gegründet hatte. 1908 errichtete der Verein in Segeberg ein Kinder-Erholungsheim im Haus Bismarckallee 1 (heute 5), das er 1911 käuflich erwarb. Seit Beginn der Arbeit in Segeberg hat die Leiterin jeden Sommer in diesem ersten Segeberger Haus gelebt.

Vor und nach der späteren Ausweitung ihrer Arbeit war Werner als Vereinsvorsitzende auch in anderen norddeutschen Orten aktiv. 1908 gründete sie in Hamburg ein Mädchenwohnheim, das sie selber leitete, 1910 in Altona eine Kinderheimstätte im Gebäude des alten Waisenhauses. Das Hamburger Haus von 1908 ist besonders bemerkenswert, weil es bedeutend mehr als ein Absteigequartier oder eine Schlafstelle war. Es hatte zwanzig Plätze. In der Verpflegung wurden die jüdischen Speisegesetze befolgt, also „koscher" gekocht. Die Mädchen zahlten eine bescheidene Miete. Das Heim bot so Fremden, von außerhalb in die Großstadt Kommenden Schutz vor dem Mädchenhandel, der damals in der Prostitution florierte und von jüdischen und anderen Frauenbünden leidenschaftlich bekämpft wurde. Die Mieterinnen erhielten außer einem preisgünstigen Schlafplatz eine gediegene Ausbildung als Büroangestellte, Lehrerin oder Verkäuferin. „Die beste Mitgift für jüdische

Bismarckallee 5, bis 1936 Jüdisches Kinderheim. Gedenktafel vom "Verein zum Schutz des Jüdischen Friedhofs"

Frauen ist und bleibt ihre Berufsausbildung", sagte Sidonie Werner.[30] Das Wohnheim hatte einen Garten, Bücherei, Aufenthaltsräume, Speisesaal und Musikzimmer. Das alles trug die Handschrift dieser Persönlichkeit, die auch Vorstandsmitglied der „Zentralwohlfahrtsstelle der deutschen Juden" war. Werner wandte sich dann wieder dem Ausbau der Segeberger Arbeit zu. Nach dem Ankauf der Bismarckallee 5 erwarb der Verein wenig später das Haus Nr.21, dessen Großküche im Keller 200 Personen versorgte. 1917 wurde Bismarckallee Nr.11 gekauft. Durch Umbauten im Haus Nr.5 richtete der Verein die Haushaltungs-, Forstwirtschafts- und Gartenbauschule ein. Oberrabbiner Dr. Carlebach, Altona, schlug der Heimleiterin vor, für die drei auseinanderliegenden Häuser einen sogenannten „Eiruw" zu errichten, um am Sabbat für Transporte von Speisen und anderen Dingen die Talmudvorschriften einhalten zu können. Durch die Zusammenfassung eines Gebiets in einem Eiruw sind dem strengläubigen Juden am Sabbat erheblich weitere Wege erlaubt als sonst.[31] Z.B. ist die ganze Stadt Jerusalem ein einziger Eiruw, gekennzeichnet durch feine Drähte in Baumhöhe, die Woche für Woche kontrolliert werden. Oberin des Segeberger Kinderheims war in den 20er und 30er Jahren Friedel Rosin, Schwestern waren Emmy Malone sowie die Polin Frieda Epstein geb. Dachauer (* 20. Januar 1899), verschollen in Auschwitz.[32]

1927 kaufte der „Jüdische Frauenbund in Deutschland" unter Sidonie Werners Vorsitz in Wyk auf Föhr von Martin Levsen im Seeweg 8 ein großes Grundstück mit Haus unmittelbar vor dem Südstrand, der von Ebbe und Flut unabhängig ist. Es wurde umgebaut zum Heim für Tbc-gefährdete Kinder mit zunächst 36 Betten. 1929 erhöhte man die Zahl auf 56 durch Zukauf eines Nebengebäudes. Der getaufte jüdische Arzt Dr. Edel, mit dessen Witwe ich Ende der 80er Jahre sprach, betreute die Kinder und das Personal. 1938 ist das ganze Anwesen in der Reichspogromnacht niedergebrannt worden. Heute steht dort ein fünfstöckiger Block mit zwanzig Wohnungen.

Bismarckallee 11, 1917 gekauft vom "Israelitisch-humanitären Frauenverein zu Hamburg"

Schon vor 1920 waren anläßlich des 60. Geburtstages der Vorsitzenden Werner Würdigungen ihrer Person und Arbeit in der Presse erschienen, mehr noch zu ihrem 70. Geburtstag am 16. März 1920. Seitdem hießen die Segeberger Kinderhäuser „Sidonie Werner-Heim", am Haus Nr. 5 durch Inschrift gekennzeichnet. Als sie Ende 1932 mit 72 Jahren starb, gab es bis Mitte März 1933 Nachrufe und Gedenkfeiern in jüdischen Gemeinden, Organisationen und Publikationsorganen. Noch 1934 wurden alle drei Häuser nach der Saison renoviert, als hätte es keinen politischen Machtwechsel gegeben. Die Hamburger Ärztin Dr. Alice Chassel betreute bis zuletzt die Insassen und das Personal. Die humanitär-soziale Arbeit der Juden in Segeberg war in weniger als sechs Jahren zerstört – schneller noch als anderswo. Bis 1938 gingen die drei Häuser in der Bismarckallee zunächst in kommunalen Besitz über. Nr.5 wurde danach bei Kriegsbeginn am 1. September 1939 von der Stadt an Willi Burmester, den Pflegevater des Bildhauers Otto Flath, verkauft. Nr. 11 enteignete die Stadt am 29. September 1938. Im selben Jahr „erwarb" der Kreis Segeberg Nr. 21 und richtete hier ein Schulungsheim für den BdM, den Bund deutscher Mädel, ein (vgl. den Beitrag über die „Arisierung" der Segeberger jüdischen Häuser).

Neben den drei Häusern in der Bismarckallee gab es in der Marienstraße

Nr. 37 das „Fachinstitut für Heil-, Störungs- und seelische Behandlung von Kindern und Jugendlichen", dem der katholisch getaufte Jude Roman Bachmeier als Direktor vorstand. Das Heim für dreißig sprachgeschädigte Kinder dürfte 1910 gegründet worden sein und bestand bis 1935, dem Todesjahr Bachmeiers. 1936 von der Stadt übernommen, wurde das Haus am Großen See 1951 umgebaut, erweitert und beherbergt heute das Jugendaufbauwerk (JAW). 1998 hat der Verein an der Seeseite auf einem gemauerten Sockel eine Erinnerungstafel aufgestellt.

Dann gab es zwei jüdische Pensionen mit koscherer Küche: In der Kurhausstraße 31 die von Klara Baruch geb. Lindenberg, ab 1926 geführt von deren Tochter Sally (eigentlich Selli) Baruch. Klara war eine Kusine von Leo Baruch, Kirchstraße 1-3. Das Haus hatte im Parterre einen großen Betsaal für die Feier des Sabbats. Ein Schwager von Sally, der Religionslehrer Ernst Beer, speiste hier regelmäßig mit seiner Familie. Einige Häuser weiter in der Kurhausstraße 53 führte Sally (hier ein männlicher Vorname) Goldschmidt eine Pension mit 18 Fremdenzimmern. In beiden Häusern waren Juden aus ganz Deutschland Gäste. Die prominentesten waren 1885 und 1886 Sigmund Freuds Braut Martha Bernays, deren Schwester Minna Bernays und die Mutter Emmeline aus Wandsbek. Martha schrieb in ihren Brautbriefen dreimal von den beiden koscheren Pensionen (vgl. den Aufsatz über sie). Das Solbad Segeberg hat von den Pensionen und ihren Gästen bis 1933 profitiert und sie dennoch verachtet.

Marienstraße 37, „Fachinstitut für Heil-, Störungs- und seelische Behandlung von Kindern und Jugendlichen", Direktor R. Bachmeier

Koschere Pension Baruch, Kurhausstraße 31

VIII. Kulturell-gesellschaftliche Aktivitäten jüdischer Bürger

Dieses Kapitel konkret darzustellen, ist äußerst schwierig. Der Zeitabstand ist groß geworden, viele Zeitzeugen fehlen. Dennoch wäre das Gesamtbild ohne diesen Bereich blaß. Es soll wenigstens im Ansatz sichtbar werden, wieviel wir auch hierin den Juden verdanken. Alle jüdischen Anteile unserer Geschichte auszumerzen, ist glücklicherweise unmöglich. Im kulturellen Bereich haben sie überall Spuren hinterlassen.

Stellvertretend für Norddeutschland soll die Persönlichkeit des früheren Oberrabbiners für Holstein Dr. Joseph Carlebach beleuchtet werden. Er wurde am 30. Januar 1883 in Lübeck als achtes Kind des Rabbiners Salomon C. geboren, heiratete am 1. Januar 1919 Charlotte Preuß, geboren am 16. Dezember 1900 in Berlin. Sie hatten neun Kinder. Die ältesten fünf schickten sie schweren Herzens 1938 ins Ausland: Eva, Esther, Miriam (sie war in den 90er Jahren mehrmals in Segeberg), Julius, Judith. Carlebach, seine Frau und die vier jüngeren Kinder Salomon, Ruth, Noemi und Sara, deren Patenonkel Reichspräsident Paul von Hindenburg war, wurden am 6. Dezember 1941 nach Riga deportiert; nur Salomon, zur Arbeit „selektiert", überlebte, alle anderen wurden 1942 umgebracht. Josephs Bruder Simson starb am 9. Dezember 1941 in Riga nach dem Verlassen des Zuges.[33]

Carlebach studierte von 1901 bis 1905 Naturwissenschaften, Mathematik, Philosophie und Kunstgeschichte. 1905 bis 1907 war er Oberlehrer an der

Beispiel jüdischer Sakralkunst: Esther-Rolle aus dem 18. Jahrhundert

Lemel-Schule in Jerusalem, einem Lehrerseminar vom Hilfsverein der deutschen Juden mit deutscher Unterrichtssprache. Hier machte er durch unkonventionelle, aber vernünftige pädagogische Praktiken von sich reden. 1909 promovierte er zum Dr. phil. in Heidelberg. 1914 erwarb er das Rabbinatsdiplom. Am ersten Weltkrieg nahm er als Offizier an der Ostfront teil und organisierte im besetzten Litauen im Auftrag der Reichswehr das jüdische Erziehungswesen, indem er Schulen in Kovno, Wilna, Riga und Memel gründete. 1919 folgte er seinem Vater im Lübecker Rabbineramt. 1921 nahm er einen Ruf als Direktor der Talmud-Tora-Schule in Hamburg an. Im September 1925 wurde er Oberrabbiner in Altona, 1936 in Hamburg. Seine hohen Begabungen sind an dieser steilen Karriere ablesbar.

Bemerkenswert war sein Wirken als Direktor der Talmud-Tora-Schule in Hamburg. Er ließ eine Turnhalle bauen, führte Kurse in Neu-Hebräisch ein, gründete Laboratorien, organisierte Museumsbesuche sowie ein- bis zweiwöchige Klassenreisen, und er stellte auch nichtjüdische Lehrer ein. Mit seiner Klasse veranstaltete er z.B. eine achtstündige Besichtigung des Kölner Domes – als Eigenführung! Carlebach weigerte sich mehrmals, zu emigrieren und damit seine Gemeinde zu verlassen. Ein standhafter orthodoxer Rabbiner, dessen Leben Bildungsbreite, Toleranz und Einsatzwillen prägten.

Der Oberrabbiner war des öfteren in Segeberg, vor allem zur Visitation des

Religionsunterrichts. Er hinterließ eine Fülle von Schriften: Religiöse und religionsphilosophische, naturwissenschaftliche, Beiträge zur Erziehung, zur Literatur und Kunst, und geschichtliche. In seinen Schriften findet man Ausführungen über die mosaischen Speisevorschriften. Er weist unter anderem nach, daß durch diese strengen Speisegesetze während der mittelalterlichen Pest-Epidemien die Judengemeinden vor dem Aussterben bewahrt blieben. Unwissende Christen verfolgten jedoch die überlebenden Juden und bezichtigten sie der Brunnenvergiftung.

Auch in unserer kleinen Stadt lebten viele geachtete jüdische Bürger. Wenige Namen sollen für alle stehen: Roman Bachmeier, der Direktor des Instituts für behinderte Kinder; Rechtsanwalt und Notar Emil Waldemar Selig, der von vier selbständigen Juristen die weitaus größte Praxis hatte; Sidonie Werner (vgl. den Beitrag über sie); die Kaufleute Leo Baruch, Lede Meier (vgl. Aufsatz über die 15 Spione), Ludwig und Adolf Levy. Auch Jean Labowsky darf hier nicht vergessen werden. Noch 1936, als die NSDAP viele Juden längst zur Aufgabe und Flucht gezwungen (vgl. „Die Flucht der Segeberger Juden") und den jüdischen Kinderheimen den Todesstoß versetzt hatte, gehörte Labowsky mit den renommierten Geschäftsleuten Uhrmacher Hans Lund und Drogist Walter Cordts zu den Gründern des Fußballvereins Holstein Segeberg, der bis heute besteht. Ich kannte sie alle drei.

Der kinderlose Levy war fünfzig Jahre lang Präses des jüdischen Gemeindevorstands – jahrzehntelang einer der angesehensten und engagiertesten Bürger Segebergs in hohen Ämtern. Er war von 1908 bis 1924 Stadtrat, Beigeordneter und damit in der städtischen Gemeindeleitung, seit 1892 Mitglied des Aufsichtsrats der Solbad Segeberg A.G., erster Vorsitzender des Männergesangvereins 1870/71 und dessen einziger Ehrenvorsitzender. Er besaß sechseinhalb Häuser und hat sein Vermögen wohltätigen Zwecken gewidmet, gezielt für arme Familien, aber alles in der Stille. Rund zwei Jahrhunderte lang lebten Levys in Segeberg.

IX. Verfolgung durch die NSDAP

Hans Lamm schreibt: „Wesensmäßig konnte während der nationalsozialistischen Gewaltherrschaft keine jüdische Gemeinde in Deutschland ein anderes Schicksal erfahren als die anderen des Landes. Das Fazit mußte überall das gleiche sein: Ausschaltung der Juden aus allen Phasen des Gemeinschaftslebens, die schließlich in ihrer physischen Vernichtung gipfelte, ominös ‚Endlösung der Judenfrage' genannt." Das stimmt auch für unsere Stadt. Wie überall in Deutschland, hat der Verleumdungs- und Verfolgungsprozeß in Bad Sege-

Männer-Gesangverein von 1870/71 vor der Dahlmannschule. Vorn Mitte Ludwig Levy, der einzige Ehren-Vorsitzende

berg mit dem 30. Januar 1933 systematisch eingesetzt. Jeder Informierte weiß, daß der Judenverfolgung jahrelange Boykotte und Hetzkampagnen vorausgingen. Unsere Stadt war keine „Insel der Seligen" für Juden. Viele Mitglieder, Funktionäre und Anhänger der NSDAP und ihrer Gliederungen haben die menschenverachtende Politik Hitlers mitgetragen und ausgeführt. Mit dem ersten Tag des Dritten Reiches begann auch bei uns die organisierte Verfolgung beim Fackelzug für Hitler durch die Plünderung der Geschäfte von Moritz Steinhof, Lübecker Straße 12, und Leo Baruch, Kirchstraße 1-3. Alle jüdischen Betriebe sahen vor ihren Häusern ständig SA-Wachen und bestellte Fotographen. Die jüdischen Bewohner wurden zur Flucht, zur Verzweiflung und zum Selbstmord getrieben. Weil die Gemeinde durch diese Maßnahmen kontinuierlich schrumpfte, mußten schon bald Juden aus dem 30 km entfernten Neumünster in den Vorstand geholt werden (später sogar aus Hamburg, 55 km entfernt): Dr. Martin Abendstern, Direktor Carl Schohl, Jakob Spitz, Erich Gumprich, David Ziegelmann und Heinz Baronowitz, geboren 1907, umgekommen im Arbeitslager Wewelsburg am 6. März 1942.[34]

Seit 1933 flohen auch Juden von außerhalb nach Segeberg: Georg Saalfeld, Oskar Alexander aus Bad Bramstedt, Leo Levy aus Ratzeburg, Auguste Mai geb. Baruch aus Sonderburg in Dänemark. Dennoch nahm die Zahl der Gemeindeglieder rapide ab. 1925 zählte man noch 91 Seelen, 1938 nur noch acht![35] Die direkten Aktionen vor Ort wurden unterstützt durch zahlreiche

Behördenerlasse und Maßnahmen der Exekutivorgane des NS-Staates einschließlich der Finanzämter. So mußten die deutschen jüdischen Gemeinden von 1933 bis 1940 den Steuersatz ihrer Gemeindeglieder verzehnfachen.[36] Wenige reiche Juden finanzierten häufig zu über achtzig Prozent die Gemeindearbeit. Die Aufsichtsbehörde ordnete im Jahr 1941 an, daß die jüdischen Gemeinden keinerlei Mittel mehr für den Kultus zur Verfügung stellen durften.[37] Auf diese Weise wurden die wenigen noch nicht zerstörten Synagogen stillgelegt und die Rabbiner endgültig ihrer Lebensbasis beraubt. Sogar Gemeindekassen wurden von Finanzämtern gepfändet![38]

Die Behördenaktionen zielten darauf ab, jedem Juden seine Existenzgrundlage zu entziehen. Es gab hohe Geldstrafen für Lappalien, z.B. für das Nichttragen von Armbinden[39], für das Benutzen von Bahn und öffentlichen Verkehrsmitteln (seit 1940 für Juden verboten), für eine fehlende Kennkarte mit dem großen „J", für mangelhaftes Kennzeichnen der Wohnung, für das verbotene Betreten von Läden und Wirtschaften, Wartesälen, Schwimmbädern und dergleichen mehr. Auch für das Halten von Haustieren! Wenn zum Rechtsanwalt keine Klienten mehr kamen wegen drohender SA-Posten, wenn in Geschäften und Läden die Kunden ausblieben, wenn keine Kurgäste mehr die Heime aufsuchten oder in die Pensionen gingen, wovon sollten die Inhaber leben? Wovon die Witwen bei gesetzlicher Halbierung ihrer Renten? Ihnen blieb nur die Flucht an vermeintlich sichere Orte, zu Verwandten oder gar die Auswanderung, sofern sie die Gebühren aufbringen konnten. Namen und Fluchtwege sowie -zeiten sind im Beitrag über die Flucht der Segeberger Juden in allen Einzelheiten aufgeführt. Ihre Schicksale sind fast ausnahmslos erforscht.[40]

Das Regime Hitlers wollte nicht nur alle Juden auslöschen, sondern sich auch an ihnen bereichern. Das erkennt man an den getarnten Mordankündigungen der NS-Behörden: „Ihre Evakuierung (später hieß es auch Abwanderung, F.G.) nach Litzmannstadt ist angeordnet. Ihr Vermögen wird mit sofortiger Wirkung beschlagnahmt. Jede Verfügung über Vermögen wird bestraft."[41] Zu dieser Ausplünderung gehört auch die eine Milliarde Reichsmark „Strafe", später noch heraufgesetzt, die Hermann Göring nach der Reichspogromnacht 1938 den Juden auferlegte, daneben die Einsammlung aller Pelze und die Konfiszierung elektrischer, optischer und technischer Geräte, die Vereinnahmung von Fahrrädern, Skiern und dergleichen mehr. Auch die Einrichtungen geräumter Häuser fallen darunter.

Diese Ausplünderung hatte in nüchternen Zahlen in Segeberg folgende Wirkungen: über 30 Geflohene und Ausgewanderte, fast 30 Deportierte ohne Wiederkehr, etliche Vermißte, zwei Selbstmorde bei einer Seelenzahl zwischen

60 und 90. Das demonstriert deutlich die Zielsetzung der NSDAP, die planmäßige, vollständige Vernichtung der israelitischen Gemeinde Segeberg und ihrer Glieder. Das wurde bei uns zwischen 1933 und 1938 erreicht. Die Parteigenossen haben Hitlers Willen hier ebenso wie anderswo ohne Widerstreben erfüllt. Ich beleuchte das mit einem Beispiel aus der Hamburger Deportiertenliste[42]: 19 jüdische Geisteskranke wurden 1941 von Hamburg nach Cholm deportiert. Die Tarnbegründung: Alle würden in ein zentrales Heim im Gouvernement Lublin verlegt. Monate später kam für alle 19 die Todesurkunde. Beim Vergleich ergab sich: Alle waren am gleichen Tag, zur gleichen Stunde, am gleichen Leiden gestorben. So wenig Mühe machten sich die Vollstrecker beim Verbergen ihrer Praxis, sie vertuschten nicht einmal die Vergasung der 19 Kranken. Auf dieselbe Art und Weise ist ein großer Teil der jüdischen Segeberger umgebracht worden.

X. Namenstafel der Segeberger Juden vor und nach 1945

Wer lebte in unserer Stadt? Wo sind die Nachfahren? Der „Verein zum Schutz des jüdischen Friedhofs" recherchierte in mehr als zehn Jahren rund 100 Namen und Schicksale, die hier alphabetisch geordnet wiedergegeben werden.

Alexander, Isidor (Ismar), und Frau **Margarete geb. Meier**, Hamburger Straße 3; Sohn **Rolf (Reuben) Arno** lebt in Tel Aviv; Enkel **Gad** in Köln, Enkel **Oded** in Israel

Alexander, Marie geb. Michalowitz, Kurhausstr. 4

Bachmeier, Roman, Marienstr. 37, verstorben 1935, getauft

Baruch, Klara geb. Lindenberg, Kurhausstr. 31; Ehemann: Religionslehrer **Samuel Levy Baruch**, * 1834, gest. 1898. Sie hatten 10 Kinder.

Baruch, Leopold (gen. Leo), gest. 1930, und **Klara geb. Katz**, Kirchstr. 1-3. 3 Töchter: **Elsa Löwenstein**, * 1902, 1941 in Lodz "für tot erklärt"; **Alice Reyersbosch**, * 1904, 1942 in Hamburg umgekommen; **Gerda Norden**, * 1908, lebt in London (Korrespondenz)

Baum, David, Religionslehrer

Beer, Ernst, Religionslehrer, und **Anna Baruch**, Lübecker Straße 2. Kinder: **Samuel, Lea, Gisela**

Beer, Friedrich, im 1. Weltkrieg gefallen

Blumenthal, Leopold, und **Mine Hertzberg**, Kurhausstr. 37. Söhne:

Jakob und **Ludwig**. Seine Tochter Johanna heiratete Sally Goldschmidt.

Bornstein, Leopold, Religionslehrer. Mit seinem Enkel in den USA haben wir Verbindung.

Dürkop, Helene geb. Goldschmidt, Oldesloer Straße 23

Epstein, Frieda geb. Dachauer, Schwester, Bismarckallee 11

Frankenthal, Alice, Hamburger Straße 35

Goldschmidt, Sally, und **Frau geb. Blumenthal,** Kurhausstraße 53 Kinder: **Emil** gen. Cohn, **Selma Claren, Helene Dürkop**

Goldstein, Adolf, Polizist, und **Gertrude Weiß,** Oldesloer Straße 63. Sohn **Horst** lebt in Kellinghusen.

Goldstein, Louis, verstorben 1943, und **Luise Stuft,** Gr. Seestr. 2. Kinder: **Anna Müller,** * 1893, gest. 1975; **Bertha Schmidt,** * 1895, gest. 1984; **Minna Kruse,** * 1897, gest. 1995; **Adolf,** * 1912, gest. 1947; **Emil,** * 1914, gest. 1962

Hasenberg, Mendel, Vorstandsmitglied

Heilbronn, Cäcilie, Hamburger Straße 9, * 1868, 6. Juli 1942 ermordet in Theresienstadt

Heilbronn, Alice, Hamburger Straße 9

Hickstein, Vollrath, Oldesloer Straße 9

Katzenstein, Gertrud geb. Michalski, Bismarckallee 5, * 1866, am 2.September 1942 in Theresienstadt ermordet

Kruse, Minna geb. Goldstein, *1897, gest. 1995, Oldesloer Straße 58

Labowsky, Adolph und **Caroline Levi,** Kirchstraße 26. Kinder: **Walter,** * 1887, 1943 in Theresienstadt verschollen; **Marga,** * 1890, endete wie Walter; **Irma,** verstorben in den USA; **Jean,** * 1891, gest. 1964 in Segeberg,. 1945 Stadtdirektor

Labowsky, Jean, getauft und **Minna Saggau;** die Töchter **Lisl Schwarz** (1 Tochter, 1 Sohn) und **Alice Hasselberg** leben in Segeberg.

Levin, Rieke geb. Frankenthal, Hamburger Straße 35, * 1861, am 2. August 1942 in Theresienstadt hingerichtet

Levy, Adolf (Abraham) und **Johanna Wulff,** Kurhausstraße 9, 11 Kinder

Levy, Leo und **Toni Levy,** Hamburger Straße 15; Kinder: **Max Erwin,** * 1922, gest. 1988 und **Resi,** * 1927, gest. 1929

Levy, Leopold, Religionslehrer

Levy, Ludwig, Präses und **Friederike Frank,** Hamburger Straße 15/17 (dort hat sie sich 1939 erhängt)

Meier, Levy gen. Lede und **Mathilde Löwenthal,** Hamburger Straße 5.

Lede hatte drei Brüder: **Sali, Josef** und **Bernhard**

Moddel, Max, Wanderlehrer

Nachmann, Nathan, Vorstandsmitglied

Rosin, Friedel, Oberin, Bismarckallee 11

Selig, Emil Waldemar. Rechtsanwalt und Notar, Klosterkamp 6, getauft, und **Anni Lembke**, deren Schwester **Hanna**; Kinder: **Helene** und **Hans-Jürgen**, der am 5.Mai 1945 fiel. Der Vater beging 1934 Selbstmord.

Seligmann, Isaak, Lübecker Straße 29; Sohn **Moses**, Enkel **Abraham**, Urenkel **Carl Christian Friedrich**, Ururenkel **Adolf** mit 7 Kindern

Spitzer, Cäcilie, * 1913, und Schwester **Alice**, * 1914, Marienstraße 37

Steinhof, Moritz und **Dina Kleve**, Lübecker Str. 12. Kinder: **Selma**, * 1902, 1942 ermordet; **Paula**, * 1904, 1942 in Essen umgekommen; **Flora Schochat**, * 1906, gest. 1977 in Tel Aviv; **Cäsar**, * 1909, gest. 1954 in Australien; **Frieda Weinman**, * 1912, lebt in Tel Aviv. Wir haben Briefkontakt mit ihr.

Werner, Sidonie, Bismarckallee 5, * 1860, gest. 1932

XI. Wohnungsverzeichnis jüdischer Bürger Segebergs bis 1945, nach Straßen geordnet

Hamburger Straße

Nr. 1 Kanzlei von Rechtsanwalt und Notar Emil Waldemar Selig

Nr. 3 Isidor (Ismar) Alexander, * 1894 in Freystadt/Westpr., im 1. Weltkrieg verwundet hergekommen, gest. 1954 in Hamburg. Frau Margarete geb. Meier, * 1898 in Segeberg, in 2. Ehe verheiratet mit David Bornstein. Sie starb 1983 in Israel. Tochter Ruth Bornstein, * 1937 in Hamburg, lebt in Israel. Sohn Rolf Alexander, * 1920 in Segeberg, 1936 emigriert, 1943 Heirat mit Amalie Katz gen. Neumann, * 1919 in Dortmund, gest. 1971 in Tel Aviv. Söhne: Gad * 1948 und Oded

Nr. 5 Levy (Levin) Meier gen. Lede, * 1864, gest. 1938 in Hamburg. Familie seit 1762 in Segeberg. Frau Mathilde Löwenthal, * 1871 in Duderstadt, am 15. Juli 1942 nach Theresienstadt deportiert und ermordet. Tochter Grete Alexander. Brüder: Sali, Joseph, *1868, Bernhard, * 1869.

Nr. 9 Cäcilie (Cilly, Cile) Heilbronn, Kurzwaren, * 1868 in Segeberg, ledig, am 6. Juli 1942 in einem KZ umgekommen. Familie seit 1739 urkundlich erwähnt. Bruder Bernhard, * 1872, gest. in Hamburg 1931, verheiratet mit Agnes Goldschmidt. Kinder: Kurt, Viehhändler, * 1907, schon 1933 nach

Süd-Afrika emigriert, gest. 1964; Hans, Kaufmann, * 1905, lernte bei Leo Baruch, emigrierte ebenfalls nach Süd-Afrika, starb in Johannesburg 1974; Tochter Ruth Klevansky, * 1944, lebt in Süd-Afrika; Sohn Michael, * 1947, lebt in Kanada (mit ihm haben wir Briefkontakt)

Nr. 15 Leo Levy, Häute und Felle, * 1891 in Friedrichstadt. Eltern: Joseph Mendel Levy und Adelheid Heymann. Verheiratet mit Adolf Levys Tochter Toni. Kinder: Max Erwin und Resi (vgl. Namensliste). Fam. Levy seit 1750 in Segeberg, wanderte 1934 aus nach Kanada. Die Eheleute starben dort 1972 und 1979.

Nr. 17 Ludwig Nathan Levy, Rohprodukte, Stadtrat, Präses des Gemeindevorstands 1886-1936, Aufsichtsratsmitglied in der Solbad Segeberg A.G., Vorsitzender des Männergesangvereins 1870/71, Stadtrat, * 1852, gest. 1936. Frau Friederike Frank, kinderlos, erhängte sich 1939. Heute Radio Baer.

Nr. 35 Rieke Levin geb. Frankenthal und Schwester Alice, Kurzwaren, * 1861 in Lübeck, kinderlos, ihr Mann Adolf starb 1912. Die Schwestern wurden am 15. Juli 1942 nach Theresienstadt deportiert, wo beide am 2. August 1942 „verstarben". Vater Abraham Levin war 1887-1899 Gemeindevertreter. Die Familie ist seit 1750 in Segeberg. Heute Töpfer O. Behnke

Nr. 55 Goldstein, Emil, Friseur, geboren in der Großen Seestraße 2, * 1914, gest. 1962. Im Krieg in Lübeck untergetaucht, nach 1945 wieder in B.S.

Große Seestraße

Nr. 2 Goldstein, Louis, Bäcker in der Fahrenkruger Brotfabrik, * 1870, gest. Dezember 1943, Deputierter; Frau: Luise Stuft, gest. 1936. Fünf Kinder (vgl. Namensliste)

Klosterkamp

Nr. 6 Rechtsanwalt und Notar Emil Waldemar Selig, getauft, * 1875, Hauptmann im 1. Weltkrieg, Träger des EK I, Freitod am 19. Mai 1934. Frau: Anni Lembke, * 1878, gest. 1952 in Hamburg; deren Schwester Hanna Lembke, * 1882, gest. 1958.

Eingang Hamburger Straße 15, Felle und Produktenhandlung Nathan Levy, Inh. Ludwig Levy, 1914

Sterbeurkunde Rieke (nicht Rechel) Levin, Hamburger Straße 9, „verstorben 1942 in Theresienstadt"

Kinder: Helene, * 1909, gest. 1963; Hans-Robert, * 1912, gest. 6 Tage nach der Geburt; Hans-Jürgen gen. Tüscha, * 1914, am 5. Mai 1945 gefallen. Weisser Granitstein auf dem 2. christl. Friedhof. Frau, Schwester und Tochter betrieben ab 1935 in Hamburg eine Pension.

Kurhausstraße (früher Kieler Straße)

Nr. 4 Maria Alexander geb. Michalowitz, Haustochter, * 14. April 1863, gestorben in Theresienstadt. Nicht mit Isidor Alexander verwandt.

Nr. 9 Adolf (Abraham) Levy, Möbel, Rohwolle, Manufaktur, * 1854, gest. in Hamburg 1937. Frau Johanna Wulff emigrierte über Holland (von Partisanen versteckt) und Kanada in die USA, starb dort 1949. Sie hatten 11 Kinder.

Nr. 31 Pension Klara Baruch geb. Lindenberg, gest. 1926, danach von der Tochter Sally (Selli) weitergeführt, * 1874 in Segeberg, kam am 15. Juli 1942 nach Theresienstadt, am 15. April 1944 in Auschwitz vergast. Klara war verheiratet mit dem Religionslehrer Samuel Levy Baruch, * 1834, gest. 1898. Sie hatten zehn Kinder. 3 Schwestern: Frieda, * 1876, Emmy, * 1878 und Bertha, * 1880 starben am 31. August, 3. und 5. September 1888. Nur Friedas Stein ist erhalten, die beiden anderen daneben sind von Fanatikern nach 1933 beseitigt worden. Baruchs lebten seit dem 19. Jahrhundert in Segeberg.

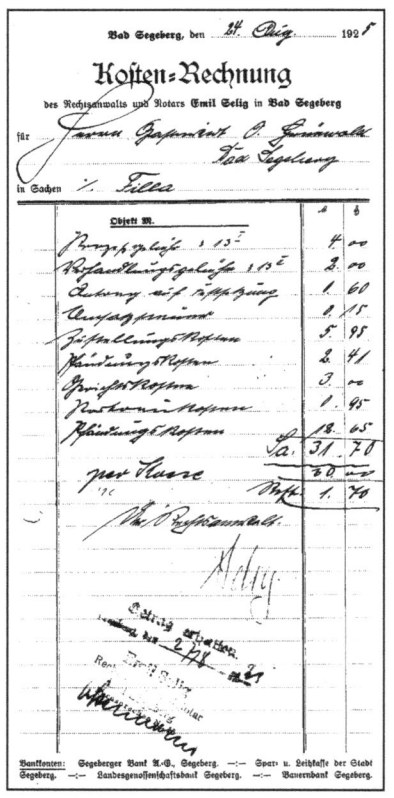

Rechnung aus der Kanzlei von Rechtsanwalt und Notar Emil Waldemar Selig von 1925

Nr. 37 (heute: Waffen-Müller) Leopold Blumenthal, Trödler, gest. 1918; Frau Mine Hertzberg; Sohn Jacob, * 1867, gest. 1910; Ludwig, gest. 1898. Auch seit dem 19. Jahrhundert ansässig. 1865 malte Fritz Henning ein Ölbild auf Blech, das die Armut dieses Händlers zeigt; es befindet sich im Besitz der Familie Alfred Blunck gegenüber.

Nr. 53 Pension Sally Goldschmidt, Schwiegersohn von Jacob Blumenthal, Mitglied im jüdischen Gemeindevorstand, 18 Fremdenzimmer, * vor 1874, nach Riga transportiert und ermordet. 3 Kinder. Besitzer nach 1933 Dose, Pächterin Frau Hinkelmann. Heute Christliche Buchhandlung.

Nr. 81 Jüdischer Friedhof seit 1792

Adolf und Johanna Levy geb. Wulff. Vier Kinder starben im KZ, sechs wurden in alle Welt verjagt

Leopold Blumenthal, Kurhausstraße 37, Trödler, in seiner Wohnstube.Öl auf Blech, 1865 von Fritz Henning gemalt. Privatbesitz (vgl. Beitrag über die Arisierung jüdischer Häuser)

Marienstraße

Nr. 37 „Fachinstitut für Heil-, Störungs- und seelische Behandlung von Kindern und Jugendlichen", Direktor Roman Bachmeier, gest. 1935, 30 Plätze seit 1910. Mein Vater stellte die Todesurkunde aus. Der Nachfolger Bachmeiers, von Ebersbach, konnte nicht mehr antreten.

Bismarckallee

Nr. 5 Seit 1908 Kinderheim des „Israelitisch-humanitären Frauenvereins zu Hamburg", Vorsitzende seit 1906 Sidonie Werner, * 1860, gest. Dez. 1932, ab 1920 „Sidonie Werner-Heim", 100 Plätze, 20 weibliche Lehrlinge in Forst-, Gartenbau- und Hauswirtschaft mit Diplom, Hauskauf 1918. Werners Nachfolgerin Gertrud Katzenstein geb. Michalski, * 1866, wurde am 2. September 1942 in Theresienstadt ermordet.

Nr. 11 Kinderheim wie Nr. 5, erworben 1917. Wohnungen für Personal, Schlafräume für Gäste, u.a. Eltern. Seit 1939 Wohnung des NSDAP-Kreisleiters Werner Stiehr, ab Mai 1945 des Stadt-Direktors Jean Labowsky

Nr. 21 Kinderheim wie Nr. 5, erworben 1911, Schlaf- und Eßsäle, Großküche für 200 Personen; 1938 Schulungsheim des BdM (Bund deutscher Mädel).

Bismarckallee 5: 1920 getauft in „Sidonie Werner-Heim"

Lübecker Straße

Nr. 2 Synagoge, geweiht 1842. Parterre Vorbeterwohnung, 1./2. Etage Betsaal und Frauenempore. Seit 1726 in jüdischem Besitz. Ritualbad mit Brunnen im Garten. 9. November 1938 geschändet. 1954 von der Stadt gekauft, 1962 abgebrochen.

Nr. 12 Moritz Steinhof, fliegender Landhändler, * 1874 in Ungarn, Soldat im 1. Weltkrieg, ab 1931 im jüdischen Gemeindevorstand. Frau: Dina geb. Kleve, * 1872 in Hamburg, Putzmacherin. 5 Kinder (vgl. Namensliste). Sie flohen nach Ungarn und kamen mit Tochter Selma im Osten um, Paula in Essen 1942. Heute „Bürgerstuben".

Nr. 29 Isaak Seligmann mit vielen Nachkommen (Namensliste), zogen am Anfang des 20. Jahrhunderts nach Hamburg. Drei in Segeberg geborene Brüder: Martin (1872), Gustav (1874) und Jakob (1881) wurden nach Theresienstadt und Auschwitz deportiert und kamen 1942 um. Ururur-enkel Abraham Seligmann, * in Hamburg 1915, lebt in Israel und besuchte uns 1990. Er arbeitete mit an der Gräber-Dokumentation.

Nr. 58 bewohnte zeitweise Jean Labowsky bei Verwandten.

Nr. 90 Ein bis heute nicht identifizierter Jude von außerhalb wurde hier von den Familien Riemann und Schmidt unter dem Fußboden versteckt und hat überlebt.

Lübecker Straße 12 von oben, ca. 1910 (Moritz Steinhof)

Lübecker Chaussee

Nr. 7 Jean Labowsky, Produkten- und Kaffee-Händler, * 1891, gest. 1964, Frau: Minna Saggau, 2 Töchter (Namensliste). Einziger überlebender Jude Jude der Segeberger Gemeinde. 1937 Deputierter, am Ende des Krieges im Arbeitslager Eggebek. 1945-1952 Stadt-Direktor

Kirchstraße

Nr. 1-3 Kaufhaus Leo Baruch (Namensliste). Familie lebte hier seit dem

Stein Jean Labowsky (1891-1964), 3. christlicher Friedhof bis 1994

19. Jahrhundert. Leos Bruder Martin, * 1882, emigrierte mit Frau und zwei Töchtern, starb 1963 in San Francisco. Nachbesitzer Kahlke und Melcher.

Nr. 26 Adolph Labowsky, * 1856 in Rendsburg, gest. 1923 und Caroline Levi; 4 Kinder (Namensliste). War seit 1898 Gemeindevertreter und vertrieb Manufakturwaren

Oldesloer Straße

Nr. 9 Vollrath Hickstein, Herrenausstatter, Mitte der 20er Jahre zur Miete in der Drogerie Lindau (Telefonat mit Frau Gretel Lindau, über 90 Jahre alt), ging rasch konkurs. Einziges Überbleibsel: ein hölzerner Kleiderbügel mit seinem eingebrannten Namen sowie eine Postkarte an Hickstein mit einer Bestellung

Nr. 23 Zahnarzt Hans Dürkop, ev., und Frau Helene Goldschmidt, kinderlos. Ihre Schwester Selma lebte im Hause. Erstes Opfer der Arisierung, mußte an die Druckerei Korff verkaufen.

Nr. 58 Minna Kruse geb. Goldstein, * 1897, gest. 1995

Nr. 63 Adolf Goldstein, Polizist, * 1912, gest. 1947, heiratete 1942 Gertrude Weiß, * 1920, die in Hamburg wohnt (Korrespondenz). Sohn Horst lebt in Kellinghusen.

Die Verzeichnisse sollen es auch dem Ortsfremden ermöglichen, sich ein plastisches Bild vom jüdischen Leben in Segeberg in der ersten Hälfte des 20. Jahrhunderts zu machen.

Letzte Erinnerung: Kleiderbügel von Vollrath Hickstein, Oldesloer Straße 9, Herren-Konfektion, 20er Jahre

Anmerkungen

1. Nikolaus Falck, Neues staatsbürgerliches Magazin, Schleswig 1832; Großfürstliche Verordnung vom 29. Januar 1768

2. Horst Tschentscher, „Juden im Segeberger Bürgerbuch 1744-1813", Familienkundliches Jahrbuch Schleswig-Holstein, Kiel 1981

3. ebd., S. 86

4. Falck, a.a.O., S. 804

5. Tschentscher, a.a.O., S. 85

6. lt. „Segeberger Bürgerbuch 1744-1813", S. 29 (bei Tschentscher a.a.O.)

7. Tschentscher, a.a.O., S. 82

8. Willi Victor, Die Emanzipation der Juden in S.H., Hamburg 1913, S. 65

9. Hermann de Castro, Über die Emanzipation der Juden in Schleswig-Holstein, Hamburg 1836

10. Victor, a.a.O., S. 34

11. ebd., S. 39

12. vgl. Joseph Walk: Das Sonderrecht für die Juden im NS-Staat, München 1996

13. Adam Czerniakow, Im Warschauer Getto, Tagebuch 1939-1942, München 1986, S.48

14. vgl. den genannten Band von Joseph Walk

15. Falck, a.a.O.

16. Joseph Carlebach, Die Geschichte der Juden in Altona, 1930, Band 2 seiner ausgewählten Schriften, S. 1296

17. nach Victor, a.a.O.

18. Tschentscher, a.a.O.

19. Mitgeteilt von Henry A. Helling, Bad Segeberg

20. Kalender für die jüdischen Gemeinden Schleswig-Holsteins und der Hansestädte 1927/28, Seite 18

21. eingesehen in Yad Vashem, Jerusalem

22. Nach Hermann Hagenah, Deutsches Städtebuch, Band I, 1939

23. Magistrats-Protokoll vom 10. Juli 1899

24. Magistrats-Protokoll vom 6. März 1899

25. Jakob Segall, Die Chewra Kadisha in Deutschland, Zeitschrift für Demographie und Statistik der Juden, Berlin 1925; Fritz Bär, Der Ursprung der Chewra Kadisha, Berlin 1929

26. Alfred Udo Theobald, Der jüdische Friedhof, Karlsruhe 1984

27. Ratsprotokoll vom 26. März 1953

28. Hans-Joachim Baron und Walter Schomaker

29. Nach „Führer durch die jüdische Gemeindeverwaltung und Wohlfahrtspflege in Deutschland", Berlin 1932/33

30. Sidonie Werner 1910 im Kalender für die jüdischen Gemeinden Schleswig-Holsteins und der Hansestädte

31. Theobald, a.a.O., Seite 111

32. Gedenkbuch des Bundesarchivs Koblenz

33. Naphtali Carlebach, Joseph Carlebach and his generation, New York 1959, S. 218

34. Gedenkbuch des Bundesarchivs Koblenz

35. Hagenah, a.a.O.

36. Theobald, a.a.O., S. 114

37. Theobald, a.a.O., S. 129

38. Czerniakow, a.a.O., S. 126

39. ebd., S. 32

40. Mathilde Meier, Cilly Heilbronn, Rieke Levin, Ella Levy, Frieda Levy, Sally Baruch, Paula Levy geb. Baruch, Charlotte Gurwitsch geb. Baruch, die Brüder Martin, Gustav und Jakob Seligmann

41. Hamburger Deportiertenlisten, Seiten XI

42. ebd., S. XII und XIII

Jüdische Gemeinde Segeberg auf der Gedenktafel im „Tal der zerstörten Gemeinden", Yad Vashem, Jerusalem

3. Schon vor 1933 judenfeindliche Bürgermeister in Segeberg

„Regulativ für die Israelitische Religionsgemeinde in Segeberg" nannten sich die staatlich-kommunalen Gesetzestexte, mit denen dieser Minderheit ihre engen Grenzen markiert wurden. Zwei davon wollen wir vergleichen: das Regulativ von 1872 und das ihm folgende von 1902. Beide Texte liegen mir ungekürzt vor. Den ersten erhielt ich vom Centrum Judaicum in Berlin, der zweite befindet sich im hiesigen Stadtarchiv. Aus ihnen ergibt sich eine interessante zeitliche Parallelität: von 1878 bis 1902 wurde Segeberg von Bürgermeister Johannes Friedrich Ludwig Plambeck regiert. Bei seinem Amtsantritt war das zuerst genannte Gesetzeswerk in Kraft, das zweite wurde im Jahr seines Ausscheidens rechtsgültig. Offenbar hat er sich während seiner ganzen Regierungsjahre mit dem Regulativ beschäftigt. Es lohnt sich, zu fragen, welche Gesichtspunkte für die Neufassung bestimmend waren.

Wir wissen, daß dieser Bürgermeister Antisemit gewesen ist (vgl. den Beitrag: Antisemitismus in Segeberg vor 1933). Für sein Vorgehen von 1925 gegen einen ungarischen Bewerber um das jüdische Kantorenamt (Chasan), das ich in dem genannten Aufsatz schildere, hatte er selbst die gesetzliche Möglichkeit geschaffen. Im § 5 des Regulativs von 1902, das im Folgenden stets zugrundegelegt wird, steht bei den genehmigungspflichtigen Aktionen des jüdischen Gemeindevorstands unter Punkt 6: „Anstellung von Ausländern im Gemeindedienst". 1872 fehlte diese nationalistische Beschränkung. Allerdings ging Plambeck umsichtig vor, besser gesagt: schlau. Er hat die Bestimmung wie auch andere vom Schleswiger Regierungs-Präsidenten übernommen, der die Genehmigung zu erteilen hatte. Ob es in vielen Amtsstuben der Landesregierung antisemitische Bundesgenossen gab?

Die ersten acht Paragraphen der alten Ordnung hat der Bürgermeister fast wörtlich übernommen – niemand sollte mißtrauisch werden. Von § 9 an stellt er rigoros um, fügt Neues ein und formuliert frei. In den ersten acht Paragraphen ist symptomatisch, was Plambeck fortläßt, verändert oder hinzufügt. Im § 2 (Gemeindevorstand) beseitigt er beim Ausscheiden eines Vorstandsmitglieds neben Tod oder Ende der Amtszeit die Bestimmung „aus triftigen Gründen". Darüber wollte er mit dem jüdischen Gemeindevorstand offenbar nicht diskutieren müssen. Im § 3 (Geschäftsbereich des Vorstands) streicht er die „israelitische Religionsschule". Wollte er eine städtische Schulaufsicht? Oder war ihm in diesem Schul-Regulativ (auch das liegt mir vor) die klare Oberaufsicht des Altonaer Oberrabbiners so störend, daß er sich davor scheute?

Auf der anderen Seite weist Plambeck dem Gemeindevorstand die Pflicht zu, auf dem jüdischen Friedhof „die nötigen Anordnungen zu treffen". Vermutlich war ihm die „Chewra Kadisha" (Sterbegilde), die neben der Kranken- und Armenbetreuung überall in der Welt solche Verpflichtungen wahrnimmt, unbekannt oder lästig. Ein Gemeindevorstand ist im Judentum dafür nicht zuständig (Näheres zur Gilde im Aufsatz über den Jüdischen Friedhof). Im § 5 verschärft das neue Regulativ die Voraussetzungen für die Einberufung einer außerordentlichen Gemeindeversammlung. Sie kann jetzt nur durch die Mehrheit des Kollegiums statt wie bisher durch drei seiner Mitglieder herbeigeführt werden. Wollte der Bürgermeister unliebsamer Arbeit oder unerwünschten Begegnungen aus dem Wege gehen?

Leichenhaus von 1875 auf dem Jüdischen Friedhof. Aufnahme von 1936: Walter Böttcher, Segeberg, * 1920, von 1924-1937 in der „Lohmühle" wohnhaft gegenüber dem jüdischen Friedhof

Im § 7 ist bei der Protokollführung nicht mehr „deutsche Sprache und Schrift" vorgeschrieben wie im vorigen Regulativ. Antisemiten sprachen und sprechen den Juden das Deutschtum ab. In dieselbe Richtung zielt der § 8 bezüglich der Wählbarkeit für die Gemeindevertretung. 1872 hieß es bei den Voraussetzungen: „im Vollgenuß der bürgerlichen Ehrenrechte". 1902 steht dort nur noch das blasse Wort „unbescholten", das auf polizeiliche Vorstrafen bezogen ist. Man erinnere sich an das Programm der NSDAP von 1920: „Juden können keine Staatsbürger sein". Das passive Wahlrecht nach § 8 setzte die Zahlung der Gemeindebeiträge voraus: „seit mindestens zwei Jahren ununterbrochen 60 Pfennig" – für welchen Zeitraum, bleibt offen. Es ist zu vermuten, daß der Bürgermeister mit dieser Formulierung eine Minderung des jüdischen Gemeindebudgets bewirken wollte.

Die Paragraphen 9 bis 24 von 1902 sind anderer Natur als die bisherigen 9 bis 14 – zehn mehr. Sie sind umgeändert und neu konzipiert. Dadurch ist ihre Vergleichbarkeit begrenzt. Zugleich zeigt dieser zweite Teil des neuen Regulativs den eigenmächtigen Stil Plambecks. Die Handschrift des Antisemiten ist nicht mehr übersehbar. Seine neu numerierten Paragraphen befassen sich zunächst mit den Wahlmodalitäten, die restriktiv verändert wurden. Viele Einzelheiten sind kleinlich geregelt und die Kompetenzen des Gemeindevorstands eingeengt. Ludwig Levy, seit 1886 Präses, hat unter solchen Konditionen gelitten, wie aus den Gemeindeakten hervorgeht. § 9 schreibt z.B. eine zweiwöchige Aushangfrist gegenüber einer Woche im alten Regulativ vor – überall Beschränkungen.

Ganze Passagen im neuen § 10 sind stadteigene Formulierungen, die erheblich von der Vorlage abweichen oder gar nicht darin vorkommen. „Ansprachen noch sonstige Agitationen während der Wahlhandlung sind verboten" lautet eine neue Bestimmung. Der Losentscheid bei Stimmengleichheit (§ 11) muß „durch die Hand des Vorsitzenden" vollzogen werden. In § 14 fordert die Stadt bei unberechtigter Ablehnung einer getroffenen Wahl zusätzliche Strafen, die das vorige Regulativ nicht kannte. Dem Verweigerer wird für drei Jahre das passive Wahlrecht aberkannt, außerdem zahlt er fünfzig Prozent Zuschlag zu den Gemeindeabgaben. Überall Bevormundungen!

Ebenso selbstherrlich ist der neue § 15, der die Gemeindefinanzen behandelt. Er listet in einer erstmals eingeführten, 15 Spalten langen Tabelle auf, wieviele Steuern vom geschätzten Einkommen jeder Censit zu zahlen hat. Derselbe Paragraph bestimmt außerdem (auch das war neu), daß jeder Jude, der „eine Ehe eingeht oder zuzieht", einen einmaligen Einstand von fünfzig Mark zu zahlen habe, damals eine hohe Summe. Nach meiner Kenntnis der Akten hat der Vorstand davon nie Gebrauch gemacht. Die Absicht dieser neuen

Bestimmung ist durchsichtig: Sie sollte Zuzug von außerhalb erschweren, besser noch verhindern. Genauso wie die Bäckerinnung 1804 (vgl. Antisemitismus vor 1933), deren Eingabe an den Magistrat Plambeck wohl kannte. Er hat es raffinierter angestellt.

In § 10 bestimmt die Stadt, daß Steuerrückstände von Censiten gegenüber ihrer jüdischen Gemeinde dem Magistrat zu melden sind, damit dieser das Zwangsvollstreckungsverfahren gegen die Säumigen in Gang setzen konnte (ähnliches wird auch aus anderen Orten berichtet). Offenbar machten städtische Bedienstete solches mit Vergnügen. Das bewährte jüdische System der periodischen Einsammlung durch einen bestellten Kassierer war dem Bürgermeister ein Dorn im Auge, bewahrte es doch die Unabhängigkeit der jüdischen Finanzbuchhaltung. Die neuen Paragraphen 20 bis 24 über die Kassen- und Rechnungsführung sind daher willkürlich verändert.

Man könnte diese Linie an manchen Einzelformulierungen bestätigt finden. Plambeck wollte mit seiner „Überarbeitung" des alten Regulativs die jüdische Gemeinde in ihren Möglichkeiten einschränken. Seine Art der Religionspolitik hat auf viele Segeberger abgefärbt. Von seinem Nachfolger Wilhelm Kuhr (1902 bis 1923) ist mir nichts ähnlich Nachteiliges bekannt, wohl aber von dessen Nachfolger Johannes Elsner (1924-1933), dem frühen NSDAP-Mitglied. Er bildete mit dem Ruheständler Plambeck im Segeberg der 20er Jahre des 20. Jahrhunderts ein antisemitisches Führungsteam. Elsners Erinnerungen im Segeberger Stadtarchiv, die ich später kurz charakterisiere, belegen das. Sie umfassen 117 Schreibmaschinenseiten.

Wilhelm Kuhr wurde 1902 zum ersten und 1914 zum zweiten Mal als Bürgermeister gewählt. Die Wählerlisten liegen im Stadtarchiv. An ihnen sind zwei Dinge bemerkenswert. Alle männlichen Juden (Frauen hatten noch kein Wahlrecht) haben mitgewählt. Das belegt ihre Zugehörigkeit zur Stadtgemeinde. Und in der letzten Spalte ist vermerkt, welchen Bewerber der Betreffende angekreuzt hatte. Ein Jahr vor dem Ablauf seiner Amtszeit ließ sich Kuhr wegen Schwerhörigkeit vorzeitig pensionieren. Regierungspräsident von Maltzahn in Schleswig setzte den Regierungsreferendar Johannes Elsner, 27 Jahre, als Verwalter der Bürgermeisterstelle ein und betraute ihn mit der Ausschreibung und Vorbereitung der Neuwahl. Ob von Maltzahn dessen politische Einstellung kannte und teilte? Elsner bestand erst Ende 1925, als er schon zwei Jahre Bürgermeister war, sein Assessorenexamen. In Schleswig riet man ihm dringend, sich auch selbst in Segeberg zu bewerben. Er befolgte zusammen mit 28 anderen den Rat, denn die Arbeitslosigkeit war sprunghaft angestiegen. Der älteste Bewerber war 56 Jahre alt, ein Korvetten-Kapitän a.D. Jedoch: Johannes Elsner wurde am 23. Dezember 1923 zum Segeberger Bürgermeister gewählt.

Man darf vermuten, daß viele für ihn stimmten, weil seine bekannte antisemitische Haltung ihnen sympathisch war.

Das Überraschungsergebnis, das unter rund dreißig Bewerbern einen noch in Ausbildung befindlichen jungen Juristen ohne Berufserfahrung in dieses Amt hievte, war nach meiner Kenntnis von drei Faktoren begünstigt: 1. war der junge Mann seit dem 15. Oktober 1923 bereits kommissarischer Bürgermeister, also mit dem Amtsbonus ausgestattet; 2. wohnte Alt-Bürgermeister Plambeck, der 24 Jahre regiert hatte und mit Elsner politisch konform ging, weiterhin in Segeberg; 3. dürfte er in Schleswig wie in Segeberg viele politische Freunde gehabt haben, die ihn unterstützten. Die langatmigen „Erinnerungen" aus den Jahren 1924 bis 1933 zeigen seine ethischen, persönlichen und politischen Auffassungen, die ich kurz darzustellen versuche. Er war übrigens bis 1933 Junggeselle.

Schon im ersten Satz der Einleitung seiner „Erinnerungen" bezieht er sich auf „die Zeiten nach Beendigung der großen Geldinflation bis zum glorreichen Sieg der nationalen Erhebung 1933". Die Motive seiner Bewerbung um das hiesige Bürgermeisteramt benennt er so: „In meiner idealen, nordisch-germanischen Auffassung schenkte ich den mündlichen Zusagen Glauben und bewarb mich" (S. 17). Er kennzeichnet sich selbst als „Nationalisten und Anhänger des Führergedankens" (S. 16). Ganz im Sinne Hitlers behauptete er, die Sozialdemokraten hätten den Verlust des ersten Weltkriegs verschuldet (S. 102). Dazu paßt seine Mitgliedschaft im Kieler Freikorps Brigade Ehrhardt (S. 102). 1926 weigerte er sich, einem SPD-Politiker die Hand zu geben; im selben Jahr wurde er Mitglied der NSDAP. Dem widerspricht seine unwahre Aussage: „Ich hielt es mit meinen Dienstpflichten für nicht vertretbar, einer Partei beizutreten." (S. 92)

Unter der Überschrift: „Kampf gegen den Marxismus" verbreitet er politische Phrasen der NSDAP (S. 101-111). Dazu paßt seine Bemerkung über die Mitarbeiter der Stadtverwaltung: „Selbstverständlich duldete ich keine Marxisten unter ihnen." (S. 70) Von diesen Mitstreitern ließ er sich nach zehnjähriger Amtszeit im Juni 1933 bei seinem Ausscheiden Loyalitätserklärungen gegenüber dem NS-Staat unterschreiben mit dem ausdrücklichen Zusatz, daß keiner zu den Marxisten gehörte (S. 116). Er verachtete wie Hitler die Demokratie: „Parlamentarische Regierungen sind von der Masse als Stimmvieh abhängig." (S.81)

Die ethischen Grundlagen dieses Bürgermeisters waren ebenso dubios. Er schildert z.b. seinen Vorgänger Kuhr als unfähig, weil er sich selbst total überschätzte. Er behauptete, seine Devise sei „uneigennütziges Arbeiten im Interesse des Gemeinwohls" (S.16). Oder: „Für mich ging eben das Wohl der

Brunnen am Schweinemarkt von Ervin Bossanyi, 1928

Gesamtheit über alles" (S. 100). Dabei setzte er sich rücksichtslos gegen alle Andersdenkenden durch, glaubte aber in seiner Überheblichkeit behaupten zu können: „Die bei meinem Dienstantritt vorgefundenen Aufgaben hatte ich alle gelöst." (S.116) Dennoch scheint er am Ende seiner Amtszeit auch die Kehrseite geahnt zu haben: „Die Kleinstadt verdirbt den Charakter" (S. 110), denn „ich paßte nicht in den Umgang mit geistig beschränkten Leuten" (S. 116). Er wurde 1933 im Sommer wegen eines Disziplinarverfahrens abgesetzt; es ging dabei um den Mißbrauch von Angelrechten und um Grundstücksangelegenheiten.

Diese persönliche Grenze erkennt man besonders an seinen unpräzisen, zehnseitigen Ausführungen über „Kulturelle Bestrebungen" (S. 55-65). „Das verschlafene Badestädtchen" hat er Segeberg genannt, um später seine „unsterblichen" Verdienste herauszustellen: Für ihre Grünanlagen zog die Stadt „einen hervorragenden Lübecker Gartenarchitekten heran", der ungenannt bleibt. Es handelte sich um den berühmten Harry Maaß (S. 30). Weiter „ist hervorzuheben die reizende Brunnenanlage in der Kieler Straße" (heute Kurhausstraße), 1928 geschaffen. Auch hier wird der Künstlername verschwiegen, und das ist durchsichtig: *Ervin Bossanyi* aus Lübeck, Schwager des genannten Harry Maaß, war ein ungarischer Jude. Er wird von Elsner ein zweites Mal totgeschwiegen: Am 3. März 1924, dem 33.Geburtstag dieses Ungarn – Elsner war frisch im Amt! –, wurde in der Realschule Segeberg eine Ausstellung eröffnet mit Werken der zwei Künstler und Maler Ervin Bossanyi und Hans Peters. Elsner schrieb in seinen Erinnerungen: „Gute Gemäldeausstellungen in der Dahlmannschule durch den ‚Verein Kunst für Schule und Volk' förderte ich nach Kräften." (S. 65)

Die von ihm unterschlagene Ausstellung in der Realschule, vier Jahre vor der Errichtung des Brunnens am Schweinemarkt, hat sicher dazu beigetragen, daß der Bildhauer aus Lübeck und bedeutendste Glasmaler in Europa (vgl. den Bericht über ihn) hier bekannt geworden ist. In den folgenden Jahren erhielt Bossanyi mehrere öffentliche Aufträge aus Segeberg, die der Bürgermeister absegnen mußte: zwei große Reliefs aus Klinkerton an der Straßenfront der ehemaligen Meierei in der Hamburger Straße 14/16, heute im Hartenholmer Bürgerhaus; das Eingangsportal der ehemaligen Imkerschule an der Burgfeldstraße, dessen Reliefs jetzt vor der neuen Imkerschule Hamburger Straße 115 wieder zu sehen sind; ein ca. sechs Meter hoher Kandelaber mitten auf der Kreuzung Hamburger Str./Kurhausstr./Kirchstr. in der Innenstadt, der nicht mehr vorhanden ist. Diese „kulturellen Bestrebungen" der Stadt hat Elsner bei aller Schreibwut verschwiegen – sie stammten ja von einem Juden. Das Segeberger Rathaus war vor Hitler mehr als drei Jahrzehnte lang ein Stützpunkt der Antisemiten.

Kreuzung Hamburger Str./Kurhausstr./Kirchstr. mit Anhängern Turnvater Jahns ca. 1936, links Ervin Bossanyis Kandelaber mit Stern

4. Der jüdische Friedhof zu Segeberg von 1792 und seine Toten

Auch ein Kapitel hebräischer Grabmalkultur

Wer irgendwo einen jüdischen Friedhof betritt und hebräische Grabinschriften lesen oder sie sich übersetzen lassen kann, stößt auf viele Eigenarten, die anders sind als auf christlichen Gottesäckern. Bis mindestens 1874 führten die meisten Juden nur einen Namen, den wir als Vornamen bezeichnen würden: Moses, Aron, Jakob, Isaak, Salomo usw. Vater und Sohn heißen dabei niemals gleich. Um die Identität des Menschen erkennbar zu machen, mußte man Verwandte nennen, so daß auf vielen Steinen drei und mehr Namen zu finden sind.

Ab 1874 wurden jüdische Bürger bei unseren Standesämtern registriert, nicht mehr in ihren eigenen Urkundsbüchern. Dazu mußten sie einen zweiten Namen als Familiennamen führen. Das erklärt, warum dieser oft ihre angeblichen Vorlieben erkennen läßt. Eine Auswahl Segeberger Namen: Goldschmidt, Goldstein, Goldberg,, Heilbrunn, Traube, Süß, Liebmann, Rubinstein, Cohn,

Levy, Baruch, Selig, Seligmann, Marcus, Blumenthal, Löwenstein. Die im Folgenden genannten Beispiele von Grabsteinen beziehen sich ausschließlich auf den hiesigen Friedhof und legen unsere nachträgliche Grabnummerierung zugrunde. Die jüdischen Unterlagen dafür waren nicht vollständig verfügbar.

Da sich mit dem Doppelnamen nach dem holsteinischen Emanzipationserlaß von 1863 auch eine stärkere bürgerliche Assimilierung vollzog, bleibt die Verdeutschung sprachlich oft unbefriedigend oder verborgen: Rabbi Ari Nathan (Stein Nr. 5) heißt deutsch Lehmann Lion; Rabbi David Segal heißt in Deutsch David Levy (Stein Nr. 53). Bei Frauen wird zur Identifikation in den meisten Fällen zunächst der Vater, dann der Schwiegervater und erst danach der Ehemann genannt. Geburtsdatum oder Altersangabe findet man nur in Ausnahmefällen, z.B. bei Helene Levy (Stein Nr. 45), die im ersten Kindbett starb. Sonst steht höchstens die Aussage „Jüngling", „in gutem Alter", „hochbetagt", „Greis", „Kind" und ähnliches auf den Steinen. Im Normalfall werden nur der Todestag sowie der Bestattungstag genannt. Das ist nach jüdischem Brauch der dem Sterbetag folgende, sofern es kein Sabbat ist. Man bekundet damit, daß die jüdischen Gebote eingehalten wurden.

Das Todesjahr wird in hebräischen Buchstaben angegeben, weil diese das Dezimalsystem bilden. Seine Zählung richtet sich nicht nach Christi Geburt, sondern nach dem vor Zeiten errechneten Schöpfungsbeginn. Die fehlende Altersangabe könnte man so erklären: sehr alt zu werden, ist nicht wichtig, wesentlicher ist, wie man lebt, ob man also die biblischen Weisungen und Gebote erfüllt hat. Darum steht sehr häufig ein Nachruf auf den Steinen, der bei Nicht-Juden in der Zeitung zu finden ist. Als Beispiel diene einer der ältesten Steine (Nr. 9), dessen Gestalt schon äußerlich beeindruckt: sieben Halbrundungen wie ein Dach nach oben zeigend, den Gesetzestafeln des Mose sowie dem siebenarmigen Leuchter, der Menorah, nachgebildet. Ein Akrostichon, d.h. ein Gedicht, dessen vergrößerte Anfangsbuchstaben den Namen des Toten wiederholen, gliedert den Text in

ה־ Hier ruht
die tapfere Frau, Krone ihres
Mannes und ihrer Familie.
Jung an Jahren ging sie zu ihrer
Ewigkeit.
Dies ist Frau Bella,
Tochter des Rabbi Leser Cohn,
Frau des Moses Levy,
geboren am 11. Jjar 592 (1832),
gestorben am 1. Tag
des Schawuot-Festes
(Pfingsten)
618 (1858)

"Ihre Seele möge eingebunden
sein ins Bündel der Lebendigen"

Rückseite deutsch:
hier ruhet
Betty Levy geborene Cohn,
geboren in Moisling 11. Mai 1832,
gestorben 19. Mai 1858
~ Friede ihrer Asche ~

אשת חיל עטרת
בעלה ומשפחתה
רך בשנים הלכה
לעולמה ה'ה
האשה מ' בילה.
בת ר' ליזר כהן
א"ר משה לוי
נולדה יא' אייר תקצ"ב
ונפטרה ביום ראשון
של שבועות
תרי"ח
ת נ צ ב ה

aus: Dokumentation 1989

Er hat seine Hand den Armen
gereicht,
seine Fürsorge galt den
Verstorbenen,
er hat die Hungrigen
ernährt,
er hat sich bei Vielen einen
guten Namen erworben,
zur Erde entschlief sein Leib,
sein Lebensodem wurde im
Garten Eden aufgenommen:

Der Gerechte hat sich unter
Edelgesinnten wohlgefühlt,
sein Name war bekannt bei denen,
die Gott lieben,
er ging auf dem Weg der
guten Menschen,
er hat sein Vertrauen auf
den Herrn gesetzt,
er lief wie ein Hirsch zu seinem
Gebet, er hat seine Gemeinde
zum Reinen gelenkt.

Der Gildebruder Eleasar Moses, Sohn von Josef Hesekiel, starb
Sonntag, 5. Elul 561 (1801). Sein Andenken im Segen!

*Stein Eleasar Moses Hesekiel, verstorben 1801. Gesetzestafeln und Menora
nachgebildet. Unten Kupferbuchstaben gestohlen*

zwei Blöcke.

Die letzte Zeile der Grabsteine enthält fast immer fünf Abkürzungsbuchstaben: TNZBH. Übersetzt bedeuten sie: „Ihre Seelen seien angehörig dem Bunde des ewigen Lebens" (1.Sam.25,29). Ebenso stehen in der obersten Zeile stets zwei abgekürzte Buchstaben PN, was soviel heißt wie „hier ruht", oder PT für „hier ist begraben", gelegentlich kunstvoll zur halbrunden Zeile ausgestaltet (Jette Levy, Nr. 41). Viele Steine zeugen von der hohen Grabsteinkunst, die israelitische Gemeinden und ihre Sterbegilden ausgebildet haben. Die hebräischen Inschriften sind stets nach Osten, nach Jerusalem gerichtet. Wo es deutschen Text gibt, zeigt er nach Westen und enthält meistens nur Namen und Jahreszahlen.

Es gibt auch Ausnahmen, die für jüdische Grabsteinkultur kennzeichnend sind, so der Stein von HELENE Levy (Nr. 45). Sie starb mit 23 Jahren und ist auf der Westseite mit folgendem deutschen Akrostichon verewigt:

Hier ruht, beweint vom treuen Gatten,
ein edles Weib in kühlem Schatten.
Lieb', Mild' und Tugend übte sie,
erlischt drum der Erinn'rung nie.
Nur kurz war ihre Säezeit,
endlos jedoch lohnt Seligkeit.

Gleich daneben (Nr. 46) ruht die Jungfrau HANCHEN Levy Traube, die 21jährig verstarb. Auch hier lesen wir ein deutsches Akrostichon:

Heilig sei dein frühes Grab.
Aus dem Erdenleid hinab
Nahm es dich vom Vaterschmerz.
CHöre sel'ger Himmelslieder
Einen dort sich mit dir wieder,
Nie vergißt ein Herz dein Herz.

Auch in hebräischen Texten finden wir ebenso wie in der rabbinischen Literatur das Akrostichon, das sich würdig in die abendländische Kultur einfügt. Neben dem erwähnten Stein Nr. 9 finden wir auf Nr. 11 eine künstlerische Gestaltung für den Rabbi Abraham Meier aus Hamburg, geboren 1762, gestorben 1813. Oben schmückt das Mal eine Wasserkanne auf einer Schale, das Symbol für die kultische Reinigung der Hände beim priesterlichen Dienst, vor allem vor der Erteilung des Segens. Es bezeugt die Zugehörigkeit des Verewigten zum Stamme Levi. Der Name Abraham erscheint dreimal: einmal, indem der Nachruf mit den fünf vergrößerten Namensbuchstaben ABRHM in fünf Zeilen von rechts nach links beginnt. Sodann zwischen der dritten und vierten Zeile solo als Glaubensaussage: er eilte morgens und abends zum Gebetshaus Abrahams. Schließlich steht ABRHM in der siebten Zeile zum dritten Mal als

Stein von Abraham Meier, gestorben 1813. Im Text wird dreimal „Abraham" verarbeitet

sein Name Abraham, Sohn des Priesters Meier.

Wohl die kunstvollste Gestaltung auf dem Friedhof (immer vom jetzigen Bestand ausgehend) zeigt der Stein von Jette Levy, wiederum in Form eines hebräischen Akrostichons (Nr. 41). Ich gebe den Text unten in einer fast wortgetreuen Nachdichtung wieder. Es sind sechs im leichten Halbrund nach oben und unten schwingende Zeilen in zwei Blöcken, schmetterlingsförmig. Rechts außen beginnen die ersten drei Zeilen mit den drei Buchstaben von Jette JTH, in der Mitte endend mit den beiden Buchstaben BT, was Tochter heißt (Bat).

Diese zwei Buchstaben in der Mitte sind dreimal größer als die anderen und erstrecken sich so über alle drei Doppelzeilen. Mehr noch: sie bilden siebenmal einen integrierenden Teil des Nachruftextes, nämlich dreimal als Schlußbuchstaben der rechten Zeilen, dreimal als Anfangsbuchstaben der linken Zeilen, und ein siebtes Mal in dem Satz, der von acht Großbuchstaben gebil-

Stein Jette David (1821-1850).In sechs Nachrufzeilen sieben mal „Tochter"

Dein Haus bleibt im Gedächtnis unbegrenzt,	*In deiner häuslichen Welt*
die Deinen hast du stets mit Kraft	*saßest du lebenslang,*
umkränzt,	*rechtschaffen, nur dem Guten*
leb' fort in deinen Taten	*zugewandt,*
als ein Stern.	*von jeder Sünde allezeit*
	entfernt.

det wird: JTH BT DVD – Jette, Tochter Davids. Meine Nachdichtung:
Vielleicht ist die Poesie dieser Nachrufe auf unseren hiesigen Grabsteinen
schon deutlich geworden. Sie soll durch einige Übersetzungen vervollständigt
werden. Nr. 33, Sarchen Baruch geb. Nathan, gestorben 1846:

*Hier ruht eine tüchtige Frau - gepriesen seien ihre Wege - anmutige Wege
waren es - ihre Werke waren wie köstliches Räucherwerk - auf das Gute
gerichtet alle ihre Lebenstage.*

Oder Nr. 36, Levy Elchanan, gestorben 1859:

*Hier ruht ein liebenswerter Greis, der schnell lief wie ein Hirsch, stark wie
ein Löwe in seiner Arbeit. Er klopfte an die Türen am Abend, am Morgen und
am Mittag und wich nicht aus der Hütte des Herrn.*

Der Text läßt darauf schließen, daß er Gemeindediener war oder auch Kassierer. Außerdem zeigt er, daß der Tag bei den Juden am Abend beginnt und
von drei Gebetszeiten bestimmt wird. Ein weiteres schönes Beispiel: Nr. 38,
Levy Meier, gestorben 1847:

*Von seiner Jugend an wohnten Friede und Wahrheit in seinem Herzen, und
seine Worte galten etwas in seiner Stadt. Keine Gottesfurcht und keine Werke
der Gerechtigkeit gab es nach seinem Tode wie bei ihm.*

Oder auf dem Stein Isack Levys aus Kassel (Nr. 40), gestorben in Segeberg
1855:

*Oben im Halbrund: „In deine Hand befehle ich meinen Geist." (Ps.31,6)
Hier ruht der treue und aufrechte Mann, der von seiner Jugend an nicht
vom Weg des Königs abwich. Er wurde hier gewählt zum Haupt der
Gemeinde, um für sie zu sorgen und sie zu leiten. Er starb leider im Amt, das
er nicht lange ausübte. Deshalb sind die Tage des Weinens über ihn bei seiner Frau und seinen Söhnen noch nicht vorüber.*

In Kenntnis solcher poesiereicher, kulturell erhabener Texte macht uns der
Vandalismus besonders betroffen, mit welchem die Nationalsozialisten (und
ihre heutigen Nachfolger) den hiesigen Friedhof jahrelang geschändet, geplündert und verwüstet haben. Er steht in krassem Widerspruch zu ihrer verloge-
nen Ideologie: „Geschlecht stirbt, Sippen sterben, du selbst stirbst wie sie –
doch ewig bleibt der Toten Tatenruhm" lautete einer ihrer Sprüche, den ich bei

Tor zum Jüdischen Friedhof Segeberg von 1792 mit Davidstern

Flaggen-Appellen oft gehört habe. Das Ausmaß der zerstörten Grabmale macht dies klar. Nach den hiesigen Sterberegistern gab es 1933 insgesamt rund 160 Grabstellen, ablesbar an den geordneten Reihen. Die Zahl geht auch aus der jüdischen Grabnumerierung hervor, die im Januar 1919 bei 123 angelangt war. 1945 waren davon noch 55 Steine übrig, und auch diese waren bei Kriegsende großenteils umgestoßen und abgebrochen. Es muß für die britischen Besatzungssoldaten und deren Angehörige ein trauriger Anblick gewesen sein. An manchen Steinen kann man heute noch sehen, daß ihre Inschriften mit Metallwerkzeugen angegriffen wurden: Nr. 1 Nathan Levy (Ludwigs und Adolfs Vater), Nr. 3 Hesekiel Seligmann, Nr. 4 Baruch Juda, Nr. 7 Frieda Baruch, Nr. 31 Hanna Levy (oben beschrieben), Nr. 45 Helene Levy (ebenfalls), Nr. 51 Moses Hirsch und andere. Salomo Juda (Nr. 10) wurden alle Kupferbuchstaben gestohlen, wie man an den Löchern im Stein erkennt, ebenso beim Stein daneben die unterste Reihe. Signifikant ist, daß einerseits die Steine vor 1800 fehlen, ca. 6-8, und andererseits alle Denkmäler ab 1900, gut 20. Vermutlich haben die Schänder mit der Zerstörung Grab für Grab systematisch im Westen und im Osten begonnen. Die jüngsten Namen waren den Tätern noch bekannt: Leo Baruch, Kirchstr. 1-3, gestorben im August 1930, sowie Resi Levy, Kurhausstr.

Grabschändung auf dem Jüdischen Friedhof, 1988

9, knapp zweijährig 1929 zur letzten Ruhe gebettet. Mit ihrem Grab, an dessen Stelle heute die 1948 angefertigte Ersatzplatte liegt, begann die letzte Reihe.

Ich fixiere hier ein chronologisches Verzeichnis der jüdischen Toten Segebergs von 1801 bis 1945 anhand der Sterbe-Register und der restlichen Grabsteine. Während der letzten Jahre des 2. Weltkriegs konnte wegen des raschen Mitgliederschwunds in der Gemeinde niemand mehr auf dem hiesigen Friedhof beigesetzt werden. Die Grabinschriften der noch vorhandenen Steine wurden 1988 fotografiert, die hebräischen Texte samt deutscher Übersetzung bei der Stadt Segeberg archiviert (vgl. den Beitrag zur Dokumentation der jüdischen Grabsteine). Soweit Straßen und Hausnummern angegeben sind, ist zu berücksichtigen, daß sich beide in zwei Jahrhunderten verändert haben.

Totenliste (ohne außerhalb zwischen 1933 und 1945 Ermordete)

1801 Eleasar Moses, Gemeindevorsteher, Sohn von Josef Hesekiel(Nr.9)

1808 Gittel Eppenheimer, Frau des Josel Eppenheimer (Nr.8)

1809 Salomo Juda. Kupferbuchstaben nach 1933 gestohlen (Nr.10)

1813 Levit Abraham Meier aus Hamburg (Nr.11, oben erläutert)

1818 Sara Hindel Hesekiel, Moses Tochter, Schwiegertochter Isaaks(Nr.14)

1822 Elchanan Baruch, 75 Jahre alt, ledig (Nr.16)

1826 Vogel Meier geb.Juda, Rabbinertochter, Schwiegertochter Abrahams(17)

1828 Frau Rose Isaak (Nr.24)

1832 Gemeindevorsteher Moses (Nr.20)

1834 Gutrat Elchanan, Tochter von Rabbi Juda (Nr.25)

1835 Lea Hirsch-Kolli, gestorben in Plön (Nr.26)

1836 Mordechai Gumpel, Sohn von Meier, Vorsteher der Sterbegilde, Gründer der Kranken-Besuchsgesellschaft (Nr.29)

1838 Levy Abraham (Nr.44), 1988 gewaltsam zerbrochen

1840 Kind Friedchen, Tochter von Samuel (Nr.7)

1846 Hanna Benjamin Wolf, Rabbinerfrau (Nr.21)

1846 Sarchen Baruch geb. Nathan aus Rendsburg, Schwiegertochter von Baruch Jakob, 39 Jahre alt (Nr.33)

1846 Levin Baruch, Sohn des Jakob (Nr.34)

1847 Levy Juda, Sohn von Meier (Nr.38)

1850 Jette Levy, Tochter von David Levy, Frau von Isaak Levy, 29 Jahre alt (oben beschrieben, Nr.41)

1851 Frau Jochebed, Tochter des Salomo (Nr.42)

1853 Lea Helene Levy, Tochter des Ruben Traube, Frau von Moses Levy, 23 J. alt, starb bei der 1. Entbindung (Nr.45)

1853 Josef Heilbrunn, Sohn von Salomo Heilbrunn (Nr.30)

1853 Großmutter Hanna Levy geb. Meier, Rabbinerfrau (Nr.31)

1854 Jungfrau Hanchen Levy Traube, Tochter v. Ruben, Enkelin von Levy Traube, *1833 in Moisling (Nr.46), deutsches Akrostichon

1855 Jüngling Mena Michael Baruch, 13 Jahre alt (Nr.47)

1855 Gem.vorsteher Isaack Levy aus Kassel, Sohn v.Levy Traube (40)

1855 Rabbi Aron Meier, *1793 (Nr.49). In den 90er Jahren zerstört.

1856 Jüngling Asher gen. Anschel Wolf, Sohn v.Rabbi Benjamin Wolf

1857 Rabbi Moses Hirsch und seine Frau Jette Traube, Tochter von Rabbi Salman Traube (Nr.51)

1858 Betty Levy geb. Cohn, *1832 in Moisling, Frau v. Moses Levy, Tochter v. Rabbi Leser Cohn (Nr.48) - „Friede ihrer Asche"

1859 Greis Levy Elchanan, Gemeindediener (Nr.36)

1862 Rabbinerfrau Dina Wolf geb. Löwenthal (Nr.55)

1864 Rabbinerww.Mardel Levy, Tochter v. Rabbi Samuel, Schwiegertochter v. Rabbi Meier (Nr.39)

1865 Rabbi David Traube, dtsch. David Levy, alt und betagt (Nr.53)

1865 Junggeselle Shlomo gen. Selig Levy Traube aus Kassel, gestorben „in gutem Alter" (Nr.37)

1866 Edel Traube geb. Juda, Frau von David Traube (Nr.54)

1869 Baruch Juda und Frau Gelle Juda geb. Jonas (Nr.4)

1871 Klärche Heilbronn, Frau des Rabbi Salomo H., „uralt" (Nr.32)

1871 Sarchen Baruch, Frau von Levy B., Tochter von Samuel, Kassiererin der Sterbe-Gilde (Nr.35)

1872 Kind Willi Wolff, Sohn von Moses Wolff (Nr.23)

1873 Nathan Levy, Hamburger Str.17, Sohn von Juda L., Vorsteher der Sterbe-Gilde (Nr.1). Söhne: Ludwig und Adolf Levy

1873 Rose Levy gen.Röschen geb. Abraham, Frau von Nathan L. (Nr.2)

1874 Hesekiel Seligmann, gest. 25.10.73 und Frau Sara, gest. 5.3.74 (Nr.3) Das Grab wurde im Jahr 2000 von Nachfahren gesucht und gefunden.

1875 Gelle Juda geb. Jonas, 85 J. alt. Eltern: Jonas Jonas und Gutchen Meier (Der Stein ist beseitigt worden.)

1875 Kind Salomon Heilbronn, Kielerstr. 1, *19.1.75 (Stein fehlt)

1875 Seemann August Benjamin Wessel, 33J. alt, in See ertrunken 4.5.

1875 Baruch Juda, 79 J. alt, Kirchstr.13, Ehemann v. Gelle Juda (4)

1875 Dr.med.Josef Alexander Marcus aus Schleswig, 66J. alt, getauft;
Eltern: Alexander Marcus und Frau Sahra, christlich beigesetzt

1875 Lehmann Lion, Kieler Str. 34, 61 J. alt, Frau: Hannchen Wulff
Moses verw. Herzberg (Nr.5), im Hause Wilhelmine Blumenthal geb.
Herzberg. Hebräisch: Rabbi Ari Nathan

1876 Röschen Seligmann, 1 Monat alt, Oldesloer Str.12. Eltern: Isaak
Jakob S. und Hannchen Mayer (Stein fehlt)

1877 Therese Wolff geb. Hirsch, 47 J. alt, Frau von Moses Wolff,
Lübecker Straße 12. Eltern: Gisel und Jette Hirsch

1878 Esther Baruch geb. Baruch, 42 J. alt, Mann: Bernhard B., Eltern:
Levy B. und Sara Marcus (Stein fehlt)

1878 Michel Baruch, 74 J. alt, Frau: Jette Juda. Eltern: Mendel B. und
Jette Meier. Sohn: Bernhard B. (Stein fehlt)

1879 Henry Levy Smith aus Nancy, getauft, 65 J. alt, Kieler Straße76,
früher Kirchstraße 46 (auf christl. Friedhof beigesetzt)

1881 Moses Seligmann, * 1813, auswärts verstorben

1884 Händel (Hindel) Lion geb.Wolf, 80 J. alt; Ehemann: Lehmann L..
Eltern: Wolf Moses und Hane Lazarus. Schwiegersohn Leopold
Blumenthal, Kielerstr. 34. Deutsch: Hannchen L.

1885 Moses Lion Wolf (Stein fehlt)

1888 Martin Heilbronn, 6 J. alt; Eltern: Salomon H. und Rahel Juda,
Kieler Straße 1. Hebräisch: Menachem. Ein Bruder starb 1875.

1888 Emmy Baruch, 10 J. alt, Eltern: Religionslehrer Samuel Levy B.
und Klara Lindenberg, Kurhausstraße 31, gest. 31.8.88 (Stein fehlt)

1888 Bertha Baruch, 8 J. alt, gest. 3.9.88,Emmys Schwester(Stein fehlt)

1888 Frieda Baruch,12 J. alt, gest. 5.9.88 zu Hause, Emmys Schwester

1893 Moses Wolff Moses, 84 J. alt, Frau: Therese Hirsch, gest.; Eltern:
Wolff Moses und Hanna, Kieler Straße 7 (später 9). Schwiegersohn:
Adolf Levy (Stein fehlt)

1894 Max Levy, 2 Mon.alt, Eltern: Adolf L. und Johanna Wolff, Kieler
Straße 9 (Stein fehlt)

1895 Dorothea Friedericia Goldberg geb. Klüver, 70 J. alt, getauft,
Ehemann: Max Hinrich G. (auf christl. Friedhof beigesetzt)

1895 Carl Friedrich Franz Seelig, Ludwigslust, 46 J. alt, getauft (auf
christl. Friedhof beigesetzt), Tischlergeselle

1897 Pesse Pauline Cohn, Hamburg, Rutschbahn 41, 6 J. alt, korrigiert
in Gitella Ella, s.u. (Stein fehlt). Verfügung des königlichen Landgerichts Kiel, Cvilkammer 1 vom 11.10.1897: Vornamen von deutschen

in hebräische berichtigt, 34 Jahre nach dem Emanzipationserlaß! Eltern: Gabriel gen. Gustav Cohn und Adele

1898 Religionslehrer Samuel Levin Baruch, Kurhausstraße.31, 64 J. alt; Frau: Klara Lindenberg, Eltern: Levin und Sarchen B. (Stein fehlt)

1898 Witwe Engel Sophie Hülseberg geb. Holm, 83 J. alt, aus Hamburg, getauft, auf christl. Friedhof beigesetzt

1899 Salomon Heilbronn, Kieler Straße 1, 63 J. alt. Frau: Rahel geb. Juda. Eltern:Joseph H. und Cäcilie Baruch. Sohn Bernhard. (Stein fehlt)

1902 Meier Meyer, Hamburger Straße 7, 66 J. alt; Frau: Sophie Heilbrunn; Sohn: Levin Meyer gen. Lede; Eltern: Levin Meyer und Marianne Samuel. (Stein fehlt).

1903 Rahel Heilbronn geb. Juda, 62 J. alt, Witwe von Salomon H., Sohn Bernhard. Vater Nathan Juda, Friedrichstadt. (Stein fehlt)

1906 Hermann Heilbronn, Hamburger Straße 9, 31 J. alt, Bruder von Cäcilie H.; Frau: Johanna Voremberg aus Kassel. Eltern: Salomon H. und Rahel Juda. (Stein fehlt)

1906 Ahron Sommer, Hamburg, Elbstraße.42, 57 J. alt. Frau: Rebecca Pincus. Eltern: Hermann S. und Rahel aus Schlawe. (Stein fehlt)

1906 Rebecca Rosa Wolf geb. Wolf, 75 J. alt, verheiratet mit Moritz Wolf aus Hamburg (Stein fehlt)

1907 Witwe Sophie Meier geb. Heilbronn, 78 J. alt, Mann Meier Meyer, Hamburger Straße 7, Eltern: Josef Heilbronn und Zwicka Baruch. Sohn: Levy Meier gen Lede. (Stein fehlt)

1908 Rieke Baruch geb.Meyer,67 J. alt, Kieler Straße 61, Mann Bern-hard B., Eltern: Israel Ephraim M. und Charlotte Matthias (Stein fehlt)

1910 Moses Alexander Labowsky, Kieler Straße 31, 82 J. alt, Frau: Liene Lazarus (gest.), Vater: Alexander L., Sohn: Adolf L., Kirchstraße 26. Beigesetzt in Hamburg

1910 Levin Heilbronn, Hamburger Straße 32, Frau: Helene Joseph aus Schwerin (gest.), Vater: Joseph H. (Stein fehlt)

1910 Johann Heinrich Louis Süß, 71 J. alt, getauft. Frau: Christine Katharine Fölster, gest. 1920. Eltern: Schiffskapitän S. und Marie Richter aus Stegen, Krs. Stormarn. Auf christlichem Friedhof beige-setzt.

1912 Nathan Levy, Hamburger Straße 15, 86 J. alt, Frau: Sophie Baruch (Stein fehlt)

1912 Hans Robert Selig, 6 Tage alt, Klosterkamp 6, Eltern: Emil Waldemar S., Rechtsanwalt und Marianne Constanze Lembke. Beigesetzt auf dem 2. christlichen Friedhof, weißer Stein erhalten

1912 Abraham (Adolf) Levin, Hamburger Straße 35, 52 J. alt. Frau: Rieke geb. Frankenthal. Eltern: Hirsch L. und Friedchen Löwenthal (kein Stein)

1914 Karl Friedrich Wilhelm Barez, getauft; Vater Samuel B., Wandsbek. Auf christlichem Friedhof beigesetzt.

1915 Fritz Brandl, 26 J. alt, gefallen. Frau: Paula Baruch, Leos Tochter

1916 Religionslehrer Friedrich Beer, * 16.3.1894, gefallen 29.7.1916

1917 Isak Zyforin, russischer Gefangener gest. 22.4.1917. Stein fehlt, Grab 120

1918 Leopold Blumenthal, Kurhausstr. 37 (Stein fehlt)

1918 Mailach Jerusalski, russischer. Gefangener, gest. 15.11.1918. Kein Stein, Grab 121

1918 Juda Chine Silbermann, russischer Gefangener, gest. 7.12.1918, Grab Nr. 122 (Stein fehlt)

1919 Josef Rachmann, russischer Gefangener, gest. 15.1.1919. Kein Stein; Grab Nr.123

1919 Witwe Sophie gen. Rose Levy geb. Baruch, 77 J. alt, Hamburger Straße 15; Mann Nathan L., Eltern Levin Baruch und Sara Samuel (Stein fehlt)

1920 Christine Katharina Süß geb. Fölster,84 J. alt, religionslos, Mann Johann Heinrich Louis Süß. Beigesetzt auf christl. Friedhof

1921 Adam Josef Esters, Wittenborn, religionslos, Frau Katharine Seeger. Auf christlichem Friedhof beigesetzt.

1923 Adolf Labowsky, Kirchstraße 26, *1856 in Rendsburg, Frau Caroline Levi. Beigesetzt in Hamburg.

1923 Janette Levin geb. Philipps, Oldesloer Str. 7, 48 J. alt, Frau des Friseurs David Aaron L. (Stein fehlt)

1924 Jona Hermann Rosenbom, getauft, auf christlichem. Friedhof begraben

1925 Schüler Peter Rosenthal aus Hamburg, dort beigesetzt, 15 Jahre alt, Autounfall in Groß Rönnau am 18.5.25

1926 Klara Baruch geb. Lindenberg, Kurhausstraße 31, 85 J. alt, Lehrerwitwe aus Gadebusch/Mecklenburg (Stein fehlt).

1927 Förster Johann Karl Weiß, 58 J. alt, Frau Wilhelmine Pötsch (Stein fehlt)

1927 Benjamin Sylvester Chmella, 82 J. alt, Wachtmeister, getauft. Auf

Platte Resi Levy, * 1927, gest. 1929, von ihrer Mutter Toni und zwei Tanten 1948 am originären Grabplatz aufgestellt

christlichem Friedhof begraben.

1928 Werner Wilhelm Karl Weiß, 6 Jahre alt, unehelich (Stein fehlt)

1929 Resi Levy, Kurhausstraße 9, 1 Jahr und 11 Monate alt (Stein fehlt). 1948 von Angehörigen neuer Stein gesetzt auf ihrem Grabplatz

1930 Leo Baruch, Kirchstraße 1-3. Stein fehlt, stand hinter den Linden

1932 Sidonie Werner,Bismarckallee 5, Kinderheimleiterin, *16.3.1860, gest. 27.12.32, beigesetzt in Hamburg

1934 Emil Waldemar Selig, Klosterkamp 6, Rechtsanwalt, 58 J. alt, getauft, wählte am 16.4.34 den Freitod. Grab auf 2. christlichen Friedhof, weißer Stein erhalten

1935 Institutsdirektor Roman Bachmeier, Marienstr.37, kath. getauft, *25.2.83 in Pfarrkirchen/Bayern, verwitwet, 2. Eheschließung 24.11.33 in B.Segeberg mit Emma Maria Knitter, 1935 in Neumünster verstorben

1936 Amalie Liebmann geb.Joseph, 53 J. alt, * 6.7.83, Grab in Rickling

1936 Luise Dorothea Johanna Goldstein geb.Stuft, Gr.Seestraße 2, 65 Jahre alt, Frau des Bäckers Louis G. (Stein verschwunden) - letzte Beisetzung auf dem jüdischen Friedhof

1936 Levy Ludwig Levy, Hamburger Straße 17, * 17.9.1852, Frau

Friederike Frank, beigesetzt in Hamburg. 1948 neuer Stein gesetzt von drei Nichten aus den USA, wie auch für Bruder Adolf:

1937 Adolf Levy, Kurhausstraße 9, *1854, gestorben in Hamburg

1937 Samuel Kolossa, 81 J. alt, sein Grabplatz ist unbekannt

1938 Levy Meier gen. Lede, Hamburger Str.5, gestorben in Hamburg. Eltern: Meier Meyer und Sophie Heilbronn

1939 Friederike Levy geb. Frank, Witwe von Ludwig L., Hamburger Straße 17, *15.12.1861 in Harburg, Eltern: Joseph Frank und Betty Simon. Sie erhängte sich am 9.6.39 im ehemals eigenen Haus. Grab in Hamburg bei Ludwig Levy

1942 Käte Seligmann, Landjahrmädchen, 14 J. alt, starb an Lungen-Tbc. Eltern: Gustav Otto S. und Emma Rohlf, Muggesfelderheide, Grab unbekannt

1943 Louis Goldstein, Gr. Seestraße 2, * 1870, Frau Luise Stuft, 5.5.1895 in Lübeck getraut. Urne beigesetzt auf 2. christlichen Friedhof bei Tochter Bertha Schmidt. Sein Name fehlt

1945 Hans-Jürgen Selig, Sohn von Rechtsanwalt Emil S., * 1914, am 5.5.1945, dem drittletzten Kriegstag, gefallen. Weißer Stein auf dem zweiten christlichen Friedhof

1964 Jean Labowsky, beigesetzt auf dem 3. christlichen Friedhof

Von knapp 90 hier geborenen oder wohnhaften Gliedern der israelitischen Gemeinde wurden zwischen 1942 und 1945 in den Gaskammern von Auschwitz, Theresienstadt, Litzmannstadt (Lodz), in irgendeinem KZ oder auf andere Art 55 ermordet. Keiner von ihnen erhielt ein Grab auf einem jüdischen Friedhof, keinem wurde je ein Stein gesetzt. Wir kennen heute diese 55 Namen; 1987 waren sie erst zu einem Teil bekannt. Manfred Neumann (vgl. seinen Beitrag in diesem Band) hat sie jetzt der Vergessenheit entrissen. Wer das Totenregister aufmerksam studiert, findet ständig die lapidare Bemerkung „Stein fehlt". Die Aktionen der Hitleranhänger richteten sich sogar gegen die Toten. Selbst das Leichenhaus von 1875/76 in der Mitte des Friedhofs blieb nicht verschont und wurde ob seines baufälligen Zustands etwa 1948 gesprengt. Der Schlußsatz meines Aufsatzes über den jüdischen Friedhof im Jahrbuch von 1990 soll hier wiederholt werden: Wer heute dem Grabstein eines Juden zuleibe geht, gehört morgen zu deren Mördern.

Schematisches Verzeichnis
der Grabreihen und Grabsteinnummern des Jüdischen Friedhofs
Segeberg, eingeführt vom Fotografen Stephan Dyck 1988
(stimmt nicht mit der Beisetzungsfolge überein)
Abkürzungen
o.J. - ohne Inschrift / fgm. - Fragment
Kurhausstraße 81

```
                                        55  54  53  52 o.J.  Reihe VII
                                        51  50  49  48       Reihe VI
 47              46 fgm. 45  44  43  42  41  40  39  38  37  Reihe V
 fgm. 36 35  34  33  32  31  30  29  28 o.J. 27 o.J. 26 25 24 23  Reihe IV
 22 o.J.         21  20  19 o.J. 18 fgm. 17 fgm. 16       15  Reihe III
                 14  13 o.J. fgm. fgm. 11  10   9   8     7  Reihe II
 56 o.J.                                 6   5   4   3   2   1  Reihe I
```

... drei Linden ...
ehemaliges Leichenhaus
... drei Linden ...

Die Reihen VIII, IX und X wurden nach dem 30.1.1933
vollständig zerstört, alle Reste beseitigt

    Reihe VIII
    Reihe IX
    Reihe X

59 (Resi Levy, 1948 gesetzt)   Reihe XI

    58 (Adolf Levy)   57 (Ludwig Levy Reihe XII
                    und Friederike)
(Beide 1948 gesetzt)

(Reya - Klinik)

Auszug aus der Dokumentation der Restgrabmale des Jüdischen Friedhofs, erstellt 1989 für das Segeberger Stadtarchiv vom „Verein zum Schutz des jüdischen Friedhofs"; Fotos und handgeschriebene zweisprachige Texte

5. Die Dokumentation der jüdischen Grabsteine 1989

Hamburgs ältester jüdischer Friedhof an der Königstraße in Altona soll ab 2002 katalogisiert werden, wie das Hamburger Abendblatt am 28. Oktober und die Allgemeine Jüdische Wochenzeitung am 12. Oktober 2000 berichteten. Es sind folgende Maßnahmen geplant: 1. Fotographische Bestandsaufnahme; 2. Entzifferung der Inschriften; 3. Reinigung und Restaurierung von beschädigten Steinfragmenten. Fast drei Millionen Mark haben die Hamburger Kulturbehörde (aus Haushaltsmitteln) und Sponsoren dafür bereitgestellt. Die Dokumentation der Segeberger Grabsteine, die der „Verein zum Schutz des Jüdischen Friedhofs Segeberg und zum Kennenlernen des Judentums" 1988/89 erarbeitet und dem Stadtarchiv übergeben hat, kostete die öffentlichen Kassen keine Mark.

Eine fotographische Bestandsaufnahme und Entzifferung ist auch in Segeberg durchgeführt worden. Stephan Dyck hat alle Steine in guten Portraitaufnahmen festgehalten, das Filmmaterial, die Entwicklungen und Abzüge besorgt und einen Numerierungsplan der Gräber erstellt – alles ohne Vergütung. Auch für die Übersetzung der hebräischen Grabmaltexte sind keine Honorare und Spesen gezahlt worden. Sie war eine Gemeinschaftsarbeit von Abraham Seligmann, Rabbiner Tsevi Weinman, beide Jerusalem, Pastor Dr. Egon Pfeiffer aus Haselau (am 27.Januar 1992 verstorben) und mir. Nach Abschluß dieser Arbeiten wurde die jüdische Kalligraphin Stephanie Siekkötter aus Osnabrück für die Niederschrift der Grabsteintexte herangezogen und aus Vereinsmitteln honoriert. Auf festem, weißen Karton hat sie rechts den hebräischen, links den übersetzten deutschen Text für jeden Stein extra festgehalten. Diese Dokumente sind in durchsichtigen Hüllen verwahrt und mit den zugehörigen Fotos in einen Lederband eingeheftet worden.

Der dritte Arbeitsvorgang der Hamburger, die Restaurierung der Steine, ist bei uns nicht durchgeführt worden. Das hatte keine finanziellen, sondern sachliche Gründe. Nach jüdischen Friedhofsbestimmungen arbeitet man nicht an Grabsteinen, auch nicht an beschädigten. Die Totenruhe soll nicht gestört werden. Was in dieser Hinsicht in Hamburg geplant ist, bedarf der vorherigen Ausnahmegenehmigung durch das zuständige Oberrabbinat.

Hamburg hat für diese Arbeiten die nächsten fünf Jahre vorgesehen. Es geht in Altona um mehr als 5.000 Grabmale. Wir in Segeberg konnten unser Projekt mit „nur" 55 übriggebliebenen Steinen im Laufe von zwei Jahren verwirklichen. Hamburg hat für diese umfangreichen Restaurierungen den Judaisten und

Spezialisten Prof. Michael Brocke aus Duisburg engagiert, mit dem ich seit Jahren korrespondiere. Unser jüdischer Friedhof in Segeberg von 1792 ist zwölf Jahre vor der Hamburger Planung durch ehrenamtlichen Einsatz Vieler für die Nachlebenden dokumentarisch fixiert und als Studienobjekt zugänglich gemacht worden.

Die Dokumentation erfaßt primär die noch vorhandenen Grabsteine mit ihren kunstvollen, manchmal dichterischen Inschriften (vgl. den vorigen Beitrag). Sie sagt wenig über die zahlreichen Lücken zwischen ihnen und über Rudimente; sie äußert sich nicht über die Pflanzung der sechs Linden in der Mitte im Jahr 1875 und beschreibt nicht die Geschichte des ca. 1948 von der britischen Besatzungsmacht gesprengten Leichenhauses zwischen den Bäumen; sie schweigt über die Hintergründe der drei liegenden Gedenktafeln im Osten des Friedhofs – „am nächsten zu Jerusalem", hergestellt 1948 von Kindern Adolf Levys, auf die in der Totenliste hingewiesen wurde. Sie schildert auch nicht die Friedhofsgründung 1791/92 durch den Gemeindeleiter Moses Moses, erwähnt nicht die zahlreichen späteren Arrondierungen; ebensowenig gehen aus ihr die umfangreichen Schändungsaktionen der Antisemiten in den 30er und 40er Jahren hervor, auch nicht diejenigen der 80er und 90er Jahre. All dies sind anstehende Aufgaben. Die Dokumentation vermittelt allein die hebräischen und deutschen Texte der Grabmale und deren künstlerische Gestaltung. Nicht auf jedem Friedhof findet man so viel Phantasie, Poesie und Liebe wie in Segeberg.

6. Jüdische Grabsteine erzählen

Jüdische Gräber erzählen viel über die Art und Weise, wie die Verstorbenen gelebt haben. „Von edler Gesinnung und gutem Namen, stets auf dem schmalen Pfad des Guten dem Herrn vertrauend mit eiligen Schritten zum gemeinsamen Gebet, das Wohl der Gemeinde als ihr Vorsteher fördernd, mildtätig gegenüber den Armen und Hungrigen, einsatzwillig in der Sterbegilde, von allen geachtet auch bei den Christen" – so steht es in einem zwölfzeiligen Gedicht für Eleasar Moses, Sohn von Josef Hesekiel, gestorben 1801. Wer von uns könnte sich einen schöneren Nachruf wünschen? Er zeigt auch, daß die jüdische Gemeinde im 19. Jahrhundert in unserer kleinen Stadt im ganzen wohlgelitten war, sieht man vom Antisemitismus einzelner kleiner Gruppen ab. Örtlich und zeitlich nicht weit entfernt von diesem Grab steht der Stein von Moses, gestorben 1832, von dem es nur heißt: „Hier ruht der gelehrte Vorsteher der Gemeinde Moses, gestorben und begraben am 4. Tischri 593" (1832) –

das ist alles. Nicht einmal die sonst üblichen fünf Abkürzungsbuchstaben als Schlußzeile („Ihre Seelen seien angehörig dem Bunde des ewigen Lebens") finden sich auf diesem Stein. Nur die akademische Ausbildung wird erwähnt und bescheinigt. Kein Wort über sein Leben, auch nicht über seine Auferstehung. Das ist ungewöhnlich.

Von der Bedeutung der Beerdigungsbrüderschaft, der Chewra Kadisha, im jüdischen Gemeindeleben erzählen viele gemeißelte Nachrufe (vgl. den zweiten Beitrag). Mordechai Gumpel, gestorben 1836, „mit großen Ehren begraben", war Vorsteher der Sterbegilde, wie auf seinem Stein steht. Mitglieder waren normalerweise nur Männer. Daher ist es bedeutsam, wenn von Sara Baruch geb. Marcus, gestorben 1871, vermerkt wird, daß sie Kassiererin der Bruderschaft war. Familie Marcus gehörte jahrzehntelang zur israelitischen Gemeinde Segeberg (vgl. „Drei Grabmale vor St. Marien"). Auch Nathan Levy, Vater der Brüder Adolf und Ludwig, war Gildevorsteher. Einfache Mitgliedschaft, weil selbstverständlich, ist selten vermerkt. Eleasar Moses wird als Gildebruder bezeichnet, ebenso der Priester Arie Ben Nathan, gestorben 1875. Nur zwei schlichte Mitglieder unter mehr als 50 Steinen, das spricht dafür, daß diese beiden sich besonders vorbildlich für das Wohl der Gilde eingesetzt haben.

Viele Gräber erzählen von der Wertschätzung der jüdischen Frau: „Die teure und wohltätige Frau Rose Levy", „die geschätzte Gittel Eppenheimer", „die angesehene Frau Sara Hindel", „die bescheidene und wackere Frau Vogel Meier", „die angesehene und bescheidene Frau Hanna Benjamin", „die hochangesehene und gute Frau, Zierde ihres Mannes, ihrer Kinder und Enkelkinder, die teure Hanna Levy", „eine tüchtige Frau – gepriesen seien ihre Wege, anmutige Wege waren es – Sara Baruch", „eine gottesfürchtige Frau, gelobt von den Armen ihres Volkes, Mardel Leew", „die tapfere Frau Beila Levy", mit 26 Jahren verstorben, vielleicht im Kindbett, was damals noch häufig war – welch blumenreiche Namensfülle! Es ließen sich mehr dieser Schilderungen hinzufügen.

Manchmal wird der Gedanke ausgesprochen oder vorausgesetzt, daß ein unwiederbringliches Zeugnis gelebter Frömmigkeit im Lebenswandel der Verewigten durch den Tod dahingegangen sei. So heißt es z.B.: „Ihre Werke waren wie köstliches Räucherwerk!" (Sara Baruch geb. Nathan, gest. 1846) Oder: „Wehe uns um den Tod dessen, der dem Armen seine Hand nicht verweigerte" (Priester Abraham Meier, gest. 1813). „Keine Gottesfurcht und keine Werke der Gerechtigkeit gab es nach seinem Tode wie bei ihm" heißt es von Juda Meier, gest. 1847. Und vom Gemeindevorsteher Itzig Segal, gest. 1855, kündet die Inschrift: „Die Tage des Weinens über ihn sind bei seiner Frau und bei seinen Söhnen noch nicht vorüber."

Ehrlichkeit und rechtschaffene Arbeit ist im Gegensatz zu antisemitischen Behauptungen ein hoher Wert im Judentum. So wird von Leib Abraham, gest. 1838, gesagt: „Der ehrlich lebte, gerecht wirkte und den Ertrag seiner Hände richtig gebrauchte." Nach dem Bibelwort Sprüche Salomos 31,16 wird Frau Jochebed Salomo – solche Namensverbindungen und -bedeutungen finden sich oft – beschrieben: „Sie pflanzte einen Weinberg mit ihrer eigenen Hände Arbeit", was bedeuten soll: Sie hat als Witwe ein eigenes Geschäft eröffnet, um ihre Kinder ehrlich ernähren zu können. Es gibt keine Weinberge in Holstein. Von dem Gemeindediener Leib Elchanan wird gesagt, er war „stark wie ein Löwe in seiner Arbeit". Dieser Bote der Gläubigen wird sehr plastisch geschildert: „Hier ruht ein liebenswerter Greis, der schnell lief wie ein Hirsch, stark wie ein Löwe in seiner Arbeit. Er klopfte an die Türen am Abend, am Morgen und am Mittag und wich nicht aus der Hütte des Herrn, der hochbetagte Priester Leib, Sohn des Elchanan – sein Andenken sei im Segen!"

Der Glaube an die Auferstehung zum ewigen Leben ist – entgegen der Behauptung vieler Kirchenväter früherer Jahrhunderte – seit über 3000 Jahren im Judentum lebendig und wird auf allen jüdischen Friedhöfen bezeugt, allein durch den fast überall als letzte Zeile stehenden Satz aus 1.Sam.25,29: „Ihre Seelen seien angehörig dem Bunde des ewigen Lebens." So steht auf einem jüdischen Grabstein in Leipzig: „Aufgestiegen zum Haus seiner Seligkeit." Von Moses Hesekiel in Segeberg heißt es: „Sein Lebensodem wurde im Garten Eden aufgenommen." Auf dem Stein von Frau Miriam, gest. 1827, deren Nachname verwittert ist, finden sich zwei Bibelworte, Sprüche 3,17 und Prediger 7,1: „Sie wurde eingesammelt zu ihrem Volk." Von Levin Baruch, gest. 1846, heißt es, „daß kein Makel an ihm gefunden wurde", was bedeuten soll: Er wird im Jüngsten Gericht bestehen. Auch das Wort Psalm 31,6 „in deine Hand befehle ich meinen Geist" als abgerundete Grabüberschrift weist wie auf christlichen Gräbern auf den Übergang vom irdischen zum ewigen Leben hin (Bei Itzig Segal, gest. 1855). Dichterisch wird dasselbe ausgedrückt mit der Zeile für Jette Levy geb. David: „Leb fort in deinen Taten als ein Stern." „Sie ist eingegangen zu ihrer Ewigkeit" könnte genauso in einem christlichen Nachruf stehen. Auch das deutsche Akrostichon auf dem Stein von Hanchen Levy Traube unterstreicht diesen Glauben: „Chöre sel'ger Himmelslieder einen dort sich mit dir wieder." „Sie ging zu ihrer Ewigkeit" wiederholt sich bei Beila Levy geb. Cohn, gest. 1858.

Die Ewigkeitsgewißheit lebt im Judentum wie im Christentum. Der Segeberger jüdische Friedhof kündet vom Leben und Wandel der Kinder Israels inmitten einer christlichen Gemeinde, er demonstriert dabei den Glauben an das unzerstörbare Leben.

7. Russische Gräber auf Segeberger Friedhöfen

In beiden Weltkriegen haben kriegsgefangene oder verschleppte Russen neben Zwangsarbeitern aus anderen Nationen, speziell aus dem Osten, in unserer Stadt und in den Dörfern gearbeitet. Sie waren willkommene Helfer auf Bauernhöfen und in Betrieben, deren Männer eingezogen waren. Sie lebten nicht in Lagern und wurden in den Familien in der Regel normal verpflegt. Dennoch starben hier viele, sicher auch an den Folgen schwerer Verwundungen. Wieweit sie Mißhandlungen erdulden mußten, läßt sich heute nicht mehr feststellen. Allerdings spricht die hohe Opferzahl während des Zweiten Weltkriegs gegenüber derjenigen aus dem Ersten nicht für humane Behandlung.

Im 2. Weltkrieg hier verstorbene russische Kriegsgefangene auf dem 3. christlichen Friedhof

Auf dem Segeberger Jüdischen Friedhof von 1792 sind zwischen 1917 und 1919 vier russische Kriegsgefangene mosaischen Glaubens beerdigt worden: Isak Zyforin (22. April 1917), Mailach Jerusalski (15. November 1918), Juda Chine Silbermann, der sicherlich von Deutschen abstammte (7. Dezember 1918) und Josef Rachmann (15. Januar 1919, vgl. die Totenliste oben). Diese vier Gräber lagen direkt neben denen zweier gefallener Segeberger: Fritz

Brandl, 26 Jahre alt, gefallen 1915, und Religionslehrer Friedrich Beer, 22 Jahre alt, gefallen 1916. Diese vier russischen Grabsteine auf dem Jüdischen Friedhof sowie die beiden von Brandl und Beer sind nach 1933 von Nationalsozialisten beseitigt worden.

Auf dem dritten christlichen Friedhof Segebergs an der Kastanienallee gibt es eine größere Zahl russischer Gräber. Acht Kriegsgefangene, erkennbar am orthodoxen Kreuzessymbol, ruhen dort. Für sie findet sich am Ostrand des Gottesackers ein Gedenkstein. Insgesamt sind im Ersten Weltkrieg zwölf russische Soldaten in Segeberg beigesetzt worden.

Weit mehr Russen wurden Opfer des Zweiten Weltkriegs. Die Verantwortlichen für das Herstellen und Setzen dieses Steins haben nach der deutschen Kapitulation abgeschrieben, was 25 Jahre vorher als Inschrift verwendet wurde. Sie übernahmen die Bezeichnung „Krieger" für „gestorbene" Gefangene, haben aber das russisch-orthodoxe Kreuzes-Symbol verändert. Bei sechs von 27 gefallenen Russen kannte man weder Vor- noch Nachnamen, bei zwei weiteren fehlt entweder der Vor- oder der Familienname. Man machte sich nicht die Mühe, ihre Namen herauszufinden. Von 27 blieben so acht anonym, sie waren nur eine Nummer. Zwei kleine Steine mit je vier russischen Namen stehen neben dem großen, auf dem nicht genügend Platz für alle war. Diese drei befinden sich zusammen mit dem vierten von 1914/18 am äußersten Rand des Geländes vom 3. christlichen Friedhof im Osten, nach Stipsdorf zu. Hierher verirrt sich selten jemand.

Gedenkstein für 27 russische, im Kreis Segeberg verstorbene Kriegsgefangene des 2. Weltkriegs auf dem 3. christlichen Friedhof

Gedenkstein für 20 verstorbene Zwangsarbeiter und -innen des 2. Weltkriegs aus Ostländern auf dem 3. christlichen Friedhof

Auf dem entgegengesetzten Ende im Westen, unmittelbar vor der Jugendherberge, steht ein fünfter Gedenkstein von 1945 mit zwanzig Namen. Bei den hier Genannten handelt es sich um noch tragischere Kriegsopfer – verschämt und beschönigend als „Fremdarbeiter" aufgeführt, sie waren in Wahrheit Zwangsverschleppte. Die Arbeiterinnen und Arbeiter kamen aus mehreren osteuropäischen Ländern: Russland, Polen, Rumänien, Tschechien. Die Hälfte von ihnen waren Frauen.

Zwischen 1939 und 1945 starben in unserer Stadt mindestens 27 Kriegsgefangene und zwanzig Zwangsarbeiter und -innen. Es bleibt zu fragen, warum der Erinnerungsstein für die Zwangsarbeiter auf dem dritten Friedhof isoliert im Westen und nicht bei den anderen im Osten steht. War das nur Gedankenlosigkeit? Oder wollte man die Gesamtzahl Umgekommener verschleiern? Dieser Gedenkstein gehörte neben die anderen.

8. Drei Grabmale vor St. Marien

Der erste christliche Außenfriedhof lag unter dem Rasen zwischen der Segeberger St. Marien-Kirche und dem Marktplatz. Er war sieben Jahrhunderte lang in Gebrauch und wurde erst 1873 aufgelassen. Der jetzige erste Friedhof hinter der Kirche hat ihn damals abgelöst. 1949 holte die Kirchengemeinde Segeberg die noch verbliebenen drei Grabmale am Markt an die Südmauer ihres Gotteshauses, aber ohne eine Exhumierung. Es ging nicht um Überführung von Gebeinen, sondern von Denkmälern, die künstlerische oder menschliche Bedeutung hatten. Mit diesen dreien hat es eine besondere Bewandtnis.

In der Mitte steht das schwarze Eisenkreuz von Pastor Carl Peter *Franz Claudius* (1794-1866), der von 1838 bis 1865 hier amtierte. Er hatte sich zunächst in seiner Heimatstadt Wandsbek beworben, fiel dort aber durch und wurde dann in Segeberg gewählt. Die „Franz Claudius-Schule" trägt in Erinnerung an ihn seinen Namen. Er war der jüngste Sohn des Dichters Matthias Claudius ("Der Mond ist aufgegangen", „Wandsbeker Bote"). Das Grabkreuz seines Sohnes wird bis heute mit Blumen geschmückt.

Interessant ist auch die helle Stele neben dem Osteingang zur Kirche, verborgen hinter einem gewaltigen immergrünen Strauch. Sie wurde 1822 für Vater C.F. und dessen Sohn *C.S. Magnus* errichtet, die innerhalb weniger Tage starben. Die Familie gehörte zu einer alteingesessenen jüdischen Sippe aus Rendsburg, wo sie führend war. In Segeberg wohnten Magnus´ in der Lübecker

Straße 12. Dieses Haus war schon seit vielen Jahrzehnten in jüdischem Besitz. Anfang des 20. Jahrhunderts wohnte hier der fromme Moritz Steinhof mit seiner Familie. Juden achteten darauf, daß bei einem Wechsel Haus und Wohnung in Händen von Glaubensgenossen blieben, denn in der nicht privilegierten Gemeinde Segeberg mußte jeder von ihnen um sein Wohnrecht kämpfen.

Die Stele Magnus weist kein christliches Symbol auf, nur säkulare oder jüdi-

Eisenkreuz für Pastor Carl Peter Franziskus Claudius (1794-1866), Sohn des Wandsbeker Dichters Matthias Claudius

Stele Magnus vor St. Marien. Vater
C.F. Magnus, 1769 - 20.4.1822, Sohn
C.S. Magnus, 1799 - 6.3.1822

sche Zeichen: Palmenwedel, Öllampe, Schlange, Schmetterling, Stern, zwei Fackeln, die als Todeszeichen für Vater und Sohn in den Boden gesenkt sind. Auf dem jüdischen Friedhof gibt es aus dem 19. Jahrhundert mehrere Grabsteine der Familie Magnus (vgl. den Bericht darüber).

Noch aussagestärker ist der verwitterte gelbe Sandstein des 1738 verstorbenen *Claus Schnack* (s. S. 13). In der Marienkirche hängen zwei wundervolle Messing-Kronleuchter aus dem 18. Jahrhundert,

beide von Familie Schnack gestiftet. Die Eheleute gehörten zur evangelischen Kirchengemeinde Segeberg. Claus war Pächter der Herrenmühle und dadurch wohlhabend (vgl. „Der erste Jude in Segeberg"). Zu seiner Zeit gab es hier noch keine jüdische Gemeinde. Wir wissen von einem Hauskauf 1726 in der Lübecker Straße 2 durch einen Israeliten. Bürgereide von Juden sind aber erst 1742 und 1744 beurkundet. Vor 1726 gab es keine jüdischen Einwohner in Segeberg. Deshalb ist Schnack zum Glauben seiner evangelischen Frau konvertiert.

Die Gestaltung seines Grabsteins bezeugt auf mehrfache Weise seine jüdische Herkunft: Obenan steht das Wort aus der Offenbarung Johannes 2,10: „Sei getreu bis an den Tod, so will ich dir die Krone des Lebens geben." Darüber tragen zwei Engel eine Krone, deren Form genau der sephardischen Torarollenkrone entspricht, wie sie für jeden Toraschrein in Synagogen verwendet wird und auf ungezählten jüdischen Grabmalen vorkommt. Weiter: Der linke Engel schlingt seinen Arm um eine Torarolle. Und im unteren Teil des verwitterten Steins steht die Talmud-Weisung: „Lasset ihn liegen, niemand bewege seine Gebeine." Dieser Satz erklärt sich aus den jüdischen Bestimmungen für Tod und Bestattung. Der Kundige versteht den Sinn: Claus Schnack, als Jude geboren, hat am Lebensende seinen Angehörigen die Botschaft übermittelt, daß bei seinem Begräbnis die jüdischen Gebote einzuhalten sind. Schnack hat mit diesem eingemeißelten Satz daran erinnert, daß er einmal Jude war. Von den drei geretteten Erinnerungszeichen des ersten christlichen Friedhofs sind zwei jüdischen Ursprungs. Steine können predigen für den, der hören und sehen kann.

9. Antisemitismus in Segeberg vor und nach 1933

1804 hat ein unbekannter Segeberger vorgeschlagen, den hiesigen Juden zu ermöglichen, in eine Lehre einzutreten und ein Handwerk auszuüben. Daraufhin machten die Zünfte (Schlosser, Schneider, Tischler, Maler, Zimmerer, Bäcker, Schuster, Kürschner) Eingaben an den Magistrat, die alle denselben Inhalt hatten: Unmöglich! So teilte die Schmiedezunft am 9. August 1804 folgendes mit: „In der Glut selbst zu arbeiten, dazu sind sie mehrentheils zu faul und zu träge. Sie würden alsdann durch ihre Geschmiegtheit, Ränke und Betrug, wozu viele (H)Ebräer geeignet sind, unserer und anderer Nationen zu unterjochen und zu verdrängen suchen. Sie sind mit ihren Familien so fruchtbar geworden, daß sie beinahe ein Viertel Teil der Stadt ausmachen. (Anmerkung: Das widerspricht den damaligen Bevölkerungszahlen.) Es könnte mithin zu vermuten stehen, daß es in Kürze eine Judenstadt sein kann".

Die Schuster lehnen am 18.August 1804 die Aufnahme von jüdischen Lehrlingen mit folgender Begründung ab: „Jetzt sind die hiesigen Juden bloß handelnde Juden. Würden sie ein Handwerk erlernen, so würden sie dadurch große Vorteile gewinnen." Ganz ähnlich die Bäcker am 6. August 1804: „Vor reichlich dreißig Jahren bestand die Judenschaft hierselbst aus zwei bis höchstens drei Familien. (Auch das stimmte nicht). Jetzt aber zählen wir deren bereits zwölf. Sie sind zur Belästigung der Bürger nach und nach angewachsen. Wenn man sie sterben ließe, ohne Neuansiedlungen zu gestatten, würde in einem Zeitraum von sechzig Jahren *der hiesige Ort von Juden gänzlich frei* sein" (Kursivsetzung: F.G.).

In Segeberg prägten antisemitische Haltungen und Handlungen das 19. und 20. Jahrhundert – es sei nur an Bürgermeister Plambeck erinnert (vgl. oben). Bis zum holsteinischen Emanzipationserlaß von 1863, der letzte unter allen europäischen Staaten, blieb diese Einstellung bestimmend. Dafür drei Beispiele aus den hiesigen Protokollbüchern des Magistrats. Die „Erlaubnis zum ferneren Aufenthalte und Betriebe bürgerlicher Nahrung in der Stadt" mußte jeder Jude schriftlich bei der Regierung in Kopenhagen beantragen und nach Genehmigung Schutzgeld zahlen. Das galt für Juden von außerhalb, die sich bei uns niederlassen wollten, aber auch für Kinder von Segeberger Juden. So erhielten Abraham Josias und Moritz Friedländer aus Friedrichstadt am 29. Mai 1858 ohne Begründung einen „abschlägigen kostenpflichtigen Bescheid". 1860 erging es dem Kürschnermeister Joseph Silberstein aus Wandsbek „auf sein wiederholtes Gesuch" ebenso. Und das waren keine Einzelfälle. Dänische und deutsche Behörden schröpften die Juden immer neu. Hinter ihnen stand die antisemitische Haltung deutscher Handwerker und Geschäftsleute.

1878 bis 1902 war, wie schon geschildert, der Judenfeind Johannes Friedrich Ludwig Plambeck Bürgermeister in Segeberg (vgl. den dritten Beitrag in diesem Band). Nach 24 Amtsjahren blieb er hier wohnhaft und agitierte weiter. Am 26. November 1925 wandte er sich in einem Brief an den Magistrat (Bürgermeister war damals der frühe Nationalsozialist Johannes Elsner) gegen die Einstellung des Ungarn Samuel Ackermann als Kantor der Jüdischen Gemeinde. „Das Buch muß unbedingt von einem Deutschen gelesen werden" erklärte er, womit er die Tora-Lesungen im Gottesdienst der Synagoge meinte. Sein Einspruch war ermöglicht worden durch das während seiner langen Amtszeit überarbeitete „Regulativ für die Israelitische Gemeinde Segeberg", das am Ende seiner Regentschaft am 6. Dezember 1902 in Kraft getreten war. Es enthielt viele diskriminierende Bestimmungen, darunter diese: Bei Anstellung eines Ausländers mußte der Gemeindevorstand die Stadt um Genehmigung bitten. Plambeck verlangte vom Magistrat, er solle den Bewerber Ackermann auffordern, „Segeberg schleunigst zu verlassen".

Schon früher hatte Plambeck unverholen erklärt, es sei „doch statistisch nachgewiesen, daß sich unter den wirklichen Frontkämpfern im Weltkriege prozentual nur wenige Mitglieder jüdischer Rasse befanden". Diese Behauptung ist 1916 durch eine entsprechende Umfrage im deutschen Heer ad absurdum geführt worden. Sie war veranlaßt von hohen antisemitischen Offizieren durch Fragebögen in allen Einheiten: wieviele Frontkämpfer, wieviele Tapferkeitsorden, wieviele Gefallene gab es im Judentum, verglichen mit den Zahlen der Nichtjuden? Die Ergebnisse dieser Umfrage blieben damals unveröffentlicht. Denn überdurchschnittlich viele Juden haben für ihr deutsches Vaterland gekämpft und sind gefallen.

Plambecks späterer Nachfolger Elsner – beide lebten zur gleichen Zeit in unserer Stadt, beide waren Bürgermeister – ging mit ihm konform. Adolf Levys Sohn Martin, 1901 geboren, wurde

Grabstein Hans Panofsky, gefallen 1915, Jüd. Friedhof Weißensee

1930 von Nationalsozialisten verprügelt und verklagte sie. Elsner schob alle Schuld auf den jungen Juden und verunglimpfte in seinem Antwortbrief gleichzeitig den Vater und dessen renommiertes Kaufhaus, indem er es als Ramschladen hinstellte. Als Schuljunge habe ich selbst dort eingekauft. Im selben Jahr im August starb Leopold Baruch, der in der Kirchstraße 1-3 ein großes Kaufhaus führte, das seine Witwe mit ihren drei Töchtern bis zum 9. November 1938 weiterführte, nachweislich ohne Umsatzrückgang. Helmut Fock, geboren 1904, war langjähriger Steuerberater Baruchs und hat am 6. Dezember 1954 bei einer Wiedergutmachungs-Verhandlung in Segeberg bezeugt, daß alle Boykottmaßnahmen der NSDAP gegen das Kaufhaus Baruch unwirksam geblieben sind. Der Hamburger Oberrabbiner Dr. Joseph Carlebach hatte den Kaufmann 1930 zu Grabe getragen und dabei bereits zweieinhalb Jahre vor Hitlers Machtantritt erleben müssen, daß die Trauergäste von Nationalsozialisten beschimpft und mit Steinen beworfen wurden.

Die Parteiführer, allen voran seit 1931 der Kreisleiter Werner Stiehr, hatten in diesem judenfeindlichen Klima einen leichten Anfang. Ein Polizeibericht von 1931 schildert Stiehr so: „Überall dort, wohin er mit seinen Leuten (das waren SA-Trupps mit Schlaggeräten) kam, störe er die Versammlungen und führte Zusammenstöße herbei." Stiehr war damals erst 26 Jahre alt. Bei einer Bauernversammlung im selben Jahr rief er aus: „Wer nicht für uns ist, ist gegen uns; und wer gegen uns ist, wird kaputt geschlagen." Obwohl Propstei-Synodaler, später sogar Landes-Synodaler, außerdem Vorstandsmitglied im „Landesverein für Innere Mission" (unter dem Vorsitz meines Großvaters Pastor D. Friedrich Gleiss), richtete er alsbald nach dem 30. Januar 1933 auf dem Gelände des genannten Landesvereins in Kuhlen bei Rickling ein KZ für seine Gegner ein.

Eines von Stiehrs vorrangigen Zielen war die Absetzung von Bürgermeistern, Amtsvorstehern und anderen leitenden Funktionsträgern in den Dörfern des Kreises ab 1933, wenn diese nicht der NSDAP angehörten. Weiter verfolgte er die Ausmerzung der Juden im Sinne des Parteiprogramms von 1920. Der Kommunist Wilhelm Meili, Nachbar meiner Familie, erklärte 1947 vor dem Spruchgericht Bielefeld in der Verhandlung gegen Stiehr: „Jegliche Judenverfolgungen wurden von ihm unterstützt." Stiehr selber behauptete wahrheitswidrig, in Segeberg habe ein judenfreundliches Klima geherrscht. „Die Synagoge steht ja noch", erklärte er, verschwieg dabei aber die SA-Aktionen vom 9./10. November 1938. Außerdem belegt die Vertreibung aller Juden aus Segeberg, daß er log.

Trotz seiner kirchlichen Ämter bekämpfte Kreisleiter Stiehr die Kirche. Er folgte dabei z.B. der Weisung der SA-Führung, am Sonntagvormittag zur Kirchzeit „Kulturelle Veranstaltungen" durchzuführen. Die Übernahme der

„Braunes Haus" Segeberg, Lübecker Str. 7 gegenüber der Synagoge

14jährigen Pimpfe des Jungvolks in die ältere Hitler-Jugend mißbrauchte er, indem er alle Eltern zum Erscheinen verpflichtete, um dann den Anlaß zur antichristlichen Jugendweihe zu verfremden. Große Blaskapellen ließ er immer dann einsetzen, wenn in der Kirche ein Choral angestimmt wurde, was auf dem Marktplatz zu hören war. Dabei hielt er Drohreden gegen Kirche und Religion.

Ebenso kennzeichnend für die Art und Arroganz seines Handelns war Stiehrs Auftreten in Sitzungen öffentlicher Körperschaften, im Magistrat und im Aufsichtsrat der Solbad Segeberg A.G. Er war in keines dieser Gremien gewählt oder berufen worden, erschien trotzdem regelmäßig in den Sitzungen und übernahm sofort den Vorsitz, ohne jeden Auftrag seiner Vorgesetzten, geschweige denn der Ausschußmitglieder. Sein Verhalten basierte auf dem Führerprinzip der Partei. Ab 1933 wurden keine Protokolle mehr geführt, sondern nur noch Berichte geschrieben: „Der Bürgermeister teilt mit ...". Dann unterschrieb Stiehr als erster, wo sonst der jeweilige Vorsitzende gezeichnet hatte – mit seiner Unterschrift über die ganze Seite hin – unübersehbar, wer hier das Regiment führte. Das demonstrierte er auch im Frühjahr 1933 durch eine Bücherverbrennung auf dem hiesigen Marktplatz, von der im Jahr 2000 ein Foto mit Bericht in einer Segeberger Zeitung erschien (s. S. 15). Der

Besitzer des Fotos, eines Dokuments der Zeitgeschichte ersten Ranges, hat eine weitere Veröffentlichung untersagt, ebenso wie bei einem Bild der beschmierten und demolierten Segeberger Synagoge vom 10. November 1938. So viele Feiglinge gibt es auch heute unter uns.

Bei der Verfolgung der jüdischen Bürger hat Stiehr nur eine einzige Ausnahme gemacht: sein Klassenkamerad Jean Labowsky ist fast unbehelligt geblieben, wenn man von seinem bedrückenden Alltag, ein paar Tagen Gefängnis und einigen Wochen Arbeitslager in Eggebek absieht. Er mußte sich trotz der Duldung verstecken und möglichst ganz unsichtbar bleiben. Als einziges Mitglied seiner Gemeinde, deren Deputierter er als Nachfolger seines Vaters Adolph seit 1924 war, hat er in Segeberg den Krieg überlebt. Daß der Kreisleiter dafür kein Lob verdient, zeigt die Diskriminierung und Verjagung aller anderen israelitischen Bürger unserer Stadt. Sein Mitschüler Labowsky hatte darauf keinen mäßigenden Einfluß.

Otto Gubitz, NSDAP-Ortsgruppenleiter in Segeberg von 1930 bis 1936, verhielt sich gemäßigter als sein Chef, obgleich seine Dienststelle Kurhausstraße 8 schon 1930 das gegenüberliegende Kaufhaus Adolf Levy überwachte. Dennoch: 1936 war die Jüdische Gemeinde mit allen ihren Einrichtungen nicht mehr arbeitsfähig. Jahr für Jahr seit 1933, auch unter Regentschaft des „milden" Ortsgruppenleiters Gubitz, flohen Mitglieder oder begingen Selbstmord, und es waren keine freiwilligen Emigrationen (vgl. den Beitrag „Die Flucht der Segeberger Juden 1933 bis 1938"). Die Menschen gaben auf, weil der Druck und die Feindschaft vonseiten der Partei sie dazu zwangen. 1936 waren von ehemals knapp neunzig noch etwa dreißig Gemeindeglieder am Ort. Diesem Kesseltreiben hat Gubitz ohne Widerspruch zugesehen und alle Boykotte ausführen lassen. In den 80er Jahren hatte ich ihn gebeten, sich Schülern zum Gespräch zu stellen. Nach anfänglicher Zusage hat er diese wenige Stunden später wieder zurückgezogen.

Die genannten Beispiele und Vorfälle sind keineswegs vollständig. Ein kontinuierliches Bild des Antisemitismus in Segeberg durch zwei Jahrhunderte hindurch zu zeichnen, würde ein ganzes Buch füllen. Mir kommt es darauf an, erkennbar zu machen, daß am Beginn des Hitler-Regimes die judenfeindlichen Aktionen der NSDAP in unserer kleinen Stadt auf fruchtbaren, gut bearbeiteten Boden fielen. Bei der Reichstagswahl am 14. September 1930 entfielen im Kreis Segeberg 40,6 Prozent der gültigen Stimmen auf die NSDAP. Im übrigen Reich wurden für Hitlers Partei nur 18,3 Prozent abgegeben. Bei der Reichspräsidentenwahl am 13. März und 10. April 1932 erhielt Hitler in unserem Kreis 17.329, Hindenburg nur 9.306 Stimmen. Die Landtagswahl vom 24. April 1932 brachte der NSDAP in Schleswig-Holstein 64,9, die Reichstagswahl vom

31. Juli 1932 sogar 67,4 Prozent, im Kreisgebiet eine Zweidrittelmehrheit (alle Zahlen nach Peter Heinacher). Das zeigt: Die Wähler in Segeberg und im Kreis bejahten die Ideologie Hitlers. Auch in Segeberg gab es Verfolgung, Ausschaltung, Entrechtung, Vertreibung, Ausplünderung, Deportation in KZs und in sogenannte „Arbeitslager". Alle diese Maßnahmen gegen unsere jüdischen Bürger fanden hier keinen Widerspruch, sondern Zustimmung. Endergebnis war die Auslöschung der ganzen hiesigen Gemeinde in wenigen Jahren. Dieses Kapitel unserer Stadtgeschichte darf nicht vergessen werden.

Quellen

Magistrats- und Ratsprotokolle des 19. und 20. Jahrhunderts; Mitgliederzeitung des Vereins zum Schutz des jüdischen Friedhofs „Schalom", Segeberg 2/98 und 5/98

10. Wo blieben die Segeberger Kultgeräte?

Am 9./10. November 1938 wurde die Synagoge in der Lübecker Straße 2 von einem SA-Trupp geplündert. Das gesamte Inventar des Gottesdienstraumes ist spurlos verschwunden: gestohlen, zertrümmert, weggeworfen oder verbrannt. 1878 (Amtsantritt des antisemitischen Bürgermeisters Plambeck) hat die jüdische Gemeinde den gesamten Kultusbestand für 7.500 Mark versichern lassen. In der Police ist jedes einzelne Stück aufgeführt: Die Heilige Lade, die Kanzel (Bima), mehrere Pulte, ca.30 Bänke, eine Messingkrone, mehrere Messingleuchter, zwei silberne Weinkannen, silberne Brustschilde, Vorhänge, Decken, Fußdecken, viele Gebetbücher, Gebetsmäntel, -schals und -riemen, sechs Tora-Rollen (Wert damals 3.000 Mark). Sodann die Duplikate der Gemeindeakten sowie Zivilstandsregister, in einem Schränkchen verschlossen. Ein Erlaß des Regierungs-Präsidenten vom 23. Februar 1899 hatte die Aufbewahrung dieser Dokumente in der Synagoge vorgeschrieben. Die Versicherungspolice gibt uns genaue Nachricht, was damals vorhanden war. Fünfzig Jahre später ist der Bestand sicher nicht kleiner gewesen.

Das Wertvollste dieser Dinge sind für jeden Juden die Tora-Rollen. Nur eine davon ist bis heute erhalten geblieben, sie befindet sich in der Völkerkundlichen Sammlung der Stadt Lübeck. Das wußte nach dem Krieg niemand bis Anfang der 90er Jahre. Als Torsten Mußdorf die 28 Aktenordner der hiesigen Gemeinde im Archiv Coswig/Anhalt wiedergefunden hatte (vgl. den Bericht darüber), entdeckte er darin einen Brief von Präses Ludwig Levy an das damalige Museum für Völkerkunde in Lübeck vom Mai 1932, acht Monate vor Hitlers Ernennung zum Reichskanzler. Darin stellte Levy dem Museum etliche gottesdienstliche Geräte als Dauerleihgabe zur Verfügung. Sein Paket enthielt eine Tora-Rolle mit Mantel und Krone, einen Tora-Vorhang, ein Gebetbuch, ein Amulett, eine Blechtafel, ein sogenanntes Hochzeitsbrett und vier Tora-wickel. Seinen ungewöhnlichen Schritt begründete er damit, daß die Erklärung jüdischer Bräuche mithilfe von Anschauungsgegenständen dem Antisemitismus konkreter und besser entgegenwirken könne. Es gab damals in Deutschland viele jüdische Vereinigungen zur Bekämpfung des Antisemitismus, denen die Segeberger Juden nahestanden. Sah Ludwig Levy die NS-Gefahr heraufziehen und wollte Wertvolles in Sicherheit bringen? Dafür spricht auch seine Aktion von 1934, als er heimlich weitere vier Tora-Rollen in einer stabilen, sicheren und verschlossenen Holzkiste nach Hamburg verfrachten ließ (vgl. J.B. 1993, S. 110). Leider sind diese bis heute verschollen geblieben.

Nach dem Auffinden und Studieren der Segeberger Akten in Coswig bin ich in Lübeck den Dauerleihgaben nachgegangen. Im Archiv sind alle vorhanden. Mich begleitete der jüdische Kantor Levy, um die Gegenstände in Augenschein zu nehmen. Er hat vor allem die Tora-Rolle sorgfältig begutachtet, und er schätzte, daß sie ungefähr aus dem Jahr 1700 stammt. Damit dürfte sie von den sechs Segeberger Rollen die älteste gewesen sein, denn erst nach 1700 gab es hier Juden (1726 erster Hauskauf). Die Lübecker Rolle ist nicht mehr „koscher", also für den Gebrauch im Gottesdienst unbrauchbar; sie ist für eine Restaurierung ungeeignet, jedoch noch „museumsfähig". Sie könnte unter Glas ausgestellt werden.

Eine von den ursprünglichen sechs Tora-Rollen der Synagoge hat der Segeberger Präses Ludwig Levy damals zurückbehalten. Diese letzte ist am 9./10. November 1938 mit allen anderen Geräten verschwunden. Ob der Präses trotz seiner Weitsicht die vage Hoffnung behalten hatte, ungeachtet der Judenfeindschaft irgendwann doch wieder Gottesdienste feiern zu können?

11. Die fünfzehn Spione des Levy Meier

Er wohnte in Bad Segeberg, Hamburger Straße 5, und besaß außerdem das Nachbarhaus Nr. 3. Er war von Beruf Textil- und Möbelhändler, lebte aber auch vom Handel mit Fellen und Schafwolle. Sein Geburtsname war Levin, in der Stadt nannte man ihn Lede. Er wurde 1864 in Segeberg geboren, war Mitglied im Gemeindevorstand und starb 1938 in Hamburg. Vor seinem Tod folgte Lede Meier 1937 Ludwig Levy im Gemeindevorsitz, wenngleich das keinerlei praktische Bedeutung mehr hatte.

Familie Meier ist urkundlich seit 1762 in Segeberg erwähnt. Auf dem hiesigen jüdischen Friedhof finden sich trotz der zahlreichen Zerstörungen und Schändungen noch heute sieben Steine dieses Namens (vgl. den Aufsatz oben). Es war eine bodenständige Familie mit jahrhundertelanger Tradition. Lede war verheiratet mit Mathilde Löwenthal aus Duderstadt. Sie hatten eine Tochter Grete (Margarete), geboren 1898 in Segeberg, die Isidor (Ismar) Alexander aus Westpreußen heiratete, * 1897, wohnhaft in der Hamburger Straße 3. Ihr Sohn Rolf Arno Reuben, * 1920, emigrierte 1936 mit den Eltern nach Palästina. Jetzt lebt er in Israel, ich korrespondierte mehrmals mit ihm.

Innerhalb von drei Jahren hatte die rührige Segeberger NSDAP die jüdische Gemeinde praktisch liquidiert. Bis 1933 war Lede Meier aus mehreren Gründen in unserer Geschäftswelt eine markante Figur. Einen davon erfuhr ich von einem Alt-Segeberger, später illustriert durch ein sprechendes Foto. Wer damals durch die Hamburger Straße ging, wurde vor der Nummer 5 stets des Kaufmanns Meier in seiner Ladentür ansichtig, wo er stand und Vorübergehende freundlich begrüßte. Es hatte den Anschein, als stünde er dort den lieben langen Tag, drehte Daumen und verkaufte keinerlei Waren. Das konnte aber nur derjenige denken, der niemals hineinging. Wie brachte Lede es fertig, alle Vorübergehenden anzusprechen und dennoch zu verdienen? Der findige Mann hatte im Hausinneren Vorsorge getroffen, von seinem Ladentisch aus die Hamburger Straße nach beiden Seiten hin einsehen zu können, außerdem den rückwärtigen Teil des Verkaufsraums, dazu seinen eigenen Hinterhof sowie auch das Gebäude hinter dem Hotel „Stadt Hamburg" auf der Ecke zur Kurhausstraße. Zwischen den Häusern Nr. 5 und Nr. 3 besteht noch heute ein schmaler Durchgang, an dessen Ende man den Hof des erwähnten Hotels erblickt. Um diesen Blick herzustellen, hatte Lede im ganzen Raum sowie an der Straßenfront seines Hauses 15 Rundspiegel als „Spione" angebracht; einer befand sich außen am Wohnzimmerfenster zur Straße, wie damals an vielen Gebäuden, auf alten Fotos gut zu erkennen. Kam nun jemand um die Ecke aus der Kurhausstraße in die Hamburger Straße, aus der Kirchstraße oder aus der hinteren Hamburger Straße seinem Betrieb näher, und erkannte er ihn beziehungsweise hielt ihn für interessant, so trat er rechtzeitig in die Eingangstür, um zu grüßen. Auf diese ungewöhnliche Art pflegte er den Kontakt mit seiner Kundschaft oder mit den potentiellen Käufern. Außerdem war das seine individuelle Kundenwerbung.

Wie bereits erwähnt, handelte Lede mit Häuten und Fellen, die er an Kürschner weiterverkaufte. Gern nahm er auch die damals wertvollen Maulwurfsfelle. Für jedes Fell bezahlte er 25 Pfennige. Jungen stellten gern auf den

Feldern Fallen dafür auf. Ein junger Lehrling aus der Holzbranche, wohnhaft in einem Nachbardorf, bekam eines Tages von Onkel Lede einen Kredit in Höhe von zehn Mark, um damit Fallen kaufen zu können. Wenn er größere Mengen Felle ablieferte, bekam er fünf Pfennig mehr. Durch diesen Kleinhandel von Onkel Lede und dem jungen Mann entstand eine besondere menschliche Vertrautheit zwischen den beiden, später Anlaß für eine höchst seltsame Bestellung.

Hamburger Straße 3/5 mit Außenspionen, Anfang 20. Jh.

Die Segeberger jüdische Gemeinde beobachtete, was sich in den 20er und 30er Jahren in Stadt und Land zusammenbraute. Der Antisemitismus hielt sich nicht zurück, angesehene Bürger in der Kreisstadt machten aus dieser Haltung kein Hehl. Offene Antisemiten oder auch A-Semiten (sie nehmen selbst vom jüdischen Nachbarn keinerlei Notiz) gab es bei Ärzten, Juristen, Apothekern, Pastoren, Schulleitern, Lehrern, Geschäftsleuten, Handwerkern, Beamten, Politikern, Wissenschaftlern, kurz: überall in der Ober- und Mittelschicht, nicht nur bei den Arbeitern. Für alle diese Berufe stehen mir Namen und Personen der dreißiger Jahre vor Augen. Es schmerzt mich, an sie zu denken.

Für den Sehenden war es kein Wunder, daß unsere jüdische Gemeinde, wie im vorangegangenen Beitrag dargestellt, im Mai 1932 einige wertvolle Kultgegenstände nach Lübeck in Sicherheit brachte. Der bewegliche Lede Meier übernahm im Frühjahr 1934 von Präses Ludwig Levy einen brisanten Auftrag. Er setzte sich aufs Fahrrad und radelte ins Nachbardorf zu dem schon erwähnten jungen Zimmermann, der Maulwürfe für ihn gefangen hatte. „Ich weiß, daß Du Nazi bist" sagte er zu ihm auf Plattdeutsch, „aber ich kenne Dich seit langem und habe Vertrauen zu Dir." „Was kann ich für Dich tun, Onkel Lede?" wurde er gefragt. „Das will ich Dir sagen" kam die Antwort, „aber Du behältst es für Dich. Du zimmerst mir eine solide Kiste, 140 mal 50 mal 50 mit drei Vorhängeschlössern, außen durch drei Holzbänder gesichert. Ich bezahle Dir hundert Reichsmark im voraus ohne Quittung. Die Kiste bringst Du zur Spedition Heinrich Kramer, Kurhausstraße 32." Der junge Mann gab zu be-

Weihnachtsannonce vom Kaufhaus Leo Baruch, 1917

denken: „Dafür muß ich mir ein Pferdefuhrwerk leihen, das kostet mich einen Tag Arbeit beim Bauern." „Gut" meinte Lede, „dann zahle ich Dir 140 Mark". Das war damals sehr viel Geld.

Doch der Junge hatte noch einen Einwand: „Kann ich die Kiste nach Fertigstellung nicht zu Dir bringen?" „Nein" entgegnete der Jude, „auf dem Kramerschen Hinterhof, neben dem Haus der SA-Standarte 213, kann ich mich nicht sehen lassen. Aber Dich kennen sie dort alle, Du erweckst keinen Verdacht." Die Kiste wurde wie verabredet geliefert – aber wofür? Der Erbauer hatte keine Ahnung, spürte aber, daß hier etwas ganz Wichtiges vorgegangen war. Darum erzählte er mir das viele Jahrzehnte später.

Das Rätsel ist lösbar. Für einen Sarg war die Kiste zu klein, auch falsch gestaltet und ausgestattet: Wozu drei Schlösser? Wir wissen inzwischen aus den wiedergefundenen Gemeindeakten, daß die jüdische Gemeinde bis 1932 sechs Tora-Rollen besaß, von denen die älteste im gleichen Jahr nach Lübeck gegangen war. In den Holzbehälter paßten genau vier Tora-Rollen, die der Gemeindevorstand wohl in Sicherheit bringen wollte. Dafür hatte Lede dem Zimmererlehrling jenen Auftrag erteilt. Wenn das stimmt – was mit hoher Wahrscheinlichkeit zutrifft –, dann verblieb nur eine einzige Bibelhandschrift von den sechs in der Synagoge. Der Verbleib der geschilderten Transportkiste mit den vier Tora-Rollen ist bis heute unbekannt.

Bekannt sind dagegen inzwischen die Wege der Familie Meier aus der Hamburger Straße. Mathilde geb. Löwenthal wurde am 15. Juli 1942 (dieses Datum finden Sie in diesem Sammelband viele Male) von Hamburg aus zusammen mit anderen Segebergern ins KZ Theresienstadt deportiert und dort umgebracht (vgl. Hamburger Deportiertenliste). Ledes Brüder Joseph, * 1868, und Samuel (Semmi), Rechtsanwalt in Altona, verstorben vor 1930, waren nach Hamburg-Harburg gezogen. Joseph und zwei seiner Vettern wurden dort ebenfalls am 15. Juli 1942 verhaftet, deportiert und mit anderen vergast. Lede selbst floh zu Hamburger Verwandten und starb 1938 vor seiner Deportierung. Seine Tochter Margarete Alexander wanderte 1936 nach Israel aus, wo sie 1983 starb. Die Kinder Rolf Alexander und Ruth Bornstein, * 1937, überlebten in Israel. Rolf und sein Sohn Gad haben mir bei meinen Recherchen durch wichtige Ergänzungen und Korrekturen sehr geholfen. Das gilt ebenso für alle anderen Nachlebenden, mit denen ich in Verbindung gekommen bin, keiner hat sich versagt. Familie Meier steht exemplarisch für deutsche Judenfamilien im Dritten Reich. Sie haben viele Verwandte als Opfer zu beklagen, die keines natürlichen Todes gestorben sind. Als Juden verweigerte man ihnen damals das Lebensrecht.

12. Die Ausgrabung der Mikwe 1994

Jede jüdische Gemeinde besitzt ein Ritualbad, nicht unbedingt in oder neben der Synagoge. Es wird für vorgeschriebene kultische Waschungen benötigt. Jede Mikwe muß mindestens 500 Liter lebendiges Wasser enthalten: Grund-, Quell- oder Regenwasser, kein Leitungswasser. Bis 1994 war die Lage der Segeberger Mikwe unbekannt. Allerdings gab es frühere Baumaßnahmen auf dem Grundstück Lübecker Straße 2, wo von 1842 bis 1962 das jüdische Gotteshaus stand. 1970 verlegte die Stadt in Unkenntnis jüdischer Sitten und ohne Nachforschungen quer durch das Grundstück eine Abwasserleitung, also Kanalisationsröhren. Und 1992 ist an der Grenze zum Nachbarhaus Kirchstraße 1-3 (ehemals Leo Baruch) der Schiedgraben (Scheidegraben) erneuert worden. Er trennte bis 1820 Gieschenhagen von Alt-Segeberg. Durch diese beiden Baumaßnahmen nach dem Abbruch des früheren Gebäudes 1962 sind fast alle Baureste des Ritualbades zerstört und abgeräumt worden.

Wir nahmen Kontakt zum Landesamt für Vor- und Frühgeschichte in Schleswig auf. Der Leiter Professor Joachim Reichstein war über Mikwen informiert und an einer Ausgrabung in Segeberg interessiert. So begann das Amt im

Brunnenschacht der Segeberger Mikwe von ca. 1750, freigelegt 1994

Mai 1994 mit Arbeiten auf dem Grundstück. Wie wir befürchtet hatten, wurden im Garten hinter der abgerissenen Synagoge nur unbedeutende Reste des kultischen Bades gefunden. Dann tauchte ein kleiner, aus roten Backsteinen gemauerter, gut erhaltener Brunnen mit 80 Zentimeter Durchmesser auf. Er hat dazu gedient, das Bad mit Grundwasser zu versorgen. Ein Kupferkessel wurde gefunden, der aber nicht die vorgeschriebenen 500 Liter faßt. Ein kleines Feldsteinfundament gehörte nach Auskunft eines jüdischen Fachmannes zum Tauchbad. Die Stufen zum Bad sind leider bei den genannten Baumaßnahmen zerstört worden.

Das schönste Fundstück ist eine grüne Sabbatlikörflasche von Hartwig Kantorowicz. Sie trägt vier Ortsnamen in interessanter Zusammenstellung: Berlin, Hamburg, Posen – Germany. Es war eine deutsche Herstellerfirma, die Fabriken in den genannten Städten hatte. Posen gehörte aber nur bis 1918 zu Deutschland. Die Flasche stammt also aus den Jahren vor dem ersten Weltkrieg. Ihr Inhalt wurde bei jüdischen Festen angeboten. Der kleine, gut erhaltene Mikwenbrunnen ist eines der wenigen verbliebenen Zeugnisse, die sichtbar an das Leben der ehemaligen jüdischen Gemeinde Segebergs erinnern.

Sabbat-Likörflasche von Hartwig Kantorowicz, ausgegraben 1994. Ortsangaben: Posen, Berlin, Hamburg, Germany

13. Mikwe und Taufe

Verflechtungen zwischen jüdischer und urchristlicher Frömmigkeit

Einleitung

In Matthäus 7,13 und 14 steht: „Gehet ein durch die enge Pforte, denn die Pforte ist weit und der Weg ist breit, der zur Verdammnis abführt, und ihrer sind viele, die darauf wandeln. Und die Pforte ist eng und der Weg ist schmal, der zum Leben führt, und wenige sind ihrer, die ihn finden." Bei diesen Worten Jesu könnten seine jüdischen Hörer (andere gab es kaum) ihre Kultbäder vor sich gesehen haben. In die meist quadratischen Wasserbecken führen sieben breite Stufen hinunter. Sündige Menschen steigen schuldbeladen hinein, tauchen in Gegenwart eines Rabbi und dreier Zeugen, auch Assistenten genannt (ähnlich dem Pastor und dreier Taufpaten in den Kirchen) dreimal vollständig unter. Danach gehen sie auf der gegenüberliegenden Seite, befreit von allen Sünden, wieder hinauf. Das ist Buße und Erneuerung nach der Tora und nach jüdischer Lehre. Es entspricht den christlichen Aussagen von der Taufe.

Häufig sind die Aufwärtsstufen durch eine Zwischenmauer ganz schmal. Der Aufstieg wird so eng und mühsam. Barnabas 11,11 sagt (nach Kittel, Theol. Wörterbuch zum NT, Band I, S.542): „Wir steigen zwar ins Wasser nieder voll Sünden und Unsauberkeit, steigen dann aber mit Früchten beladen empor." Der Jude Jesus hat mit Sicherheit Mikwen gekannt und benutzt, denn das war gültiges Religionsgesetz, das er nie übertreten hat. Nach dem 3. Mosebuch macht die Berührung von Kranken oder Toten unrein und erfordert ein Bad in der Mikwe. Es ist undenkbar, daß sich Jesus nach einer Krankenheilung oder Totenauferweckung darüber hinweggesetzt hätte. Bei den zu Beginn von ihm zitierten Worten könnte er vor einem Kultbad gestanden haben. Der Gebrauch beginnt schon in der Zeit der Wüstenwanderung der Kinder Israel.

Biblische und rabbinische Grundlagen

De Vries schreibt in „Jüdische Riten und Symbole" (Wiesbaden 1986, S. 168) sehr allgemein: „Die Mikwe wird nach festen Regeln gebaut und eingerichtet, hat vorgeschriebene Dimensionen und wird auf bestimmte Art gefüllt und bedient." Ebensowenig findet sich in Bertelsmanns „Neuem Lexikon des Judentums" eine Präzisierung von Maßen, Inhalt und Gebrauchsregeln. Der Talmud-Traktat „Mikwoth" (Mehrzahl von Mikwe) gibt darüber Auskunft. In 3.Mose Kapitel 15 lesen wir folgende Einzelheiten: Wer durch Samenfluß unrein wird (Vers 3), „der wasche seine Kleider und bade seinen Leib in lebendigem Wasser"(13). "So jemandem der Samen abgeht, so bade er im Wasser seinen ganzen Leib"(16). Hieraus folgt das vollständige Untertauchen. Es gibt weitere Bestimmungen für Menstruierende, auch für Männer, die sie berühren oder mit ihnen schlafen (18-33). In Kapitel 16, Vers 4 wird dem Hohenpriester am Jom Kippur, dem höchsten jüdischen Feiertag, auferlegt, „seinen Leib im Wasser zu baden" (Hebräerbrief 13,11). Ein Priester verunreinigt sich durch Berührung eines fremden Toten (Kapitel 21,1 und 2), die Kinder Israel durch Aussätzige, Kranke mit offenen Wunden oder Tote (4. Mose 5,2). Auch Kult- und Eßgeräte müssen vor dem Erstgebrauch rituell rein werden (3.Mose 11,32; 4.Mose 31,20; Hebr.9,21). Wie man sieht, gibt es diese Bestimmungen auch im Neuen Testament.

Ich fasse die Tora-Bestimmungen in fünf Punkten zusammen: 1. Es geht um vollständiges Untertauchen. Das verlangt tiefe Becken mit viel Inhalt. 2. Es muß lebendiges Wasser sein aus Quellen, Flüssen, Brunnen oder vom Regen, nicht aus Leitungen. Römische Äquadukte waren unbrauchbar. 3. Der Badende muß ohne fremde Hilfe selbst untertauchen. Dazu braucht es Stufen. 4. Es gibt nach mosaischem Verständnis gravierende Vorgänge, die eine kultische Waschung erfordern: Menstruation, Geschlechtsverkehr während der Regel, Samenergüsse, Aussatz, ansteckende Krankheiten, Totenberührungen, Grabbesuche (3.Mose 4 und 6). Dafür ist ein vorheriges Reinigungsbad außerhalb der Mikwe die Voraussetzung. 5. Nicht nur Menschen, auch Dinge können unrein sein: Sakralgeräte, Eßgeschirr, Bestecke u.ä. (3.Mose 15,12).

Diese Grundaussagen der Tora sind in der jüdischen Tradition ausgeformt worden im Sinne von Bau- und Gebrauchsvorschriften für jede Mikwe: 500 bis 800 Liter Mindestinhalt, sieben Stufen auf zwei Seiten, Art der Einfüllung, Leerung und Reinhaltung, Wasserqualität, Priesterfunktionen. Schon in vorchristlicher Zeit sind Ritualbäder in Kanaan und in der Diaspora entstanden, die ähnliche Merkmale hatten: solide gemauerte Großbecken unter dem Erdniveau, die vorgeschriebenen Stufen mit differierender Breite, Ablage-Podeste. Sie eignen sich alle sowohl für Ganzbäder ohne Fremdhilfe als auch zum Eintauchen von Geschirr, Besteck und Geräten. Im Raum des Christentums hat das Letztere seine Fortsetzung gefunden im Weihen von Gegenständen bei den Katholiken.

Frühchristliche Taufbecken

Das jüdische Ganzbad fand seine Entsprechung in der christlichen Taufe. Das zeigen frühe Taufbecken im vorderen Orient bis ins 9. Jahrhundert hinein. Sie unterschieden sich nicht gravierend von den Mikwen ihres Um-

Taufbecken in Kana/Galiläa aus dem 5. Jahrhundert

feldes. Ein Kultbad aus dem 1. Jahrhundert findet sich in Massada/Israel. Es dokumentiert seinen Charakter als Ritualbad durch eine danebenstehende Badewanne aus Stein. Auch das Ganzbad ist ablesbar, da sieben schmale Stufen abwärts führen, die ebenso für den Aufweg dienten. In der von den Römern eingeschlossenen Festung Massada auf hohem Berggipfel mußte mit sparsamsten Mitteln gebaut werden, so daß auf doppelte, gegenüberliegende Stufen verzichtet wurde. Die Bergfestung wurde zur Entstehungszeit des Bades vom Jahr 70 bis 73 von mehreren römischen Legionen belagert. Weniger als tausend Menschen jeden Alters und beider Geschlechter verteidigten sie, erst drei Jahre nach der Zerstörung des Tempels in Jerusalem und des römischen Sieges über Israel wurde sie erobert.

Der Vergleich der Mikwe mit Taufbecken ist aufschlußreich. In Kana/Galiläa (Joh 2,1ff; 4,46; 21,2) ist eines aus dem 5. Jahrhundert erhalten. Aus einem kreisrunden Steinblock, mühlsteinförmig, ist ein tiefes Becken herausgemeißelt, das die stilisierte Form eines kreuzförmigen vierblättrigen Kleeblatts aufweist. Von zwei gegenüberliegenden halbrunden Nischen her führen Stufen hinunter und herauf. Der Wasserinhalt entspricht annähernd dem einer Mikwe. Daran ist die Ganztaufe ablesbar. Auch ein Taufbecken in Shivta in der Wüste Negev aus dem 6. Jahrhundert gehört zu diesen Beispielen. Es weist zwar in seiner Ummauerung eine angenäherte Kreuzform auf, bleibt aber ein Tiefbad mit Stufen auf zwei Seiten, die das vollständige Untertauchen aus eigener Kraft sowie das

Hinaufsteigen ermöglichen. Die Worte Jesu vom schmalen und breiten Weg prägen sich auch hier wieder ein.

Parallelen

Die Kontinuität ist kaum zu übersehen. Allerdings darf daraus nicht auf ein freundschaftliches Verhältnis zwischen Juden und Christen im ganzen geschlossen werden, auch wenn es das im einzelnen gab. Da die ersten Judenchristen trotz ihrer Vollmitgliedschaft in der Urgemeinde gleichzeitig noch zur Synagoge gehörten, enthob manche das jüdische Ritualbad nach ihrem Verständnis der Notwendigkeit einer Taufe. Sie hatten ihr Ganzbad, das Befreiung von Schuld bewirkte.

Die Verfeindung von Judenchristen und Heidenchristen ist archäologisch belegt. In der kath. *St. Josephs-Kirche in Nazareth*, dem Vater Jesu geweiht, befindet sich in der Krypta unter dem Hauptschiff eine unversehrte Mikwe ohne Wasser. Zufällig allein dort, stand ich wie angewurzelt davor: St. Joseph ist kein Simultan-Gotteshaus, das Christen und Juden gemeinsam nutzen, das gibt es m.W. in Israel nirgendwo. Vielmehr ist dieser Gebäudeteil ein Dokument brutaler antijüdischer Politik der Kirchenväter. Am Platz von St. Joseph stand zuvor eine Synagoge, die von Kreuzfahrern zerstört und abgebrochen worden war, um auf ihren Fundamenten „zur höheren Ehre Gottes" diese Kirche zu erbauen. Mit diesen hehren Worten hat Hieronymus schon im 4. Jahrhundert das Niederbrennen von Synagogen gerechtfertigt, wofür St. Joseph in Nazareth nicht der einzige Beleg ist.

Theologen und Gemeindeglieder während der Kreuzzüge wußten nichts mehr vom Judentum und der Funktion der Mikwe, denn sonst wäre diese vor dem Neubau als „Stätte des Unglaubens" (so die Patristen) mitsamt der Synagoge von den Kreuzfahrern eingeäschert worden. Die Titulierung der Synagoge als „Stätte des Unglaubens" stammt vom Bischof Ambrosius aus Mailand (4. Jahrhundert). Kirche und Synagoge in einem Bauwerk, dachte ich damals – ein Zukunftstraum?

Das hebräische Wort für Taufe, Tebilah, bedeutet „untertauchen, versenken", was viele Christen nicht wissen. Das verbum „tabal" heißt „tauchen, eintauchen". Eingetaucht werden Gefäße oder der unreine Körper in Wasser (auch des Bissens in Wein). In lebendigem Wasser baden (3.Mose 15, 4.Mose 19, 5.Mose 23,12) meint unzweideutig das Bad in der Mikwe. Auch das griechische verbum „bapto" heißt „untertauchen", das intensivum „baptizo" „eintauchen, versenken". Die beiden Vokabeln sind also deckungsgleich, was man selten findet. „Die für das neutestamentliche Verständnis der Taufe grundlegende Vorstellung ist die des reinigenden Bades", schreibt Albrecht Oepke im Kittelschen Wörterbuch (Band I, S. 538). Man kann sowohl die Mikwe als auch die Taufe in ihrer Wirkung so beschreiben wie der Titusbrief (3,5): „Bad der Wiedergeburt und Erneuerung im Heiligen Geist". Das wird vollzogen durch Hinabtauchen und Versenken der Schuld mit der anschließenden Befreiung von solcher Last.

Besinnen wir uns auf die innere Nähe von Mikwe und Taufe, werden Juden und Christen wieder zu Geschwistern im Glauben, wie sie es in der Urgemeinde am Anfang waren.

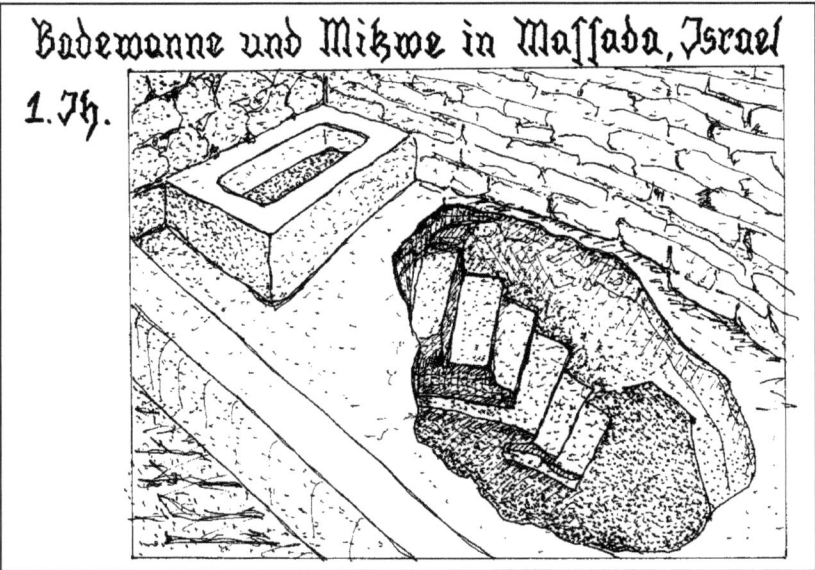

Badewanne und Mikwe in Massada, Israel 1.Jh.

14. Sigmund Freuds Braut in Segeberg 1885 und 1886

1997 las ich, daß die Braut von Sigmund Freud, Martha Bernays aus dem damals holsteinischen Wandsbek, in den Sommern 1885 und 1886 mit ihrer unverheirateten Schwester Minna und deren Mutter Emmeline in Segeberg zur Kur weilte. Die zwei ledigen Schwestern durften nicht allein reisen. Die Brautleute Martha und Sigmund haben sich fast täglich geschrieben. Die Briefe müßten daher Interessantes über die Kur in Segeberg und über hiesiges jüdisches Leben enthalten. So machte ich mich auf die Suche nach ihnen.

Freuds Briefe an Martha zwischen 1882 und 1886 (im Herbst 1886 heirateten sie) sind 1988 als Fischer-Taschenbuch erschienen. In seinen Schreiben aus Wien, Paris und anderswo findet sich so gut wie nichts über Segeberg. Er freute sich über die Nachrichten aus der Kur, das ist fast alles. An Marthas Brautbriefe zu kommen, war ein kleines Abenteuer. Nach Auskunft des Jüdischen Museums in Wien sollten sie in der Congress Library in Washington/USA verwahrt sein, allerdings noch bis zum 31. Dezember 1999 gesperrt. Ich korrespondierte mehrmals mit Washington und fieberte dem 1. Januar 2000 entgegen.

Dann kam aus Washington die Absage: erst nach einer Publikation der Brautbriefe stünden sie zur Verfügung. Das könnte Jahre dauern, zumal noch kein Herausgeber dafür Vorbereitungen getroffen hatte. Nach längerem Schriftwechsel wurde diese Einschränkung wieder aufgehoben. Jetzt habe ich die Kopien aller Segeberger Briefe vom Sommer 1885 in Händen. Leider wurden jene aus 1886 in Washington bisher nicht gefunden. Vielleicht lagern sie an anderer Stelle. Ich bin weiter auf der Suche nach ihnen. Wie sich Segeberg 1885 in den Augen dreier jüdischer Damen aus Wandsbek darstellte, schildere ich im Folgenden. Das Jahr 1885 ist für unsere kleine Stadt von größerer Bedeutung gewesen als 1886. Denn im Frühsommer 1885 wurde das neu erbaute Kurhaus eingeweiht, damit begannen hier Sol- und Moorbad-Kuren, die 1924 zur Anerkennung als Kurbad führten. Zum Aufsichtsrat der Solbad Segeberg A.G. gehörte ab 1892 auch Ludwig Levy, der seit 1886 die kleine israelitische Gemeinde mit rund 90 Seelen führte. Zusammen mit seinem zwei Jahre jüngeren Bruder Adolf initiierte er im Gründungsjahr des Kurbades 1885 den Bau der Freibadeanstalt am Großen See, die noch heute in Benutzung ist. Auch um die Finanzierung haben sich die beiden Brüder verdient gemacht. Für einen Groschen sind Martha, Minna und die Frau Mama dort zum Schwimmen gegangen.

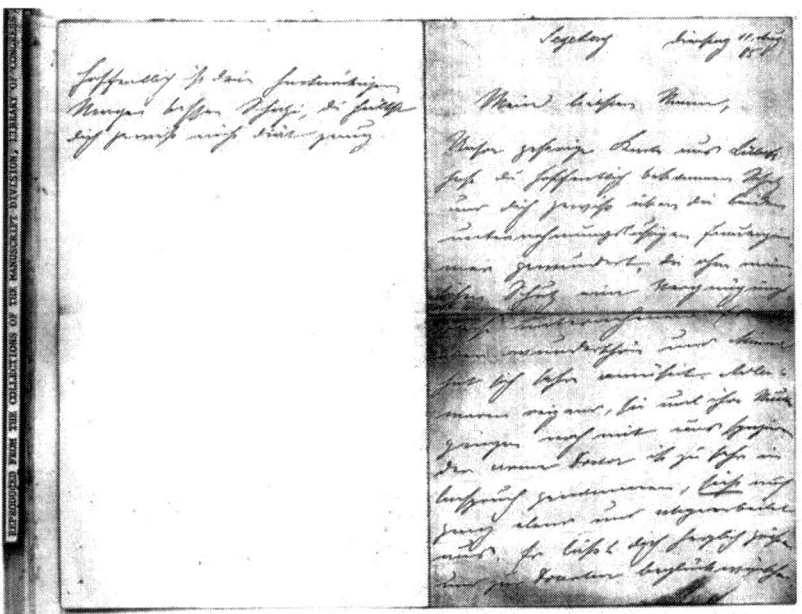

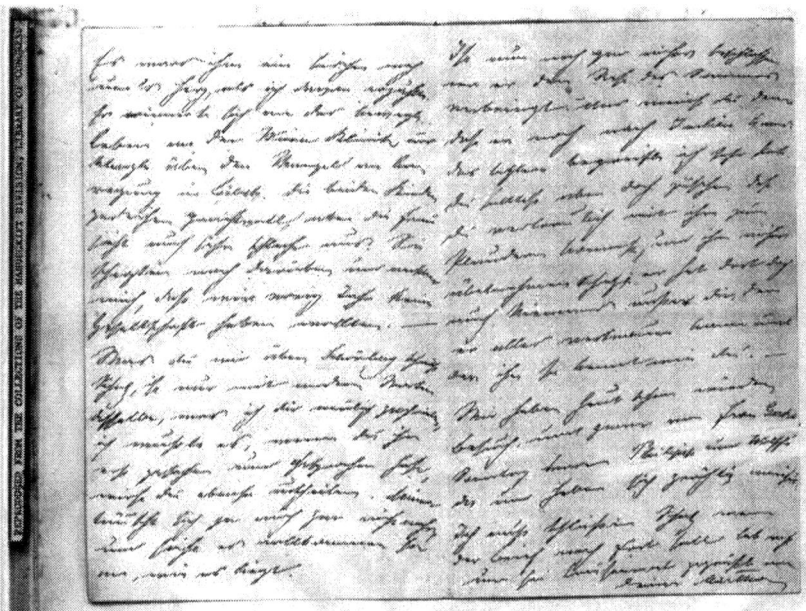

*Brief von Martha Bernays an ihren Bräutigam Sigmund Freud vom 11.
August 1885 aus Bad Segeberg*

Schon am ersten Tag ihres Aufenthaltes haben die drei Wandsbeker Damen das schöne neue Kurhaus in der Absicht besucht, dort Quartier zu nehmen. Sie haben es aber nicht getan. Martha gibt ihrem „Schatzi" im ersten Brief vom 29. Juli 1885 den Grund an, der sie daran hinderte: „Das große neue Kurhaus, erst in diesem Frühjahr erbaut, ist ein ganz prächtiges Gebäude am See. Es riecht nur in allen Zimmern noch so sehr nach frischer Tünche, daß wir es vorzogen, lieber im Ort zu miethen." Sie wohnten bei einem Bauern in der Kurhausstraße 21a nach damaliger Zählung, heute vermutlich Nr. 25. (Mein Elternhaus nach jetziger Numerierung ist die Nr. 21, zwei Häuser daneben.) Das Vorderhaus von 21a an der Straße ist erst 1900 erbaut worden. Dahinter am Gasberg war wohl das Haus des Landwirts, in welchem die drei Frauen mieteten. Über ihre Wirtsleute schreibt Martha: „Ein alter Bauer mit grauem Haar, ein biederer Holsteiner und eine junge blonde Frau, die zweite. Und was sagst Du zu dem köstlichen Zufall: in der einen Stube haben wir einen ganz gefüllten Bücherschrank stehen, der dem Sohn aus erster Ehe gehört, welcher Theologie studiert. Du kannst Dir denken, welche Fundgrube das für Minna ist!"

Sie beschreibt im selben Brief auch das Haus: „Ein Mittelding von Bauern- und städtischem Haus, braune, geräumige Vordiele, große Truhen mit gelben Schlössern". In den erwähnten Briefen Freuds an Martha finden sich nur zwei Bemerkungen über den Kuraufenthalt, deren eine ich schon nannte. Die andere aber ist kennzeichnend für Dr. Freud. Die beiden noch unverheirateten Schwestern waren allein nach Lübeck und Travemünde gefahren. Minna hat übrigens zeitlebens im Hause des Ehepaares Freud gelebt, ihr Verlobter war früh verstorben, sie hat nie geheiratet. Martha schrieb auf einer Postkarte aus Lübeck an Sigmund vom 10. August 1885: „Wir haben es uns im Ratskeller vortrefflich munden lassen." Und: „Das Holstentor steht auch noch." Freud reagierte darauf: „Sieh da, Lübeck! Soll man sich das gefallen lassen? Zwei einschichtige Mädchen in Norddeutschland reisen. Das ist ja Auflehnung gegen die männliche Prärogative!" Er meinte das nicht ironisch. Der berühmte Psychoanalytiker war ein rücksichtsloser Egoist. Martha schrieb einfühlsam am 14. August 1885: „Ich dachte mir wohl, daß Du Augen machen würdest zu unserem Abstecher." Nach ihrer Hochzeit im September 1886 machten sie aber ihre erste Reise nach Lübeck und Travemünde!

Liebevoll und originell beschreibt Martha unseren Kurort, den sie sicher auf ihrer Hochzeitsreise auch besucht haben: Er „hat einen komischen Kerl von Berg und einen entzückenden Kerl von See, stramme preußische Bahn- und Postbeamte" (29. Juli 1885). „Gestern waren Minna und ich in unseren neuen Kautschukmänteln auf dem Kalkberg. Man sieht von da weit in die Runde, die Leute von Segeberg behaupten sogar, Hamburgs und Lübecks Türme könne man sehen, freilich mit dem Fernrohr, und das war gestern nicht oben. Aber gesegnete Kornfelder breiten sich überall aus und Weiden für die Kühe, komische Windmühlen mit ihren breiten Flügeln und viele kleine Seen. Auch die Trave, die um Lübeck herum so breit und mächtig fließt, ist hier ganz in der Nähe schon, in sehr bescheidenen Anfängen" (2. August 1885). „Oben auf dem Kalkberg haben wir uns ins Fremdenbuch eingetragen, und unter ‚Stand' hat Minna sich als ‚Luftschnapperin' und ich mich als ‚Doktorsbraut' den Leuten vorgestellt." (7. August 1885)

Beeindruckt waren sie vom damaligen Lehrerseminar, der heutigen Dahlmann-Schule. „Ein sehr stattliches Gebäude, in dem jährlich immer zur Zeit neunzig junge Leute ausgebildet werden. Jährlich werden dreißig fertig, und wenn sie von hier abgehen, bekommen sie sofort Anstellungen; verlobt sind dann freilich schon die meisten mit den niedlichen Töchtern des Orts. Sie sehen alle sehr nett und stramm aus." (7. August 1885) Martha hat genau und mit Sympathie beobachtet. Auch das damalige Kurhaus gefiel den Schwestern. Es war abends elektrisch erleuchtet, was in jener Zeit noch ungewöhnlich war, dreimal in der Woche gab es Konzerte, ab und zu Bälle, bei denen die beiden gern zusahen, allerdings nicht ohne weibliche Begleitung.

Dreimal bemerkt Martha, daß es hier zwei „koschere" Restaurationen gab. Das sind Häuser, in denen streng nach jüdischen Speisevorschriften gekocht wird. Fleisch-und Milchspeisen dürfen nach 2. Mose 23,19, 34,26 und 5. Mose

Dahlmann-Schule Bad Segeberg, vormals Lehrer-Seminar

14,21 weder vermengt noch mit gleichem Geschirr serviert werden. „Das wird Dich doch jedenfalls sehr beruhigen, Schatzi, nicht wahr?", teilt sie in ihrem ersten Brief aus Segeberg am 29. Juli 1885 mit. Und am 4. August bemerkt sie: „Die zwei koscheren Restaurationen, Schatzi, würden Dir in der Nähe sicherlich weniger imponieren als aus der Entfernung. Aber es ist wirklich nicht schlecht und sehr reichlich." Die drei Damen haben dort also gespeist, zumal die beiden Häuser in derselben Straße lagen und in wenigen Minuten von ihrem Quartier aus zu erreichen waren.

Annoncen jüdischer Gastwirte und der Pension Sally Goldschmidts bzw. seiner Schwiegereltern Blumenthal aus den 90er Jahren des 19. Jahrhunderts

„In der Nähe" ist doppelsinnig. Wenn ihr bäuerliches Quartier nach den heutigen Hausnummern hinter der Kurhausstraße 25 war,so befand sich drei Häuser weiter in Nr. 31 die Pension Klara Baruch, ein paar Schritte mehr in Nr. 53 der Betrieb von Sally Goldschmidt. Die dreimalige Erwähnung vom ersten Tage an zeigt, daß Martha im Gegensatz zu ihrem Bräutigam religiös war. Ihre Hoffnung, er möge das tolerieren, hat sich nicht erfüllt. Ich zitiere aus Sigmund Freuds Briefen: „Sie mußte sich abgewöhnen, mit allen Leuten auf gutem Fuß zu stehen; sie mußte in seinen Meinungsverschiedenheiten mit ihrem Bruder Eli und ihrer Mutter immer seine Partei ergreifen; sie mußte einsehen, daß sie nicht mehr ihnen, sondern nur noch ihm gehörte; sie mußte ihre Familie aufgeben und obendrein auch ihre religiösen Vorurteile opfern."

Martha hatte sicher Kontakte zur hiesigen Judengemeinde, denn sie berichtet unter dem 2. August 1885: „Es sind von Hamburg aus 25 jüdische Knaben als Feriencolonie hierher geschickt, arme kranke Judenkinder, dreifach elend." Ihre damalige Lektüre waren Heines Werke. „Den Themannschen Heine habe ich leider zu Hause lassen müssen", teilt sie Sigmund am 29. Juli 1885 mit. Im Sinne Heines hieß „dreifach elend" arm, krank und außerdem noch Jude. Die spätere Kindererholung großen Stils durch das „Sidonie Werner-Heim" in der Bismarckallee hatte schon damals Vorläufer (vgl. den folgenden Beitrag). Bevor Frau Werner den Vorsitz im Jüdischen Frauenbund Deutschlands mit 50.000 Mitgliedern, zu denen auch Martha Bernays gehörte, übernahm, hatte die berühmte Patientin von Sigmund Freud und Josef Breuer, Bertha Pappenheim, dieses Amt inne. Werner und Pappenheim waren befreundet. Bertha Pappenheim ist in der medizinischen Literatur als „Anna O." bekannt.

Freud verbot seiner jungen Frau vom ersten Wochenende ihrer Ehe an, jemals die beiden Sabbat-Kerzen anzuzünden. Sie hatten ihre Hochzeit wegen des höchst bescheidenen Einkommens von Dr. Freud jahrelang aufschieben müssen, auch wegen seiner angeschlagenen Gesundheit, vor allem Magenbeschwerden. Deshalb schrieb ihm seine Braut aus Segeberg am 4. August 1885: „Bei guter Hausmannskost wirst Du pumperlgesund sein".

Nicht nur die nahe gelegene Ostsee, sondern auch die nähere Umgebung der Stadt nahmen die beiden Frauen in Augenschein. Am 6. August 1885 fuhren sie in offener Pferdekutsche nach Kükels, wenige Kilometer vor Segeberg, um dort eine Wandsbeker Müllerstochter zu besuchen. Auf dem Rückweg kutschierte Martha selbst. Die Damen hatten in diesen drei Wochen aufgrund ihrer heimatlichen Kontakte viele Besucher aus Wandsbek. Sicher wurde dabei auch der neue Kurort auf seine Möglichkeiten hin in Augenschein genommen. Martha schreibt auf einer Postkarte am 6. August 1885: „Uns gehts hier gut mit Kopf und Magen." Und am 17. August noch einmal: „Wir waren alle drei sehr gerne hier." Dafür spricht auch, daß sie 1886 eine weitere Kur in Segeberg verbrachten.

Der Bräutigam wollte seiner Liebsten nach Wandsbek ein Geschenk mitbringen. Sie antwortete ihm auf einer Briefkarte vom 14. August 1885: „Ist das nicht das Schönste und Kostbarste, was Du mir bringen kannst, wenn Du selbst recht froh und heiter zu mir kommst?" Marthas Brautbriefe von 1885 bereichern das Bild Segebergs im Jahr der Kurhauseinweihung um einige neue Facetten.

15. Sidonie Werner - eine markante jüdische Frau in Segeberg

Im Haus Bismarckallee Nr. 5 in Bad Segeberg befindet sich heute das Otto Flath-Haus mit der Ausstellungshalle dahinter. Von 1920 bis 1938 hieß das Vorderhaus „Sidonie Werner-Heim", bis die Nationalsozialisten die karitative Arbeit der Juden beendeten. Sidonie Werner war eine unverheiratete Hamburger Oberlehrerin, die sich vorzeitig pensionieren ließ, um sich ganz ihren sozialen, vom jüdischen Glauben getragenen Aufgaben widmen zu können. Sie war eine typische Vertreterin der allgemeinen deutschen Frauenbewegung des 19. Jahrhunderts, in der es nach 1865 viele Neugründungen von Frauenvereinen gab. Unter diesen war auch der „Jüdische Frauenbund in Deutschland" (JFB) von 1904, der in den 20er Jahren rund 50.000 Mitglieder hatte. Es wurde schon erwähnt, daß auch Sigmund Freuds spätere Frau Martha Bernays dazu gehörte. Der JFB war inkorporiert in den „Bund deutscher Frauenvereine" – BdF, einen Dachverband mit dutzenden von Gruppierungen und bis 1933 mit einer halben Million Mitgliedern (nach Hannelore Weskamp, VHS Hamburg).

Die Ziele des JFB, die Werner von Anfang an maßgeblich mitbestimmt hat, lassen sich aus den Quellen gut darstellen: Bekämpfung des Antisemitismus, Stärkung des jüdischen Gemeinschaftsgefühls, Verbesserung der Situation arbeitender Mädchen und Frauen. Letzteres führte z.b. zur Gründung eines Heims für ledige jüdische Mütter und deren Kinder in Hamburg durch Bertha Pappenheim, die damalige Vorsitzende. Später wurden durch Frau Werner weitere Häuser mit ähnlicher Zielsetzung gegründet. Weitere Ziele des JFB waren die Verbesserung der Ausbildungsmöglichkeiten für Frauen, z.b. als Krankenpflegerinnen oder in Haushaltungsschulen, verbunden mit der Fähigkeit, einen rituellen jüdischen Haushalt zu führen, um ihre Heiratschancen zu verbessern, und die Bekämpfung des Handels mit jüdischen Mädchen aus Osteuropa, die oft in Bordellen landeten.

Knotenpunkt dieses Handels war seit den Pogromen in Rußland in den 80er Jahren des 19. Jahrhunderts die Hafenstadt Hamburg. Der jüdische, in Osteuropa lebendige Brauch, junge Mädchen sehr früh zu verheiraten, begünstigte die Mädchenhändler, indem Scheinehen vermittelt wurden. Auch der jüdische Scheidebrief, den nur der eigene Mann ausstellen kann, kam ihnen entgegen. Als „Agunah", als Frau ohne Scheidebrief zu leben, galt als Schande und brachte soziales Elend. Gefälschte Scheidebriefe wurden daher zum blühenden Geschäft der Frauenhändler.

Der Dachverband BdF war national eingestellt und bürgerlich geprägt. Ein zentrales Ideal hieß „geistige Mütterlichkeit" (nach Helene Lange und Gertrud Bäumer), die nicht mit Mutterschaft gleichzusetzen ist. Auch eine unverheiratete Frau kann durch solcherart Mütterlichkeit ausgezeichnet sein, wie Sidonie Werner oder Bertha Pappenheim zeigen. Die bewußt deutsche Einstellung des BdF trug der JFB voll mit, z.b. durch Mitarbeit beim „nationalen Frauendienst" im ersten Weltkrieg. 1918 erkämpfte die deutsche Frauenbewegung das Stimmrecht für Frauen.

1919 setzte der JFB das Gemeindewahlrecht für jüdische Frauen durch, 1929 auch das passive Wahlrecht.

Sidonie Werner, am 16. März 1860 geboren, wurde 1904 bei der Gründung stellvertretende Vorsitzende des JFB, 1915 als Nachfolgerin von Bertha Pappenheim (1859-1936) erste Vorsitzende. Schon 1908 hatte sie den verstorbenen Gustav Tuch als erste Vorsitzende des „Israelitisch-humanitären Frauenvereins zu Hamburg" (IHFV) abgelöst, dem Trägerverein der noch zu schildernden Segeberger Kinderheime. Ab 1917 übte sie eine weitere Vorstandstätigkeit aus in der „Zentral-Wohlfahrtsstelle der deutschen Juden". Ihre Ehrenämter waren zahlreich. Seit 1918 war sie im Vorstand des „Hamburger jüdischen Schulvereins", unter dessen fünf Mitgliedern die einzige Frau. 1919 stieg sie ins „Notstands-Komitee für die Ostjuden" ein, das u.a. Durchreisende verpflegte. Am 5. Januar 1919 trat sie öffentlich vor diesem Komitee als Rednerin auf, neben Oberrabbiner Dr. Lerner aus Altona, Rabbiner Dr. Sonderling und dem Vorstandsmitglied Dr. Ernst Kalmus. 1921 saß sie im Jugendamt der Hamburger Deutsch-Israelitischen Gemeinde, das 13 Mitglieder zählte, darunter fünf Frauen. All diese Ämter (die Aufzählung ist nicht vollständig) dokumentieren eine herausragende Frauenpersönlichkeit.

Sidonie Werner starb am 27. Dezember 1932 und entging so den Demütigungen der Nationalsozialisten. Ihr 60. und ihr 70. Geburtstag wurden in der gesamten jüdischen Presse ausführlich gewürdigt. Anläßlich ihres 60. erhielt das Segeberger Kinderheim in der Bismarckallee 1920 den Namen „Sidonie Werner-Heim". Nach ihrem Tod erschienen Nachrufe bis in den März 1933, es gab auch etliche Gedenkfeiern.

Der IHFV wurde 1893 von der angesehenen „Henry Jones-Loge" von 1887 gegründet, der Männer aus der oberen Mittelschicht angehörten. Gustav Tuch war Logenpräsident und Vereinsvorsitzender in einer Person, so daß man den IHFV als „Schwesterloge" bezeichnen könnte. Die von diesem Verein unterhaltenen Heime kochten alle nach jüdischen Speisevorschriften. Im Tätigkeitsbericht des IHFV von 1926 (bei Ina Lorenz) wird u.a. aufgeführt: wirtschaftliche Fürsorge, beispielsweise durch 4.179 Hausbesuche; hygienische Fürsorge in rund tausend Fällen; Jugendfürsorge und Schulpflege, z.b. durch Speisungen, Verschickungen (u.a. nach Segeberg), ärztliche Behandlungen, Bestrahlungen, orthopädisches Turnen, „Tagesferienkolonien" u.a.m.

Sidonie Werner hat mehrere Häuser und Vereinigungen mit sozialen Zielen ins Leben gerufen, von denen kaum noch jemand weiß, weil die NSDAP alle diese Aktivitäten beendete, wobei die Partei zugleich den Anschein erweckte, als wäre sie allein im sozialen Bereich kompetent. Gerade darum verdienen sie es, in Erinnerung gerufen zu werden, zumal sie einen bedeutenden Beitrag zu unserem kulturell-gesellschaftlichen Leben geleistet haben. Gleich nach der Übernahme des Vorsitzes im IHFV 1908 begannen mit der Gründung des Kinderheims in Bad Segeberg ihre Wirksamkeiten. Schon 1906 hatte Werner in Hamburg ein Mädchenwohnheim gegründet, zunächst in einem Einzelhaus in der Bogenstraße mit zwölf Plätzen, später verlegt nach Grindelberg 42b, mit einer Mittelstandsküche und Geschäftsräumen des Vereins. 1929 zog das Wohnheim erneut um in die Innocentiastr. 21. 1910 entstand ein Kinderheim in Altona (Marion Kaplan). Hier lebte eine starke jüdische Gemeinde mit dem Oberrabbiner Dr. Joseph Carlebach, überwiegend portugiesische (sephardische) Juden. 1911 bis 1918 kaufte der IHFV drei Häuser in der Bismarckalle 5,11 und 21 in Bad Segeberg für die Kinder- und Müttererholung im hiesigen Kurbad.

1927 ließ Werner durch ihren JFB im Seeweg 8 in Wyk auf Föhr ein Haus für Tbc-gefährdete Kinder erwerben mit 36 Plätzen. 1929 kaufte der Bund einen Anbau dazu und erweiterte so die Kapazität auf 56 Plätze. Das Wyker Anwesen wurde 1938 niedergebrannt, berichtete mir die Witwe des Dr.med. Edel in Wyk. In allen Kinderheimen wurde selbstverständlich für ärztliche Betreuung gesorgt, in Wyk durch Dr. Edel, in Segeberg durch Dr. Alice Chassel aus Hamburg.

Auch andere Gründungen zeigen die unverwechselbare Handschrift von

Ankunft jüdischer Kinder zur Kur in Segeberg, 20er Jahre

Sidonie Werner. Ihre Haltung mag das Folgende illustrieren. Auf dem zweiten Delegiertentag des JFB in Frankfurt/Main am 2./3. Oktober 1907 hielt Werner ein vielbeachtetes, gedruckt vorliegendes Referat zum Thema „Mädchenhandel" (vorhanden im „Leo Baeck-Institut" in Jerusalem). Sie führte dort aus: „Es gibt einen lokalen, einen nationalen und einen internationalen Mädchenhandel, und zwar als Engros- und Exporthandel." Er wurde mit unmündigen jüdischen Mädchen aus Russland, Polen und vor allem aus Galizien betrieben, wo damals 700.000 Juden in unvorstellbarer Armut lebten. Es soll unter ihnen 600.000 Bettler gegeben haben! Die jungen Mädchen wurden unter Ausnutzung ihrer miserablen Lebensbedingungen in Bordelle geschleust.

Die Referentin fragte, was man dagegen tun kann. Sie sagte, auf die Lebensumstände in Galizien könne niemand Einfluß nehmen. Daher machte sie dem Kongress drei Vorschläge: 1. Der JFB solle dem „Deutschen Nationalkomitee zur Bekämpfung des Mädchenhandels" beitreten wie der Evangelische und der Katholische Frauenbund. Das Problem haben damals auch Nichtjuden gesehen, es wurde z.B. im Reichstag diskutiert. 2. Es müsse eine Bahnhofs- und Schiffsaufsicht eingerichtet werden. Das wurde in der Folgezeit praktiziert, wobei das Wichtigste war, den jungen Ostjüdinnen angemessene Alternativen anzubieten, z.B preisgünstige Unterkunft, Ausbildung und Arbeit. Auf diese Weise wurde vielen Ostjüdinnen der bittere und meist unumkehrbare Gang in die Prostitution erspart. Die Jüdische Bahnhofshilfe hatte 1926 sechzig deutsche Dienststellen, die mit 500 evangelischen und katholischen eng zusammenarbeiteten (Marion Kaplan). Als Drittes forderte Werner, die „doppelte Moral" der Geschlechter zu beenden. Die Rednerin sagte: „Auch unsere Söhne sind zur Keuschheit zu erziehen, nicht nur die Töchter." Eine Einsicht, mit der sie ihrer Zeit weit voraus war.

Die Segeberger Kinderheime in der Bismarckallee (drei Häuser mit hundert Betten) sowie die zugehörige Haushaltsschule mit zwanzig Ausbildungsplätzen vermittelten eine jüdische Erziehung, die unerwünschten Fehlentwicklungen vorbeugen wollte, z.b. vor einer religiösen Mischehe schützen. Bewahren, bekennen und praktizieren waren der Heim- und Ausbildungsleiterin wichtig. Oberrabbiner Dr. Joseph Carlebach, Altona, hat die Häuser regelmäßig besucht und den Religionsunterricht begleitet. In der Korrespondenz mit der Leiterin kann man das nachlesen, auch in Briefwechseln mit dem Gemeindevorstand über den Einsatz des Religionslehrers, der im Regelfall drei kleine Gemeinden betreuen mußte. Meist waren das Segeberg, Neumünster und Elmshorn, wobei die Kinderheime in Segeberg seinen ständigen Einsatz forderten.

Bismarckallee 5, Jüdisches Kinderheim 1908 bis 1936

„Holländische Hilfe für deutsche Kinder" heißt ein Aufsatz im Hamburger „Israelitischen Familienblatt" vom 20. Mai 1920. Das „Holländische Hilfskomitee zur Versorgung von Kindern in Deutschland" hatte zuvor die jüdischen Kinderheime in Segeberg inspiziert. Der Bericht gibt einen detaillierten Einblick in die Kindererholungsarbeit der hiesigen Gemeinde. Rund 650 kranke, schwache Kinder besuchten in jenem Jahr die 5-Wochen-Kuren. Während der

Schulzeiten kamen auch abgearbeitete Mütter zu Sol- und Moorbädern sowie zur seelischen Stärkung. Himmelfahrt 1920 zum Beispiel beherbergten die Häuser zusammen 125 Kinder, verpflegt wurden 175 Personen (aus einem Brief des holländischen Generalkonsuls in Amsterdam an das Auswärtige Amt Berlin vom 25. September 1920, aufbewahrt in Yad Vashem, Jerusalem). Die Holländer brachten Wäsche, Stoffe, Lebensmittel und Geldspenden mit, in der beginnenden Inflationszeit existenzwichtige Hilfen.

Anläßlich des 70. Geburtstages von Sidonie Werner brachte das „Israelitische Familienblatt" am 13. März 1930 einen bemerkenswerten Aufsatz über sie. Nicht nur in den oben genannten Ehrenämtern sowie in der Leitung mehrerer Heime war sie tätig, sondern darüberhinaus zweite Vorsitzende des von ihr gegründeten „Städtebundes der Hamburger Frauenvereine", offenbar eine Untergliederung des BdF. 1929 organisierte sie die „Hamburger Welt-Konferenz der jüdischen Frauen", ständig engagiert, erfindungsreich, rastlos tätig für Andere.

Die drei Häuser in der Segeberger Bismarckallee erfüllten verschiedene Funktionen. In Nr. 5 befand sich das Büro der Leiterin, die von 1908 bis 1932 jeden Sommer hier wohnte. Außerdem hatte das Haus Zimmer für Kurgäste, ebenso Nr. 11, auch für Mitarbeiterinnen. Nr. 21 barg die Haushaltungsschule (später nach Nr. 5 verlegt) mit ihren zwanzig weiblichen Lehrlingen und im Unterbau eine Großküche für 200 Personen. Holsteiner Küche stand für die nichtjüdischen Mitarbeiter auf der Speisekarte, denn die Häuser hatten viele christliche Angestellte, kochten aber koscher für Juden.

Die häusliche Sabbatfeier wird von Israeliten hochgehalten. Die Hausfrau, nicht der Hausherr, eröffnet sie mit Gebet, zündet die Sabbatkerzen an und spricht den Segen. Dies war ständiger Brauch in der Bismarckallee, noch über den Tod von Sidonie Werner hinaus. Ihre Nachfolgerin Gertrud Katzenstein (geb. Michalski, * 1866) hat die Arbeit nicht mehr lange fortsetzen können. Sie wurde am 2.September 1942 in Theresienstadt ermordet. (Hamburger Deportiertenlisten, Staatsarchiv Hamburg 1965)

Das Andenken an Sidonie Werner wäre in Bad Segeberg ohne die Judenverfolgung nach 1933 bis heute lebendig, schon allein durch die Namensgebung des Hauses Bismarckallee 5 seit 1920. Statt dessen erinnert nur eine Tafel am Eingang heute an sie (s. S. 35).

Quellen

Marion Kaplan, Die jüdische Frauenbewegung in Deutschland 1904-1938, Hamburg 1981; Ina Lorenz, Die Juden in Hamburg zur Zeit der Weimarer Republik, 2 Bände, Hamburg 1967; Sidonie Werner, Mädchenhandel, in Jüdischer Frauenbund, Hamburg 1907; Blätter des JFB, Januar 1933; Israelitisches Familienblatt Hamburg vom 20.Mai 1920 und 13. März 1930; Kalender für die jüdischen Gemeinden Schleswig-Holsteins und der Hansestädte, Hamburg 1910 bis 1936; Naphtali Carlebach, Joseph Carlebach and his generation, New York 1959

16. Ervin Bossanyi - ein Künstler von Weltruf in Segeberg

In dem großformatigen Bildband „Glasfenster der Welt" aus zwölf Jahrhunderten (1976 in England, danach im Münchener Orbis-Verlag erschienen) mit gut 500 Abbildungen finden sich zwei Werke des ungarischen jüdischen Bildhauers, Malers und Glaskünstlers Ervin Bossanyi (1891-1975). In Bad Segeberg am Beginn der Kurhausstraße erinnert ein von ihm 1928 geschaffener Brunnen täglich an ihn. Die globale Bedeutung des Künstlers geht sowohl aus der Streuung seiner Ausstellungen als auch aus der Verteilung von Glasfenstern und bildnerischen Werken in der Welt hervor. Skulpturen und Gemälde von ihm waren in bedeutenden Kunsthallen durch acht Jahrzehnte des 20. Jahrhunderts (seit seinem 19. Lebensjahr) vertreten: Paris 1910, 1911-14, Rom 1912, Lübeck 1919, 1920, 1921, 1924, 1926, 1988/89, Hamburger Kunsthaus Karl Heumann 1922, 1925, 1926, 1932, Hamburger Kunsthalle 1930, Hamburger Kunstverein 1932, London 1935-40 viermal, 1948, Edinburgh 1949, Rochester 1956, Matfield 1969, Oxford 1979, Budapest 1975/76 (Bossanyis Sterbejahr) und 1980, Baja/Ungarn 1984 und 1991.

Am 3. März 1924, dem 33. Geburtstag des Künstlers, wurde um 16 Uhr in der Segeberger Realschule eine Gemäldeausstellung seiner und der Werke von Hans Peters eröffnet, veranstaltet vom Schleswig-Holsteinischen Kunstverein, Ortsgruppe Segeberg. 1924 avancierte die Stadt zum Kurbad, ein Verdienst von Bürgermeister Kuhr. Die erwähnte Ausstellung, für unsere Kleinstadt ein Großereignis, hat die Verbindung zu Bossanyi bis 1933 lebendig gehalten und dem ungarischen Künstler in den 20er Jahren hier mehrere öffentliche Aufträge eingebracht (Portal der Imker-Schule, Kandelaber, Meierei-Reliefs, Brunnen). Der nationalsozialistische Bürgermeister Johannes Elsner (1924-1933) hat, wie berichtet, in seinem Rechenschaftsschaftsbericht dieser zehn Jahre Bossanyi überhaupt nicht erwähnt, – er war doch Jude!

Zur Ausstellungseröffnung schrieb Abram Enns, einer der besten Kenner von Bossanyis Werk, am Dienstag, 4. März 1924 im „Segeberger Kreis- und Tageblatt" unter der Rubrik „Kunst, Wissenschaft und Kultur" folgendes: „Zu der Kunst von Ervin Bossanyi findet man einen Zugang vom Menschlichen aus als einem Erlebnis, nicht so sehr als Gestalt. Weder Landschaft als solche, noch Tier, noch Genre, noch Portrait – also keine Inhalte der Wirklichkeit, sondern eine persönliche Art, Dinge zu erleben, erhält hier ihren Ausdruck. Da gehen zwei Menschen durch die Heide, sie werden vom Regen überrascht und stellen sich unter den nächsten Baum. Schafe gesellen sich zu ihnen, denen sie

Neue Imkerschule Hamburger Straße 109, Reliefs von Ervin Bossanyi; ursprünglich (1930) an der Schule Burgfeldstraße

sich selbst zuwenden. In diesem Augenblick des aneinander gedrängten Stehens unter dem Baum erlebt der Mensch die Zusammengehörigkeit mit dem Tier gegen die elementare Macht des Regens. Das Tier flüchtet zum Menschen. Der Mensch erbarmt sich des Tieres."

Zum Schluß schreibt Enns: „In der Kunst von Bossanyi findet das Leben Platz nicht in seiner charakteristischen Einmaligkeit, sei sie auch groß aufgefaßt, sondern in seiner allgemeinen Form, die nur noch Ausdruck eines Inneren sein will. Bossanyi steht in einem nahen Verhältnis zur Gotik, zur ägyptischen, indischen und chinesischen Kunst. Jedoch ist es weniger die äußere Form als das innere Existenzgefühl, was aus den Schöpfungen jener fernen Zeiten in seine Kunst Eingang findet. Ruhe als Ausdruck eines höheren, gebändigten Seins, im Gegensatz zum bewegten Leben, ist den schönsten Gestalten des Buddha eigen. Sein statt des Wirkens scheint auch in den Bildern von Bossanyi Gestalt zu gewinnen."

Glasfenster, die den zweiten Weltkrieg überdauerten, finden sich u.a. in Balgowan/Natal (1950-53), Cambridge, Liverpool, Canterbury-Kathedrale (1954-60), Canterbury-Chapel, Ely-Cathedral, Hermanus/Capetown (1950-65), Johannesburg (1950-65), London: Tate-Gallery (1937-43), Victoria and Albert-Museum (1948), Senatshaus der Londoner Universität, Kathedrale York (1944-75), Baja/Ungarn, Lübeck: Gewerbeschule 2; Krematorium Hamburg-Ohlsdorf (1930/31).

Andere Werke, die erhalten blieben, sind zwei Fresken im Lesesaal der Lübecker Stadtbibliothek (Näheres dazu unten), Terrakotta-Figur im Behnhaus Lübeck, Illustrationen und Gemälde im Lübecker Museum für Kunst und Kulturgeschichte, der Segeberger Brunnen von 1928 vor der Kurhausstraße, zwei Tonreliefs an der ehemaligen Segeberger Meierei (1930), jetzt im Gemeinschaftsraum der Kommune Hartenholm, die Keramik-Reliefs vom Portal der früheren Imkerschule Segeberg vor der neuen Imkerschule in der Hamburger Straße; schließlich viele Glasfenster und keramische Werke in Schulen des Hamburger Raumes.

Zu den zerstörten oder verschwundenen Kunstwerken Bossanyis zählen ein Kandelaber aus der Segeberger Innenstadt, viele großflächige Wandteppiche in Lamawolle, alle Glasfenster und 28 Standfiguren der Biologischen Anstalt, des Aquariums und Hafens von Helgoland, vernichtet durch britische Bombenabwürfe 1947. Diese Aufstellung ist mit Sicherheit unvollständig.

Bossanyis Lebenslauf dokumentiert den Schaffens- und Überlebenswillen wie auch die menschliche Größe dieses Künstlers. Er wurde am 3. März 1891 in Regöce, Süd-Ungarn geboren und wuchs hier mit Karoly, seinem zwei Jahre älteren Bruder, in bäuerlicher Umgebung auf, fast unberührt von westlicher Zivilisation. Dieses ländliche Leben blieb in Thematik und gestalterischer Auffassung stets seine Richtschnur und auch der Kraftquell bis ins hohe Alter. Sein Biograph Geoffrey Fouquet schrieb vier Jahre nach des Künstlers Tod: „Er arbeitete zur Ehre und Schönheit der Natur, zur Ehre und Schönheit menschlichen Lebens." (aus dem Englischen)

Seine Eltern Ernestine Boschan und Adolf Breslauer gaben sich den Familiennamen Bossanyi. Schon mit 14 Jahren – seine Eltern waren gerade nach Budapest gezogen – wurde er Schüler der dortigen Akademie für angewandte Kunst (Kunstgewerbeschule). Hier freundete er sich mit dem späteren Maler Imre Szobotka an (1890-1961), mit dem er lebenslang verbunden blieb. Schon in seinen Lehrjahren gewann er viele Preise und Auszeichnungen, die mit Stipendien und Geldprämien verbunden waren. So konnte er 1907, 1908 und 1909 mit dem Freund Szobotka nach Perugia, Venedig und Rom reisen. 1910 bestand er sein Diplom mit besonderer Auszeichnung, wonach ihm die Budapester Akademie ein dreijähriges Studium in Paris, London und Rom finanzierte.

Er ging mit Szobotka zunächst nach Paris, um an der École Julien bei Jean Paul Laurens zu studieren. Hier hatte er schon 1910 als Neunzehnjähriger seine erste öffentliche Ausstellung. Der Schulbesuch in Paris genügte seinen Ansprüchen nicht: „Man kann nur in Museen und Kirchen lernen", sagte er. Er entdeckte indische, persische, chinesische und japanische Kunst neben der mit-

Ervin Bossanyi, jüdischer Glasmaler und Künstler, 1891-1975

telalterlichen Glasgestaltung der Romanik und Gotik, z.B. in Chartres. 1911 ging er nach London in die Camden Art School. Zwischendurch rief man ihn, den zwanzigjährigen, nach Budapest zurück, um den ungarischen Pavillon der Turiner Weltausstellung mitzugestalten. Der Pavillon gewann den ersten Preis. 1912 folgten Studien in Rom, wieder mit einer Ausstellung. 1913 leistete er seinen Militärdienst in der österreichisch-ungarischen Armee. Sein Bruder Karoly ging als Landschaftsarchitekt nach Lübeck.

1914 hatte Bossanyi in Paris seine dritte öffentliche Ausstellung im „Salon des Indépendants". Im Herbst desselben Jahres entschloß er sich, mit seinem Freund Imre Szobotka zum Malen in die Bretagne zu fahren. Beide Künstler sind am 15. Februar 1915 als „feindliche Ausländer" verhaftet und bis zum 24. Juni 1919 in einer Fabrik in St. Brieuc mit fünfhundert Anderen eingesperrt worden. In dieser jahrelangen Kriegsgefangenschaft vervollkommnete Ervin sein Englisch und Französisch. Mit dem Freund setzte er unter Gefängnisbedingungen die Malerei fort. 1917 schuf er z.b. 14 Illustrationen zu Paul Claudels „Verkündigung des Engels an Maria", zu sehen im Lübecker St. Annen-Museum.

Sein Bruder Karoly war bei Kriegsausbruch in England und wurde dort ebenfalls als „feindlicher Ausländer" auf der Isle of Man interniert, jedoch aufgrund einer Fürsprache von Freunden bereits am 5. Januar 1917 wieder auf freien Fuß gesetzt. Vier Wochen danach verstarb er an einer tückischen Influenza. Ervin konnte als Kriegsgefangener nicht zur Beerdigung fahren und so zum Tod seines einzigen Bruders nur einen Beileidsbrief an seine Eltern in Budapest schreiben.

Bei seiner Rückkehr in die Heimat 1919 erlebte er dort antisemitische Gewaltakte und floh in einem Boot aus Budapest. Der bekannte Landschafts- und Gartenarchitekt Harry Maaß, Freund seines verstorbenen Bruders, zugleich ein Bewunderer von Ervins Kunst, holte ihn im selben Jahr nach Lübeck. Hier lebte und arbeitete Bossanyi zehn Jahre lang. Die Halbschwester von Harry Maaß, die Pianistin Wilma, wurde 1921 seine Frau. 1924 wurde Sohn Jo geboren, der heute in Oxford lebt und 1998 sowie 2001 Segeberg besuchte. Wilma war lebenslang Ervins große Liebe. Sie stand ihm bis zu seinem Tod in allen Belangen und Belastungen liebevoll und unentwegt zur Seite.

Die ersten Jahre in Lübeck waren hart. Als ausländischer Flüchtling und als Jude in antisemitischer Atmosphäre half ihm die Protektion seines berühmten Schwagers, des Gartenbaudirektors Maaß, der ihn in seine Kreise einführte und 1920 für Aufnahme in den Lübecker Künstlerverein sorgte. Hier hatte er schon 1919 eine erste Ausstellung, 1920 eine weitere in der Katharinenkirche, andere folgten (oben aufgeführt). Gleichzeitig liefen solche Unternehmungen mehr-

Buntglasfenster von Ervin Bossanyi von 1928 in der Lübecker Gewerbeschule 2 (Parade 2), gut erhalten

fach in Hamburg. Neben den beiden Hansestädten rückte auch die Kreisstadt Segeberg 1924 anläßlich der Verleihung des Titels „Bad" ins Blickfeld durch die schon erwähnte Ausstellung. In Lübeck konzentrierte sich Bossanyi auf die Technik der Glasmalerei und Bleiverglasung in Zusammenarbeit mit dem Glasermeister Carl Berkenthien. Daneben entstand eine enge Verbindung zu den Keramischen Werken Villeroy und Boch in Dänischburg am Rande von Lübeck. Dort finden sich heute noch wichtige Werke von ihm. Bemerkenswerte handwerkliche Kenntnisse und Fertigkeiten des Künstlers haben auch seine Arbeiten in Bad Segeberg bestimmt. Vor seiner Emigration nach England im Jahre 1934 sind in den fünfzehn norddeutschen Jahren mehr als vierzig Aufsätze über sein Werk in Fachzeitschriften erschienen.

Um den Unterhalt seiner Familie sicherzustellen, war Bossanyi in den frühen Lübecker Jahren, die von der Inflation bestimmt waren, gezwungen, Gebrauchsgüter zu entwerfen: Teppiche (mit der Meisterweberin Alen Müller-Hellwig), Lampen, Möbel, Kamine, Elektrogeräte, Stickereien. Der Durchbruch kam 1925. Er gewann den Wettbewerb zur Ausmalung des Lesesaals in der Lübecker Stadtbibliothek u.a. in Konkurrenz mit Alfred Mahlau und

Asmus Jessen. Das Werk wurde 1926 vollendet und in vielen Kunstzeitschriften abgebildet.Diese beiden großen Wandgemälde mußten 1935 auf staatliche Weisung mit brauner Farbe überstrichen werden. 1960/61 hat man versucht, die Fresken unter Beratung des Künstlers zu restaurieren. Andere Lübecker Werke sind unversehrt geblieben, neben den oben schon genannten zwei Skulpturen am Einfamilienhaus Hohelandstraße 1.

1929 entschloß sich Bossanyi, nach Hamburg zu ziehen, weil ihn hier einige Großaufträge erwarteten. Er baute sich ein Haus mit sachgerechtem Atelier im Stadtteil Hoheneichen. Seine letzte intensive Schaffensperiode in Deutschland begann. Zwei Projekte ragen hier heraus: 1. Glasfenster für Aquarium und Biologische Anstalt nebst 28 Majolikafiguren im Hafen von Helgoland. Sie sind, wie schon erwähnt, am 18. April 1947 von britischen Bomben zerstört worden. 2. Im Krematorium Hamburg-Ohlsdorf gestaltete Bossanyi in Zusammenarbeit mit dem Hamburger Stadtbaumeister Fritz Schumacher 37 hohe Buntglasfenster, jedes neun mal drei Meter.

Dieses Werk machte ihn endgültig zum führenden Glasfenster- und Buntglasspezialisten in Europa. Es wurde 1933, ein Jahr vor seiner Flucht nach England, vollendet – seine umfangreichste und geschlossenste Arbeit, die den Krieg fast unversehrt überstanden hat. In der herausragenden hohen Mittelhalle (Halle B) sind in die schräg aufsteigenden Längswände farbig verglaste Streifenfenster eingeschnitten, auf jeder Seite fünf mal drei, zusammen dreißig Fenster. Im Eingangsteil hat der Künstler nischenähnlich sechs weitere bleiverglaste Buntglasfenster gestaltet. Die Stirnseite, wo der Katafalk aufgebahrt wird, birgt das 37., eingebettet in ein eindrucksvolles Mosaik von Puhl und Wagner. So ist der Raum rundum von einem einzigen Künstler entworfen und ausgeführt. In wundervoller rhythmischer Farbsymphonie, sparsam mit Motiven aus der Tier- und Pflanzenwelt bereichert, nimmt dieser Raum den Besucher vom Eintreten an gefangen. Der Name seines Schöpfers, in der Stirnseite deutlich lesbar, wurde nach 1933 bis heute in keinem Führer genannt – damals vielleicht, um die Fenster vor einer Zerstörung zu bewahren? Eine neue Beschreibung müßte dieses Unrecht tilgen und den Künstler nennen.

1934 emigrierte die Familie vor dem aufkommenden Antisemitismus nach England. Wieder wurden sie Flüchtlinge, wieder begannen Zeiten der Bedrängnis, Not und Entbehrungen. Sie sollten sich im Krieg noch verstärken. Auch die Station England begann ambivalent: Einerseits gelangte Bossanyi hier rasch zu beruflichem Erfolg und internationalem Ansehen, vor allem als führender Glasmaler. Schon im Jahr nach seiner erzwungenen Auswanderung hatte er

Buntglasfenster in der Friedrich Ebert-Schule Uetersen, 1931:
„Vogelbrut" (rechts oben), „Zur Sonne" (unten)

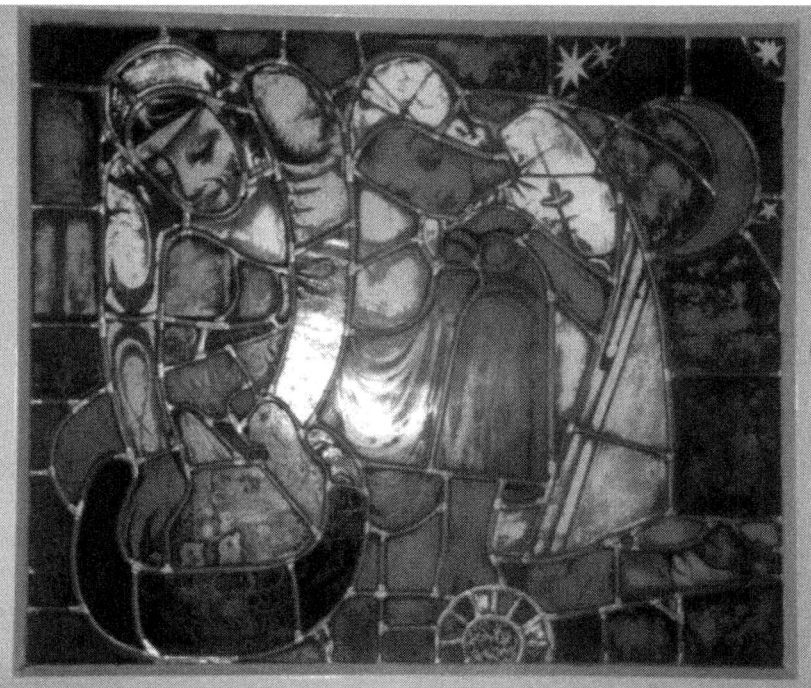

1935 in der Londoner Beaux Arts Gallery eine Ausstellung mit überragendem Presse-Echo. Er erhielt Großaufträge für Glasfenstergestaltungen von der international berühmten Tate-Gallery, vom State Museum in Aundh/Indien, von Roszike Rothschild für ein Rosenfenster in der Londoner Westend-Synagoge und für das Senatshaus der Londoner Universität. Andererseits wurde er 1940 erneut zum „feindlichen Ausländer" und mußte mit der Familie innerhalb von drei Tagen sein Haus in London-Eastcote räumen. Zwei Monate später konnten sie zurückkehren.

Vier Jahre danach, 1944, wurde seine nicht mehr gehfähige, 91jährige Mutter in einem KZ umgebracht; ein Bericht aus Budapest sagt: „in einen dieser Transporte verladen".

Die folgenden Jahre in England waren erfüllt von Großaufträgen für Glasfenster in aller Welt und von Ausstellungen an berühmten Plätzen. Er wirkte in Südafrika, in Washington und in England, aber nicht mehr in Deutschland. 1965 mußte er aus gesundheitlichen Rücksichten die Glasmalerei aufgeben, die Körperkraft reichte dafür nicht mehr aus. In den letzten zehn Jahren seines Lebens malte er wie besessen. Bei seinem Tod am 11. Juli 1975 hinterließ er vierhundert Gemälde. Er schrieb: „Wenn ich entwerfe, bin ich wie ein schneller Vogel; wenn ich den Entwurf ausführe, gleiche ich einer Ameise, die sich durch die Berg- und Talwelt kämpft." Post mortem gab es Ausstellungen in Oxford, Budapest, Lübeck und Baja/Ungarn, die schon genannt wurden. So schloß sich der Kreis.

Fachkenner schätzen das Werk dieses Künstlers hoch ein. Wie bei jedem eigenwilligen Kunstschaffenden gibt es in der Beurteilung auch kritische Stimmen, aber bei ihm selten. Das positive Echo belegen die vielen Ausstellungen nach seinem Tode, sodann Bücher und Aufsätze in Kunstzeitschriften, die in englisch, deutsch, französisch und ungarisch erschienen sind. Bemerkenswert ist die Aussage von Lawrence Lee im Band „Glasfenster der Welt", den ich eingangs nannte: „Ervin Bossanyi, ein ungarischer Maler des 20. Jahrhunderts, der sich der ausdrucksvollen und dynamischen Eigenschaften der Glasmalerei bewußt war, entwarf die Fenster des Südchores der Kathedrale von Canterbury. Die Primitivität der Volkskunst, in seinem Gemälde unten zu erkennen, ist in seinem Friedensfenster voller Symbolik. Die von Kindern vieler Rassen an Christus überreichte Blume ist mit facettiertem Glas gestaltet und sendet, wenn die Sonne darauf fällt, Symbole des Friedens aus." (S.63) „Bei modernen Fenstern schließen die abstrakte Gestaltung und die große Fläche Bordüren häufig aus. Sie finden sich jedoch immer noch in einigen Figurenfenstern, so zum Beispiel in Canterbury. Prallvolle Weizenähren spiegeln die Zufriedenheit und Heiterkeit der Figuren im Hauptteil des Fensters wider und sind gleichzeitig im herkömmlichen Sinn Rahmen für das Bildfenster." (S.43)

Der schon erwähnte Lübecker Schriftsteller Abram Enns schrieb im „Wagen" 1972 zum achtzigsten Geburtstag des Meisters: „Mittelpunkt und geistiger Quell seiner Kunst blieb die freie Malerei. Themen dieser Bilder waren die frühen Erlebnisse auf dem Lande in seiner südungarischen Heimat, das Erlebnis der Gemeinschaft von Mensch, Tier und Pflanze. Jedoch handelte es sich für ihn nicht um Abbilder der erlebten Wirklichkeit, sondern um Sinnbilder eines in harmonischer Gemeinschaft gelebten Daseins." (S. 144)

Im Lübecker Ausstellungs-Katalog von 1988/89 schreibt Dr. Jenns E. Howoldt: „Bossanyi gehörte der Künstlergeneration an, die die moderne ungarische Malerei des 20. Jahrhunderts begründete ... Der Aufbruch verlief auf zwei Wegen. Den einen repräsentierte die Freilichtmalerei, die in der 1896 entstandenen Schule von Nagybanya zu einem ungarischen Impressionismus fand. Den anderen bildete ein mit Jugendstilelementen durchsetzter Neoprimitivismus, der die ländliche primitive Kunst und Handfertigkeit der Vergangenheit und, soweit noch vorhanden, der Gegenwart zum Vorbild erhob. Hier entwikkelte sich eine dekorativ-romantische Formensprache und eine expressive Farbigkeit, Merkmale, die auch Bossanyis Kunst prägten". (S.5)

Schon 1925 schrieb M.K. Rohe im „Kreis" (S.35): „Bossanyis malerische Welt ist schöpferisch, in sich organisch gesehen, und selbst das Übersinnliche gelangt in ihr zu voller sinnlicher Wirkung. Das Naturgegebene steigt in ein höheres Dasein empor". 1931 führte Heinrich Ehl im „Kreis" aus: „Das Erstaunliche an der reichen Tradition Bossanyis: sie belastet nicht, sie erweckt ... Sein ganzes Werk ist durchtränkt von uraltem Erbgut und Erberinnern künstlerischer Form und zugleich schlagend durch die Zeitzugewandtheit seiner Auffassung (S. 136/137). Bossanyis werkkünstlerische Ziele und Absichten kennen auch technisch keine Lüge." (S.139)

Ein Jahr nach seiner Emigration wird anläßlich der erwähnten Ausstellung 1935 in der Londoner Beaux Arts Gallery im „Apollo 2" das künstlerische Werk des gerade Eingewanderten ausführlich beschrieben und von seiner unvergleichlichen Klangfülle gesprochen. Im „Allgemeinen Künstler-Lexikon" von 1996, Band 13, ist von E. Bajkay eine ausführliche Spalte Bossanyis Lebenslauf gewidmet mit einer Aufzählung seiner wichtigsten Glasfenster, öffentlichen Werke und Ausstellungen. Bajkay urteilt: „Sein zum Monumentalen strebender dekorativer Stil steht dem Art Déco nahe."

Im Ashmolean Museum Oxford erschien anläßlich der Bossanyi-Ausstellung vom 15. September bis 28. Oktober 1979, vier Jahre nach seinem Tod, ein umfangreicher Katalog, herausgegeben von G.L. Taylor, worin Bossanyis Biograph Geoffrey Fouquet in englischer Sprache die vita des Künstlers schrieb.

Er sagte: „Bossanyis zentrale Philosophie lautete: Der Mensch muß in Harmonie mit der Natur leben." Und: „Er wurde der berühmteste und gesuchteste Glasfensterkünstler in Norddeutschland." (Prospekt S.7) Das bezieht sich primär auf seine Lübecker und Hamburger Jahre. Fouquet stellt seine Werke neben die Schöpfungen in den mittelalterlichen Kathedralen.

Ervin Bossanyi und sein künstlerisches Lebenswerk zeigen uns, welchen bedeutenden Beitrag das Judentum in ganz Europa zur abendländischen Kultur geleistet hat, auch im Raum Holstein und Segeberg. Dieser ungarische Jude hat in der Kreisstadt künstlerische Spuren hinterlassen, die wir nur unvollständig nachzeichnen können. Seine Lübecker und Hamburger Jahre von 1919 bis 1934 waren eng mit Bad Segeberg verknüpft. Daß nicht in einer europäischen Metropole, sondern in einer kleinen Provinzstadt auf dem Lande die Werke eines schon damals weltbekannten Künstlers ausgestellt wurden, ist ungewöhnlich. Zwischen 1925 und 1930 kamen aus dem frisch gekürten „Bad" vier schon erwähnte öffentliche Aufträge, vermutlich eingefädelt vom Ex-Bürgermeister Wilhelm Kuhr (bis 1923 im Amt).

In Segebergs Nachbarschaft gab es, abgesehen von Lübeck, weitere Kunstwerke des Meisters, vor allem Buntfenster in öffentlichen Gebäuden und Schulen. In einer Kirche in Bad Oldesloe waren seit 1928 vier Buntglasfenster von ihm vorhanden bis in die 50er Jahre hinein. Sie sind beim Unbau herausgenommen worden und 1999 wieder aufgetaucht. Die Friedrich Ebert-Schule in Uetersen sowie mehrere Hamburger Schulen haben keramische und Buntglaswerke des Ungarn. Sie sind bisher nirgendwo verzeichnet oder abgebildet worden – die Uetersener erstmals in diesem Band.

Jeder Künstler muß von seinem Schaffen leben und seine Familie unterhalten. So gingen viele Gemälde und Skulpturen, Textilkunst, Gebrauchsgraphik, Lampen u.ä. durch Verkauf in Privathand über. Bossanyi wirkte im Großraum Norddeutschland bis 1934. Seine Spuren sind nach wie vor zu finden. Die umfangreiche, für diesen Beitrag verwendete Literatur ist im J.B. 1997 verzeichnet und wird hier nicht wiederholt.

17. Zeitzeugen erinnern sich

Ich lasse Segeberger zu Wort kommen, die in den 20er, 30er und 40er Jahren hier gelebt haben. Ich selbst bin unter ihnen, wenngleich ich 1940 mit 17 Jahren Soldat geworden bin, also von da an nur noch selten im Urlaub zu Hause war. Die Erinnerungen der anderen haben wir zum Teil in unserem Mitteilungsblatt *SCHALOM* festgehalten. Auch Zeitzeugen von außerhalb, die unser

Verein seit 1986 zu Vortragsabenden eingeladen hat, lebten länger in unserer Stadt, bei Verwandten oder zur Erholungskur im jüdischen Kinderheim in der Bismarckallee.

Vom 12. bis 15. August 1993 hatten wir auf Anregung von Bürgermeister Jörg Nehter ehemalige *Ferienkinder des Sidonie Werner-Heimes* zu Gast. Mit Anzeigen in aller Welt haben wir sie gesucht: in New York, Washington, Toronto, London, Jerusalem, Wien, Paris, Hamburg, Frankfurt. Über dreißig hatten sich gemeldet, auch wenn sie gebrechlich und nicht mehr reisefähig waren. Man mache sich klar: ein Zehnjähriger war 1920 in Segeberg zur Erholung. Er war 1993 schon 83 Jahre alt. Es kam einem kleinen Wunder nahe, daß unsere Einladung von etlichen angenommen wurde. Wir besichtigten mit der Besuchergruppe u.a. das Haus Bismarckallee 5, heute Flath-Haus. Im ersten Stock betraten wir eines der Zimmer, die alle aufgrund meiner Bitte unverschlossen geblieben waren. Plötzlich blieb eine fast 90jährige Dame wie angewurzelt stehen, streckte Arm und Zeigefinger aus und sagte: „Da stand mein Bett!" – über sieben Jahrzehnte später.

Die erste Stimme soll eine plattdeutsche sein. *Hilda Kühl* aus Segeberg schrieb „Leo Baruch sien Wiehnachsmann" (*SCHALOM* 2/97):

„Bi uns to Huus weer nie een Wiehnachsmann, wi wahnen rech een beeten wat weg vun de Mitt. Kreeg so'n Mann denn villicht möde Fööt un much nich so wiet lopen? Wenn de Wiehnachsmann denn nich bi uns keem, denn güngen wi nah em. Jeedeen Johr dat sülwig: Mama, wannehr kümmt de Wiehnachsmann? Wiehnachenavend, sä de. Aver denn dor meenen wi doch nich. Wi wulln unsen eegen Wiehnachsmann, un de keem all veel vörher. Wo dat angahn kunn? Na, de stünn merrn in uns Stadt un achter Glas. Un denn heeß dat: Ja, he is all dor! In dat groote Finster vunt Koophuus. Nu geev dat keen Holen mehr, wi müssen los. Un dor stünn he. Överlang. Grötter noch as Vadder mit sien Gardemaat. Roden Mantel, Ruut ünnern Arm, rode Mütz mit'n witten Rand un Fell. En langen witten Boort, ünner de Näs noch'n witte Wattebuschen. He stünn still un röög sick nich. Dat hett uns nich stöört. So un nich anners säh he ut, so'n Wiehnachsmann.

Wi Kinner ut de Nahkriegs- un Inflationstieden harrn dat lehrt, sick mit wat to trösten. Liekers käm dor wat op uns to, dor wörrn wi nich so eenfach mit trech. So en trurig Geschich, de speel sick meist vör uns Oogen aff. Un se harr recht'n beeten wat mit dat Koophuus, un, ja, ok mit unsen Wiehnachsmann to kriegen: De keem miteens nich mehr! Ohneeokdoch! Leo Baruchs un ehr feinen Deerns! De Kooplüüd weern vun eenen Dag op den annern Dag verswunnen. ‚Affhaalt', as de Lüüd so seggen. Ahnt een al wat? De Naam, de seggt dat wull. Ick sülven mutt so sößtein, sümtein Johr old west ween. Begriepen kunn ick sowat nich. Un – wat is ut den Wiehnachsmann vun den Juden Leo Baruch worrn? Weer de ok vun verkehrte Rass? Hebbt se den ook wegsleppt, dor in dat Johr 1938?"

Martin Levy, Sohn von Adolf Levy (Kurhausstraße 9) schrieb am 14. Februar 1947 aus Shanghai den folgenden Brief an Konrad Harder, Schlachtermeister in Bad Segeberg (*SCHALOM* 5/97, S.3): „Die Freude war groß, als der Postbote mir Euren lieben Brief vom 8. Dezember überbrachte. Ihr glaubt gar nicht, wie sehr ich mich gefreut habe, von Euch, meine Lieben, nach neun Jahren ein Lebenszeichen zu erhalten. Vor allem habe ich aus Eurem Brief ersehen, daß es Euch gesundheitlich gut geht und Ihr alles gut überstanden habt. Mir persönlich geht es sehr gut (sieben Jahre später starb er, F.G.). Nur leider habe ich durch den Krieg viel gelitten, denn in unsere Familie ist ein großes Loch gerissen worden: zwei Brüder und zwei Schwestern, Schwager, Neffen, Nichten mußten leider durch die Nazi-Regierung ihr Leben lassen. Nicht allein in meiner Familie müssen wir so viele Tote beklagen, sondern sechs Millionen Juden mußten ihr Leben lassen für einen Menschen, der die ganze Welt regieren wollte. Jetzt schreit die Welt, wo es zu spät ist. Gott hat die Welt für alle geschaffen. Dieser Gott hat dafür gesorgt, daß die Bäume nicht in den Himmel wachsen. Ich darf nicht zurückdenken an diese Zeiten. Ihr wißt es selbst und habt mit uns gefühlt, welchen Schmerz wir Juden durchgemacht haben.

Shanghai ist eine Millionenstadt, und es leben in ihr fast nur Chinesen. Es wird hier chinesisch und englisch gesprochen. Von den Emigranten, die im Jahre 1939 eingewandert sind, sind in diesem Jahr fast 30 Prozent zurück in ihre Heimat gewandert oder zu ihren Lieben in andere Länder, Amerika, Brasilien, Australien etc. Ich selbst bin heute 47 Jahre, bin der englischen Sprache nicht mächtig und möchte gerne zurück in meine Heimatstadt. Ich habe mich diesbezüglich mit Jean Labowsky (damals Stadt-Direktor, einziger überlebender Jude aus der Segeberger Gemeinde) in Verbindung gesetzt und warte jetzt täglich auf die Einreise- und Wohnungsgenehmigung (sie ist nicht erteilt worden, F.G.). Nun, lieber Konrad, sollte es mich freuen, wenn Du mit Jean nochmals sprechen würdest. Ich weiß, Ihr würdet Euch sehr freuen, wenn ich spätestens Ende April, Anfang Mai dort landen würde (es wurde nichts daraus, F.G.). Selbstverständlich würde

Max Erwin, Enkel von Adolf Levy, 1986 in Segeberg

ich auch einige Liebesgaben mitbringen, denn ich lese die Zeitung und weiß, wie es drüben bestellt ist. Leider ist es mir unmöglich, jetzt an Euch, so gern ich es möchte, ein Paket zu schicken. Was Lebensmittel, Kleider, Schuhzeug anbelangt, das gibt es hier alles in Hülle und Fülle, wie in Friedenszeiten. Diesbezüglich leiden wir Gottseidank keine Not. Es sind hier sehr viele Hamburger und Leute aus ganz Deutschland und Österreich vertreten. Meine Familie, soweit sie noch am Leben ist, ist in alle Winde zerstreut. Die Mutter ist jetzt bei meiner Schwester Toni, die mit Leo Levy verheiratet ist, der das Produktengeschäft hatte,

18.9.2000: Gerda Hoffer aus Jerusalem in Bad Segeberg bei einem Vortrag

in Kanada. Mutter wird jetzt 82 Jahre. Meine Schwester Erna lebt in Holland, die demnächst nach Bolivien fährt. Mein ältester Bruder und mein jüngster Bruder sind leider vergast. Meine Frau und mein Kind hat man ebenfalls in die Gaskammer geschickt, mit meinen Neffen und meiner Nichte. Mein Bruder, der nach mir kommt, lebt mit meiner Schwester in New York. Ich wollte, Ihr hättet so viel Vieh zum Schlachten wie hier: täglich werden 4.000 Rinder, 5.- 6.000 Schweine, Kälber und Schafe geschlachtet. Unser Schlachthaus ist dreimal so groß wie in Hamburg. Mit herzlichsten Grüßen Euer alter Freund Martin"

Friederike Levy, geb. Frank, Ludwigs Witwe, die sich am 9. Juni 1939 in ihrem Haus Hamburger Straße 17 auf dem Dachboden erhängte, hinterließ Abschiedsbriefe, die im Segeberger Stadtarchiv ruhen (*SCHALOM* 6/97, S.3; J.B. 1998, S. 107/08) und hier wiedergegeben werden:

„An die hochwohllöbliche Polizeibehörde! Da durch Beschluß der Regierung mir meine drei Häuser um einen Spottpreis genommen, meine dafür abgemachte Rente von 1.000,- RM jährlich gestrichen und mir nur eine einmalige Abfindungssumme von 500,- RM dafür zugebilligt wurde, sehe ich mich aller Existenzmittel beraubt, nachdem auch der Schurke Behrens, dem mein Mann, als er ein stellungsloser Buchhalter war, eine glänzende Existenz gesichert hat, und aus Dankbarkeit dafür mich aus Geldgier aus meinen Häusern treiben will, um sich billig in den Besitz der Grundstücke zu setzen, sich unter Assistenz seines Rechtsanwalt Johann August von Rehn, der vor drei Jahren den Kontrakt für mein Mann gemacht und den er jetzt selbst anficht, und um sicher zu gehen, die Hilfe der Partei, die heutige Judennot ausnutzend, in Anspruch nimmt. Diese Gründe veranlassen mich, um Niemand zur Last zu fallen, zum Selbstmord zu schreiten.

Ich trete nun mit der höflichen Bitte an Sie heran, dafür zu sorgen, daß ich, da ich beabsichtige, mich auf dem Hausboden von Haus 17 zu erhängen, daß ich heruntergenommen werde und daß ich so bald wie möglich zur Letzten Ruhe bei meinem Mann kommen werde. Als Arzt bitte ich Herrn Dr. Gleiss hinzuzuziehen. Ferner bitte ich Sie recht sehr, meine (Zugeh-, F.G.) Frau Alwine so schonend wie möglich von der Tatsache in Kenntnis zu setzen, da selbige keine Ahnung von dem 'Geschehenen' hat. Mit vorzüglicher Hochachtung Friederike Levy geb. Frank".

„Liebe Alwine bringen Sie sofort die Briefe fort. Zur Post und geben Sie zuerst an Behrens, am liebsten sehe ich, daß er ihn selbst erhält. Ich mußte früh fort. Dann bringen Sie den Brief nach dem Rathaus und warten auf Antwort. Den Brief an Jebe stecken Sie man unten bei ihm in den Briefkasten. Das wäre alles, und das Paket müssen Sie zur Post bringen."

Elfriede Tertel, geb. Niemann, erzählt aus dem Jüdischen Kinderheim Segeberg im Jahr 1934:

„Im Frühling dieses Jahres fragte mich Frau Katzenstein, Hamburg, ob ich im Kinderheim Segeberg als Kinderpflegerin arbeiten wollte. Natürlich wollte ich. Am nächsten Tag fuhr ich von Hamburg-Ochsenzoll mit dem Bus nach Segeberg. Alles war neu für mich. Ich wohnte im Haus Bismarckallee 21 oben unterm Dach, welches hübsch ausgebaut war. Unten waren die Wirtschaftsräume, im Hochparterre die Eßräume und das Arbeitszimmer der Oberin Friedel Rosin, im ersten Stock dann die Schlafräume und das Wohn-Schlafzimmer der Oberin.

Schnell habe ich mich eingelebt, alle waren freundlich und hilfsbereit. Die Oberin hat jeden Tag mit uns, den „Tanten", in der Veranda gefrühstückt, es herrschte mit allen ein liebevoller, freundlicher Ton. Frau Oberin kümmerte sich um die Verpflegung, die war einmalig gut und reichlich. Alle vier Wochen wechselten die Kinder, da gab es viel Arbeit, Koffer packen und die neuen auspacken, alles genau nach Vorschrift. Zum Programm einer Gruppe gehörte eine Wanderung um den Großen See mit Blockwagen für das Picknick, ein Weg zum Ihlsee und ein Ausflug zum Kalkberg. Alle wollten Segeberg von oben überschauen können. Da ich eine größere Gruppe hatte, machte es mir wie den Kindern viel Freude und Spaß. So verging ein wunderschöner Sommer, ich habe ihn nie vergessen, weil alles nur schön und gut war. Der Gedanke an die Kinder ist mir bis heute eine unsagbar schmerzliche Erinnerung."

Lore Schramm aus Bendesdorf schrieb im *SCHALOM* 4/98, Seite 6:

„Bei meinem Besuch im Seniorenheim ,Haus Berlin' in Neumünster in den Jahren 1982/83 traf ich oft auf Ernst Biberstein alias Szymanowski, der in diesem Haus lebte. Er war bei den Mitbewohnern des Hauses wegen seiner

Höflichkeit und Hilfsbereitschaft äußerst beliebt. Damals erfuhr ich, daß er in seiner Eigenschaft als Propst in Segeberg Mitte der dreißiger Jahre von einer Segeberger Familie zur Haustaufe des Sohnes gebeten wurde. Die dafür bereitgelegte Bibel hätte er mit den Worten auf den Boden geschleudert: „Die brauchen wir jetzt nicht mehr!" Ich war seinerzeit erstaunt, als ich von diesem Vorfall hörte, denn eine derart scharfe Reaktion schien nicht zu dem Ernst Biberstein zu passen, den ich ca. fünfzig Jahre später als milden und liebenswürdigen alten Herrn kennenlernte.

Mit großem Abscheu las ich jetzt im *SCHALOM*, daß Biberstein an der Vernichtung tausender Juden beteiligt war und zu den Spitzen des NS-Regimes engen Kontakt hatte. Es ist für mich völlig unfaßbar, daß ein Mensch, in jungen Jahren Christ, im Alter christliche Nächstenliebe praktizierend, in der Mitte seines Lebens dazu fähig war, unzählige jüdische Menschen in den Tod zu schicken. Es ist echter Hohn, wenn sich Ernst Biberstein gegen Ende seines Lebens als Text an seinem Grab das Gleichnis vom verlorenen Sohn wünschte."

Magda Lienau, geb. Voss, aus Grönwohld sandte uns 1988 zu Dokumentationszwecken ein Spottgedicht über den Kleinwarenhändler Moritz Steinhof, Lübecker Straße 12:

Moritz hat Töpfe, Kleider und Schuh,
macht abends um sieben die Türe zu.
Willst du noch was kaufen, geh hinten rein,
Moritz bedient seine Kunden recht fein.

Georg Friedrich Landsmann aus Segeberg (er starb 1999) erinnerte sich an folgendes Gedicht, das in der Stadt kursierte:

Neben Café Stämmler
in der Kieler Straat
wohnt der Jude Goldschmidt, Judenpensionat.
Drinnen sitzen Juden
rund und fett und breit,
lesen in der Bibel
von Moses' Heiligkeit.

Lina Rickert, Annemarie von Thun und *Herta Drews* haben am 12. März 1987 drei inhaltlich gleiche Erklärungen zur Reichspogromnacht vom 9./10. November 1938 im Segeberger Stadtarchiv hinterlegt. Die Initiatorin Lina Rickert war Privatsekretärin des NSDAP-Kreisleiters Werner Stiehr, den sie uneingeschränkt bewunderte, wie ich aus mehreren Briefwechseln und Gesprächen mit ihr weiß. Sein Büro war im „Braunen Haus", Lübecker Straße 7, sie wohnte daneben, Lübecker Straße 5, gegenüber der Synagoge, die zwei anderen

Frauen neben dem Gotteshaus. Alle drei behaupteten nun, den Juden und deren Bethaus sei damals nichts passiert. Dem stehen drei schriftliche Zeugnisse von Segebergern gegenüber, unter ihnen mein eigenes: *Kurt Quaatz,* An der Trave 47 (inzwischen verstorben), erklärte schriftlich am 12. Oktober 1988, hinterlegt im Stadtarchiv:

„Als gebürtiger Segeberger habe ich die Zeit um den 9./10. November 1938 in Bad Segeberg erlebt und in guter Erinnerung. Am Morgen des 10. November habe ich gesehen, daß die Außenwände der Segeberger Synagoge mit Judenstern, SS-Runenzeichen, Hakenkreuzen und ‚Juden raus!' beschmiert waren. Das gleiche war am jüdischen Geschäft Leo Baruch (direkt daneben) zu sehen. Außerdem kann ich berichten, daß ich von der Marienkirche aus gesehen habe, daß auf dem Marktplatz (damals ‚Adolf-Hitler-Platz') im Mai 1933 Bücher von SA-Leuten verbrannt wurden." (Vgl. Foto S. 15.)

Heinz Wilken erklärte ebenfalls schriftlich (hinterlegt im Stadtarchiv):

„Ich bin 1924 in Bad Segeberg geboren und kann mich sehr gut erinnern, daß 1934 und später jüdische Geschäfte sowie die Synagoge mit Hakenkreuzen und antijüdischen Schriften beschmiert waren. Diese meine Erinnerung ist mir gegenwärtig, weil mein Vater auch verfolgt wurde und ich als neunjähriger Junge etliche Hausdurchsuchungen miterleben mußte. Die Hetze gegen die Juden setzte sich dann in der Schule fort."

Friedrich Gleiss:

„Ich bin 1923 in Bad Segeberg geboren. Am 10. November 1938 vormittags war ich auf dem Weg durch die Kirchstraße in die Lübeckerstraße. Entsetzt sah ich , daß beide großen Schaufensterscheiben von Leo Baruchs Kaufhaus Kirchstraße 1-3 zertrümmert und die Waren und Textilien auf die Straße geworfen waren. Ein SA-Trupp von außerhalb, zu dem der Segeberger *Heinz Wulf* gehörte, war von der Rennkoppel an der Eutiner Straße gekommen und am Marktplatz mit dem Befehl losgeschickt worden, die Synagoge anzuzünden. Heinz Wulf wollte das nicht mitmachen und meldete sich ab! Die Männer entzündeten ein erstes Feuer im Abortgebäude hinter dem Haus, brachen dann in die Synagoge ein und legten oben im Versammlungsraum Feuer. Wenige Minuten später kam der SS-Mann und Glasermeister Richard Karck und schrie: ‚Sofort löschen! Ihr seid wohl wahnsinnig geworden – wenn sie niederbrennt, wird die ganze Altstadt vernichtet!' So wurde die Synagoge ‚nur' geschändet."

Viele andere Segeberger bezeugen, daß die Aussagen der drei genannten Damen unwahr sind.

18. Torsten Mußdorf: Das Wiederauftauchen der jüdischen Gemeindeakten

Die Erforschung der jüdischen Geschichte Schleswig-Holsteins lag lange Zeit im argen, und die Situation hat sich bislang nur wenig gebessert. Allein eine Handvoll engagierter Menschen hat sich, meist aus eigener Initiative, den untergegangenen jüdischen Gemeinden in unserem Land gewidmet. Bei dieser ebenso notwendigen wie schwierigen Aufgabe wurde besonders in Bad Segeberg allerlei Unterstützung gewährt, aber es traten auch Widerstände auf oder Unmut machte sich breit. Doch jüdisches Leben in Schleswig-Holstein und die vollständige Verdrängung der Juden während der nationalsozialistischen Herrschaft 1933-45 ist ein Teil unserer Geschichte.

Das Lüneburger Urkundenbuch erwähnt für das Jahr 1371 zum erstenmal eine jüdische Einrichtung, einen „Joden-Kerkhove" für Schleswig-Holstein. Nach dem Ende der NS-Herrschaft 1945 gab es, von Lübeck abgesehen, keine jüdische Gemeinde mehr in unserem Lande, das jüdische Leben war erloschen. Zwischen diesen beiden Eckdaten erstreckt sich die Geschichte blühender jüdischer Gemeinden. Mehrere Jahrhunderte lang prägten die schleswig-holsteinischen Juden das Bild unserer Städte mit, bauten Synagogen, legten Friedhöfe an oder betrieben Geschäfte. Dabei bewahrten sie ihre Religion und ihre Kultur

Vereinsstand auf dem Kulturtag am 6. Juni 2001

in einer meist feindlich gesinnten Umgebung. Nur langsam setzten sich die Ideen der Aufklärung und des Humanismus und die freiheitlichen Gedanken der französischen Revolution in den Herzogtümern Schleswig und Holstein durch. In Schleswig erlangten die Juden 1854 die bürgerliche Gleichberechtigung, in Holstein – als letztem Staat des deutschen Bundes und des Kontinents – erst 1863. Damit waren antisemitisches Gedankengut und gesellschaftliche oder religiöse Vorbehalte gegen Juden aber keineswegs ausgeräumt. Diese Vorbehalte traten immer wieder zutage und lieferten die Basis, auf der die antisemitische Ideologie des Nationalsozialismus aufbauen konnte – in Hamburg und Berlin genauso wie in Bad Segeberg oder Neumünster. Auch heute noch sind judenfeindliche Strömungen aktiv.

Nur, wer sich mit der Vergangenheit befaßt, kann die Gegenwart verstehen und Fehler der Geschichte nicht aus Unwissenheit wiederholen. Die jüdische Gemeinde Segeberg ist inzwischen gut dokumentiert, doch immer wieder tauchen neue Informationen auf, wichtige Hinweise und unbekannte Schriftstükke. Als besonders wertvoll erwies sich die Wiederentdeckung der jüdischen Gemeindeakten Segebergs in dem kleinen Städtchen Coswig in Sachsen-Anhalt. Aus diesen Unterlagen läßt sich das Gemeindeleben bis ins Detail hinein verfolgen, und schließlich entsteht daraus ein abgerundetes Bild der jüdischen Geschichte Bad Segebergs.

Ein kurzer Aufsatz kann nicht zwei Jahrhunderte jüdischer Geschichte wiedergeben, und so wird sich dieser Text auf einige Teilbereiche beschränken: Jüdische Sozialfürsorge am Beispiel der „Sterbegilde", die Geschichte des Jüdischen Friedhofs und der Synagoge und das Verhältnis der Segeberger Juden zu den Israeliten aus Neumünster (weiterführend siehe: Kieler Werkstücke Reihe A: Mußdorf, Torsten, Die Verdrängung jüdischen Lebens in Bad Segeberg im Zuge der Gleichschaltung 1933-1939, Frankfurt 1992). Um für die einzelnen Kapitel ein geschlossenes Bild zu erhalten, wurde nicht nur auf die wiederentdeckten Gemeindeakten zurückgegriffen (siehe Literaturliste im J.B. 1991), aber sie stehen im Vordergrund. Zunächst muß jedoch erklärt werden, wie sie aus Bad Segeberg nach Coswig gekommen sind.

Der Weg der Akten 1936 bis 1990

Gut drei Jahre nach Hitlers Machtübernahme vom 30. Januar 1933 forderte der „Preußische Landesverband jüdischer Gemeinden" seine Mitgliedskörperschaften dazu auf, alle ihre Akten dem „Gesamtarchiv der Juden in Deutschland" mit Sitz in Berlin zu überstellen. Die jüdischen Gemeinden lösten sich unter der Bedrückung bereits auf, und man wollte wenigstens die schriftliche Überlieferung retten. Acht Monate nach diesem Aufruf starb der Vorsteher der jüdischen Gemeinde Segeberg, Ludwig Levy. Ob er die 28 Aktenordner kurz vor seinem Tode oder erst sein Nachfolger Lede Meier nach Berlin gesandt hat, ist unbekannt. Zu vermuten ist das Letztere, denn Levy war ein Jahr vor seinem Tod nach Hamburg ausgewichen. Da die Akten aber nur Vorgänge bis 1936 verzeichnen, können sie nicht allzu lange nach Ludwig Levys Tod in Segeberg verblieben sein.

Vermutlich wurden die Akten nur als Leihgabe, als Depositum, nach Berlin gegeben, um sie zurückzufordern, sobald glücklichere Zeiten ein Wiederaufblühen der jüdischen Gemeinde erlauben würden. Dieses Glück war den Juden nirgendwo beschieden. 1941 wurde das „Gesamtarchiv" als Abteilung für jüdische Personenstandsregister in das Reichssippenamt eingegliedert. Die Personenstandsunterlagen verblieben dort, die historischen Bestände – und dazu gehören auch die Segeberger Akten – gelangten 1944 an das „Preußische Geheime Staatsarchiv" und schließlich in Auslagerungsorte bei Schönebeck. Nach der deutschen Kapitulation im Mai 1945 übergab die sowjetische Militäradministration des Landes Sachsen-Anhalt die Bestände an den Vorläufer der „Historischen Abteilung II" des „Deutschen Zentralarchivs" in Merseburg. Dort wurde eine sehr summarische Erschließung des Archivmaterials durch den Kantor der jüdischen Gemeinde Leipzig vorgenommen. Er war wohl der Erste, der seit 1936 wieder einen Blick in die Akten der jüdischen Gemeinde Segeberg warf.

1950 kehrten die Akten nach Berlin zurück und kamen an den „Landesverband der jüdischen Gemeinden in der DDR" mit Sitz in Ost-Berlin. Einige Archivalien, aber keine aus Bad Segeberg, gelangten noch im selben Jahr an den neu gegründeten Staat Israel. Diese Akten befinden sich heute in Jerusalem (Yad Vashem). Der genannte Landesverband der jüdischen Gemeinden sah sich allerdings außerstande, die in Berlin verbliebenen, in ihrer Substanzerhaltung äußerst gefährdeten Akten, dazu gehörten auch die Segeberger, sachgerecht zu verwahren. So erhielt sie das Deutsche Zentralarchiv erneut zur Aufbewahrung. Hier wurden die Bestände z.T. Anfang der 60er Jahre und in grossem Umfang 1988 erschlossen. Die Segeberger Akten erfuhren erst 1988 eine Archivbetreuung, und erst im August 1990 erfolgte die Foliierung (Blattnumerierung) der Aktenstücke. Inzwischen waren sie auf Veranlassung des „Zentralen Staatsarchivs Potsdam" (ZSAP) nach Coswig in Sachsen-Anhalt ausgelagert worden, und dort befinden sie sich bis heute. Nach der Auflösung der DDR werden die Akten nun vom „Bundesarchiv, Abteilung Potsdam" betreut. Hinter diesem Begriff verbirgt sich das ehemalige Zentrale Staatsarchiv Potsdam. Um das Bundesarchiv in Koblenz (BAK) und das Bundesarchiv, Abt.

Ehemaliges Bachmeier-Institut (Marienstr. 37) für 30 sprachgeschädigte Mäd-
chen, heute JAW. Vorm Haus steht eine Gedenktafel des „Vereins zum Schutz des
jüdischen Friedhofs" (vgl. S. 174)

Potsdam, besser voneinander zu unterscheiden, wird hier für letzteres die alte
Abkürzung „ZSAP" benutzt.

Mehr als fünfzig Jahre lang sind die Segeberger Akten herumgereicht, verla-
gert, schließlich vergessen und dann erneut entdeckt worden. Daß es dennoch
relativ leicht war, sie wiederzufinden, ist zwei Umständen zu verdanken:

1. Die Segeberger Akten sind stets bei dem Hauptkontingent der Akten aus
dem „Gesamtarchiv der Juden in Deutschland" verblieben und haben keinen
Sonderweg genommen, sind nicht nach Jerusalem verbracht worden und auch
nicht, wie manche Bestände anderer jüdischer Gemeinden, zerfallen und ver-
rottet, weil sie zufällig vielleicht etwas feuchter lagerten.

2. Die „Stiftung Neue Synagoge Berlin – Centrum Judaicum" hatte über all
die Jahre hinweg den Überblick über den Verbleib der Akten bewahrt und
konnte so den entscheidenden Hinweis auf den Lagerort Coswig geben. Alle
28 Aktenbände sind vollständig und befinden sich in einem guten Zustand.

Es bleibt zu hoffen, daß die Akten, oder wenigstens Kopien von ihnen, bald
wieder in ihre Heimat zurückkehren: Nach Bad Segeberg.

Die Chewra Kadisha*

E ine Chewra Kadisha (Heiliger Verband) besteht in jeder jüdischen Gemeinde. Die meist ehrenamtliche Vereinigung dient dazu, in Not geratene Gemeindemitglieder zu unterstützen. Besonders in Krankheits- und Todesfällen, aber auch bei Bestattungen hilft die Chewra Kadisha, wenn die Betroffenen oder Angehörigen die entstehenden Kosten selbst nicht tragen können. Daher wird die Chewra Kadisha auch Beerdigungsbruderschaft oder Sterbegilde genannt, zumal ihr neben der Armenpflege meist auch die Verwaltung des Friedhofs obliegt. Die früheste Erwähnung einer Sterbegilde stammt aus dem 14. Jahrhundert. In Spanien war die Chewra Kadisha oft die Urzelle einer jüdischen Gemeinde und so auch in Segeberg. Lange vor der Einweihung der Segeberger Synagoge im Jahre 1842 gründeten Segeberger und Gieschenhagener Juden den „Männer-, Kranken und Beerdigungsverein". Das war im Jahre 1793. Bis zu diesem Zeitpunkt hatten erst sechs Juden mit ihren Familien in der Kalkbergstadt das Bürgerrecht erhalten: Bendix Siemon 1744, Levin Heydelbrun 1744, Levin Joel Wessel 1755, Jonas a Bendix 1784, Juda Bendix 1786 und Salomon Levin Heydelbrunn 1786. Diese Zahl reichte bei weitem nicht aus, um nach Talmud-Vorschrift für den Gottesdienst zehn religionsmündige Gläubige, das sogenannte Minyan, zusammenzubekommen. Nur gemeinsam mit den Juden aus Gieschenhagen konnten die Segeberger Israeliten am Sabbat Gottesdienst feiern und aus den fünf Büchern Moses lesen. Seit 1756 spätestens fanden religiöse Feste und Gottesdienste in der Lübecker Straße 84 (heute Nr. 2) statt, denn für dieses Jahr wird das Gebäude in einem Brandregister als „Judenkirche" bezeichnet. (Mitteilung von H. Helling)

Von einer jüdischen Gemeinde konnte aber noch nicht gesprochen werden. Erst das Jahr 1793 brachte eine Veränderung. Die Segeberger Chewra Kadisha entstand und schuf die Basis für eine Gemeindegründung. Noch im selben Jahr erwarben die hiesigen Juden ein Grundstück an der Kurhausstraße/Eutiner Straße. Schon ein Jahr zuvor hatten sie bei der deutschen Kanzlei in Kopenhagen für ein anderes Grundstück den Antrag gestellt, einen jüdischen Begräbnisplatz errichten zu dürfen. Diesem Antrag war entsprochen worden. 1793 bat nun der Gieschenhagener Jude und Knopfmacher Moses Moses mit Erfolg darum, daß die erteilte Friedhofskonzession auf das neu erworbene Grundstück übertragen werde. Den Kaufvertrag für dieses Grundstück hatte Moses Moses als Vorsteher der Gemeinde unterzeichnet, und so läßt sich zusammen-

---

*Schreibweise und der Wortlaut der Übersetzung dieses grundlegenden Begriffs weichen in verschiedenen Quellen voneinander ab.

fassen: 1793 gründeten die Juden aus Gieschenhagen und Segeberg eine Chewra Kadisha, gleichzeitig entstand die jüdische Gemeinde mit Moses Moses, Knopfmacher von Beruf, als erstem Gemeindevorsteher.

Der Kaufvertrag vom 2. Oktober 1793 lautete ungekürzt so:

„Kund und zu wissen sei hiemit, daß zwischen dem Bürger und Brauer Paul Hinrich Ehmose in der Stadt Segeberg als Käufer die, von den Erben des weiland Eingesessenen und Rademachers Johann Friedrich Sorgenfrei im Segebergischen Gieschenhagen veräußerten, von ihm auf öffentlicher Auction erstandenen, auf dem Schäferkamp belegenen Rugenbergs-Koppel von einem und dem Schutzjuden H. Moses Moses im traventhalischen Gieschenhagen für sich und als Vorsteher der Segebergischen und Gieschenhagener Juden Gemeinde zum anderen Theile, über die Hälfte gedachter Koppel nachstehender unwiderruflicher Kauf-Contract verabredet, errichtet und vollzogen worden und zwar folgendergestalt und also:

,Es verkauft und überläßt der H. Paul Ehmose die eine Hälfte der von ihm erstandenen sogenannten Rugenbergs-Koppel und zwar die Seite nach dem hiesigen Orte hin, mit dem darinnen belegenen Berge, indem er die andere Hälfte derselben, bereits seinem Schwager H. Christian Lütje im traventhalischen Gieschenhagen käuflich überlassen, an den H. Moses Moses, um und für die Summa von 500 Mk schreibe fünfhundert Marck neu schleswig-holsteinisches species Cour. Verkäufer verpflichtet sich, bei Verpfändung seiner gesammten, so wohl beweg- als unbeweglicher Haabe und Güter, obgedachte halbe Koppel cum perfinentus von aller An- und Zusprache quit und frey, auf Michaelis 1793 dem Käufer abzutreten auch bis dahin alle etwaige Onera davon abzuhalten. Dahingegen verbindet sich Käufer gleichfalls bey Verpfändung seiner gesammten so wohl beweg- als unbeweglicher Haabe und Güter obgedachtes Kauf-Geld der 500 Mark folgendergestalt zu entrichten und zwar: an Verkäufer beym Antritt auf Michaelis 300 Mk. Was aber den Rest der übrigen 200 Mk anlanget, so nimmt H. Käufer dieserwegen da der Vormund des von dem verstorbenen Rademachers Sorgenfrey hinterlassenen unmündigen Sohnes der Budener und Reifschläger Hans Jochen Jensen im Segebergischen Gieschenhagen, vermöge des mit dem jetzigen Verkäufer dieser Koppel wegen errichteten Kauf-Contracts 300 Mk als erstes Geld, darinnen stehen zu lassen sich verbindlich gemachet, über 200 Mk von diesem Capital eine Obligation an den Vormund des Sorgenfreyschen Sohnes auszustellen sich anheischig (macht). Was die Kosten dieses Kauf Contracts mit gestempelten Papier anlanget, so stehet H. Käufer solche allein. Urkundlich ist dieser Contract unter Begebung aller von dem Beykommenden etwa dagegen zu machenden Ausflüchte sie haben Nahmen wie sie immer wollen, kam in genere quam in specie. Sie mögen bereits

erdacht seyn oder erst künftig erdacht werden: insbesondere aber der bekannten Rechtsregel so da will daß eine allgemeine Verzicht nicht gelte, es wäre dann eine besondere vorhergegangen eigenständig untergeschrieben und da Käufer dem Verkäufer bereits auf Abschlag des Kauf-Geldes 300 Mk schreibe drey hundert Marck baar bezahlet hat: so wird erst nur von letzterem zugleich dieserwegen auf das bündigste quitiret. So geschehen Segeberger Haus- und Kirchspielvogtei den 2.th October 1793.

Paul Hinrich Ehmose   *Moses Moses*

in fidem P. Michmann'"

1853 lebten bereits 22 jüdische Familien und ein einzelner Jude in der Gemeinde. Langsam, aber kontinuierlich stieg ihre Zahl weiter – und damit auch die Zahl der Verstorbenen. Hatte man sie bis 1793 auf Pferdefuhrwerken in das entfernte Altona bringen müssen (das nähergelegene Lübeck schied als Bestattungsort aus, da es nicht wie Segeberg dem Jurisdiktionsbereich des Oberrabbiners von Altona unterstand), so erfolgten nach 1793 beinahe alle Bestattungen verstorbener Segeberger Juden auf dem Friedhof Kurhausstraße/ Eutiner Straße gegenüber der alten Lohmühle. Die erste heute noch nachweisbare Bestattung datiert auf das Jahr 1801, als der Gemeindevorsteher Eleasar Moses, Sohn des Josef Hesekiel, starb:

Er hat seine Hand den Armen gereicht,
seine Fürsorge galt den Verstorbenen,
er hat die Hungrigen ernährt,
er hat sich bei Vielen einen guten Namen erworben,
zur Erde entschlief sein Leib,
sein Lebensodem wurde im Garten Eden aufgenommen:
Der Gildebruder Eleasar Moses, Sohn von Josef Hesekiel, starb Sonntag,
5. Elul 561 (1801). Sein Andenken im Segen! (Übersetzung: F. Gleiss)

Ob vor 1801 bereits Bestattungen erfolgten, ist ungewiß, die Lage der einzelnen Gräber legt aber den Schluß nahe, daß zwischen 1793 und 1801 schon einige Beerdigungen stattgefunden haben könnten. Wie so oft, wurde auch bei Eleasar Moses seine Mitgliedschaft in der Sterbegilde auf dem Grabstein vermerkt. Spätestens in jenem Jahr trat die Sterbegilde zum ersten Mal in Erscheinung und erfüllte die Aufgaben, zu denen sich die Gildebrüder in ihrer Satzung verpflichtet hatten. Insgesamt 35 Paragraphen steckten das Aufgabenfeld des Segeberger „Männer-, Kranken- und Beerdigungsvereins" ab.

§ 1 Der Zweck des Vereins ist, die Mitglieder bei Gott bewahre Krankheits- oder Sterbefalle auf jede Art und Weise und soviel in dessen Kräften steht zu unterstützen.

§ 2 Sollte Gott bewahre ein Mitglied des Vereins erkranken, so daß er unfähig ist, seine täglichen Geschäfte zu versehen, so erhält er wöchentlich Geld aus der Kasse des Vereins. Diese Unterstützung wird ihm nach den ersten vier Tagen des Erkrankens ins Haus gebracht und so die folgenden Monate.

§ 3 Wenn Gott bewahre ein Mitglied des Vereins erkranken sollte und nach Einsicht des Vorstehers Wache nötig sei, so müssen die Mitglieder so lange als es die Vorsteher für notwendig halten, bei ihm wachen.

§ 4 Sollte jemand von den Mitgliedern sterben und die Begräbniskosten nicht aus eigenen Mitteln bestreiten können, so erhält er Hilfe vom Verein.

Darüberhinaus erhielten bedürftige Familien verstorbener Gildemitglieder (in der Praxis waren das fast alle) an den sieben Trauertagen eine Art Tagegeld, um wenigstens in der ersten Woche nach dem Todesfall den Hinterbliebenen eine finanzielle Absicherung zu gewähren (§ 5). Bei einem Obel (Trauernder) wurde morgens und abends Minyan gereicht, d.h. die Mitglieder der Sterbegilde leisteten Gebetsdienst für den Betroffenen, und sie versorgten ihn, denn er mußte sieben Tage im Haus bleiben (§ 6).

Die Paragraphen 7-17 beschäftigen sich mit den Pflichten der einzelnen Mitglieder. Nur wer mindestens 13 Jahre alt und nicht älter als 50 Jahre war, konnte Mitglied werden. Ab 13 Jahren wird ein Jude religionsmündig, mit 50 Jahren galt man 1862, dem Jahr, in dem die Satzung niedergeschrieben worden ist, als zu alt für die Verrichtung der nötigen Dienste. Auch wenn die Altersbe-schränkung in der Satzung festgelegt ist, hat man sich in Segeberg nur wenig daran gehalten. So war zum Beispiel einer der letzten Gildevorsteher, Leopold Baruch, bis zu seinem Tode 1930 mit 59 Jahren im Amt. Jedes Mitglied mußte ein Eintrittsgeld leisten, Beitrag bezahlen und bei Austritt eine Gebühr ent-richten (Ausnahme: Fortzug).

Die folgenden Bestimmungen (§§ 18-30) beschäftigen sich mit den Aufgaben und Pflichten des Vorstehers der Chewra Kadisha und dem Tätigkeitsbereich des Gildeboten. Letzterer sammelte mit einer messingnen Sammelbüchse bei Feiern (Beschneidung, Hochzeit) Geld, hielt Totenwache, bestimmte die Lei-chenträger und Begräbnishelfer, durfte dafür die Kleider einheimischer Ver-storbener an sich nehmen (sie werden in einem Totentuch bestattet) und erhielt außerdem für seine Tätigkeit eine Entlohnung.

Die letzten fünf Paragraphen enthalten verschiedene Bestimmungen, so etwa die Gebühren für auswärtige Juden,die in Segeberg erkrankten oder verstarben. Von besonderer Bedeutung ist § 31, der ein Beschwerderecht der Mitglieder gegen Gebühren vorsieht und gegebenenfalls eine Rückzahlung zuläßt. Ge-rechtigkeitssinn ist Juden seit jeher eigen. Auf diesen Paragraphen berief sich vermutlich der Segeberger Gildebruder Moritz Steinhof 1933, als er die Stadt verlassen wollte und bereits geleistete Beiträge, allerdings vergeblich, zurück-forderte. Ungewöhnlicherweise zahlte er aber noch seine Gemeindesteuer. Die Gildebrüder verrichteten die Hilfe unentgeltlich und freiwillig. Eine Chewra Kadisha ist meistens streng hierarchisch organisiert und hat normaler-weise nicht mehr als 18 Mitglieder. Das Zahlwort 18 ist gleichbedeutend mit Leben. Diese Wortidentität zeigt die Bedeutung der Gilde: Sie spendet Leben, nämlich für sozial Bedürftige. In Segeberg konnte offensichtlich jeder männli-che religionsmündige Jude im „Männer-, Kranken- und Beerdigungsverein" Mitglied werden, auch über die Zahl 18 hinaus. Diese Ausnahme erklärt sich aus der Satzung, denn nur Gildemitglieder und ihre Familien erhielten Unterstüt-zung. Eine Beschränkung der Mitgliederzahl hätte es einem Teil der Segeberger Juden sonst verwehrt, eine soziale Absicherung durch die Sterbegilde zu erfah-ren – ja, die Mitgliedschaft war eine Lebensnotwendigkeit für die Juden, denn staatliche oder kommunale Unterstützung in Notzeiten bestand für Israeliten in Segeberg sonst nicht. Zudem galt die Mitgliedschaft in der Gilde als Ehre, der Vorsitzende genoß in der jüdischen Gemeinde hohes Ansehen.

Noch eine weitere Ausnahme läßt sich für den Segeberger Männer, Kranken- und Beerdigungsverein festhalten: Auch verwitwete Frauen konnten Mitglied werden. Sarchen Baruch, gestorben 1871, hatte ihren Ehemann Levin B. laut Sterbe-Register schon 1846 verloren. Sie trat daraufhin in die Sterbe-Gilde ein, um sich sozial abzusichern. In der Gilde engagierte sie sich schließlich als Kassiererin, wie dem Nachruf auf ihrem (erhaltenen) Grabstein zu entnehmen ist. Die Verzeichnisse der Einnahmen und Ausgaben der Gilde, die für die Jahre 1834-1891 überliefert sind, erlauben einen detaillierten Einblick in Höhe und Umfang der großen finanziellen und menschlichen Unterstützungen der durch Krankheit und Sterbefälle in Not geratenen Juden durch die Segeberger Chewra Kadisha.

1927 feierte die Sterbegilde ihr 135jähriges Bestehen. Nach einem Festakt im Hause des Gildevorstehers, Leopold (Leo) Baruch, Kirchstraße 1-3, fand ein Festmahl in der Pension von Sally Baruch, Kurhausstraße 31, statt. Die Feierlichkeiten waren begleitet von Gebeten sowie dem Gedenken an die Kriegsgefallenen und Toten (Israelitischer Kalender für Schleswig-Holstein 1927/28, S.8-9).

Mit dem Aufkommen des Nationalsozialismus in Segeberg und der Verdrän-gung der Juden löste sich auch die Sterbegilde auf. Am 1. August 1933 verließ z.B. der Gildebruder Moritz Steinhof die Stadt. Er war als besonders religiös eingestellter Jude bekannt und hatte mehrfach der Gemeinde größere Beträge gespendet, wenn es galt, zusätzliche Ausgaben zu decken. So hatte er sich bei-spielsweise 1902 mit 10 RM an den Kosten für die Restaurierung der Torarollen beteiligt, während alle übrigen Gemeindeglieder zusammen nur 69 RM spendeten. Als er aufgrund seines Fortzuges einen Teil des Mitgliedsbeitrags zurückforderte, stieß er beim Gemeindevorsteher Ludwig Levy auf Widerstand. Moritz wandte sich daraufhin vergeblich an den „Verband der jüdischen Gemeinden Schleswig-Holsteins und der Hansestädte" und verließ schließlich halb verärgert, halb enttäuscht die Stadt, in der er mehr als 30 Jahre gelebt hatte. Er ging mit seiner Frau Dina Kleve und den Kindern Selma und Paula nach Wien, später in seine Heimat Ungarn. 1942 ist die Familie in einem KZ umgekommen.

Nach 1933 wurde nur noch ein Gemeindeglied auf dem jüdischen Friedhof in Bad Segeberg beigesetzt: Luise Dorothea Johanna Goldstein geb. Stuft, Große Seestraße 2, gestorben 1936. Ihr Grabmal ist verschwunden. Die letzten Beerdigungen konnten nur noch mit Hilfe der in Neumünster lebenden Juden, die ja seit 1913 zur Segeberger Gemeinde gehörten, durchgeführt werden. Die Segeberger Chewra Kadisha hatte sich nach über 140 Jahren ihres Bestehens unter dem nationalsozialistischen Druck aufgelöst.

19. Schicksal eines früh verblichenen Friedhofs

Seit Bestehen wurde das Gräberfeld des jüdischen Friedhofs in Segeberg achtmal erweitert, zuletzt noch 1934. In den meisten Fällen kamen nur winzige Parzellen hinzu. In der kleinen Gemeinde von knapp hundert Seelen war pro Jahr weniger als ein Sterbefall zu verzeichnen. Der Begräbnisplatz war begrenzt, die finanziellen Möglichkeiten für Erweiterungen blieben allezeit bescheiden. In der Regel konnte die Gemeinde immer nur unbedeutende Arrondierungen vornehmen. Bei der ersten Erweiterung im Jahr 1836 – die Sterbe-Register verzeichnen von 1801 bis 1836 nur zwölf Todesfälle – bestand das „Haus der Lebendigen", wie Juden ihren Friedhof nennen, schon 44 Jahre. Der nächste Zuwachs ist am 27. April 1853 beurkundet, dann 1858, 1875, 1884, 1898/99, 1913 und 1934. Die dichte Folge der Zukäufe im neunzehnten Jahrhundert weist auf das zwar geringe, aber doch stetige Wachstum der Gemeinde hin und deutet gleichzeitig den engen Finanzrahmen an, der ihr Leben bestimmte.

Zwei Vergrößerungen sind von besonderem Interesse. Am 1. Dezember 1875 erwarb die Gemeinde ein Grundstück vom Müller A.L. Rüder, der auf der gegenüberliegenden Straßenseite wohnte (Lohmühle). Es war der erste Kauf eines Grundstücks durch die Segeberger Gemeinde nach dem holsteinischen Emanzipationserlaß von 1863. Als Gegenleistung verpachteten die Segeberger Juden auf zehn Jahre ein Stück Land an den Verkäufer. Das dokumentiert noch einmal ihre Geldnot. Sodann zieht der letzte Vertrag mit der Solbad Segeberg A.G. vom 26. Oktober 1934 den Blick auf sich, denn im Aufsichtsrat der Gesellschaft saß der Präses der israelitischen Gemeinde Ludwig Levy. Die Vereinbarung enthält ein Vorkaufsrecht für das nördlich an den Friedhof grenzende Gelände bis zum 1. Januar 2034, also auf hundert Jahre. Das war ein Zugeständnis an die Nationalsozialisten, denn in anderen Fällen gilt das Vorkaufsrecht unbegrenzt. Auch hier wird eine unbare Gegenleistung erwähnt, nämlich die Verpflichtung der Solbad A.G., die Einfriedigung des Friedhofs zu gewährleisten. Diese Abmachung zeigt, daß der Vorstand der jüdischen Gemeinde die heraufziehenden Gefahren durch die Judenpolitik des Dritten Reiches schon im Blick hatte.

Am 30. August 1868 begann mit einem ersten Kostenvoranschlag die achtjährige Planungsphase für den Bau eines Leichenhauses in der Mitte des Friedhofs. Es war für die kurzfristige Aufbahrung (Juden müssen innerhalb von 24 Stunden nach ihrem Tod bestattet werden) und kultische Herrichtung nur eines Leichnams bestimmt und daher von begrenzten Ausmaßen, dreieinhalb mal viereinhalb Meter. Es gingen sechs Angebote ein, deren Endsummen zwischen 816 und 1.100 Reichstalern lagen. Zimmermeister H.J. Buttenschön, dessen Skizzen im Segeberger Bauamt vorliegen, erhielt als Niedrigstanbieter den Bauauftrag, der Architekt F.M. Prüß übernahm für 735 Reichstaler die Bauaufsicht. Um die Kosten zu decken, wurden 1876 „Aktien" zu zehn Reichstalern mit einer Laufzeit von vier Jahren aufgelegt. Sechs der Originalaktien, die offenbar nicht gezeichnet worden sind, befinden sich in den in Coswig wiederentdeckten Akten (vgl. den vorangehenden Beitrag).

Ein Versicherungsschein aus dem Jahr 1900 von der schleswig-holsteinischen Landesbrandkasse legt einen Wert von 600 Reichsthalern für das Gebäude zugrunde. Das war viel zu wenig und zeigt wieder die geringe Finanzkraft der Gemeinde. Die Prämien belasteten den Etat, zumal zwei Jahre zuvor die Kultgegenstände der Gemeinde, vor allem die sechs Torarollen im Schrein der Synagoge und deren sakrale Einrichtung, mit einem Geamtwert von 7.500 Reichstalern versichert worden waren.

Die Totenhalle (im Volksmund Kapelle) sollte von einer Lindenallee gesäumt werden. Ursprünglich waren zwölf Bäume geplant, die dann über die gesamte Friedhofsbreite gestanden und sich gleichsam in den städtischen Kurpark eingereiht hätten. Am 9. Juli 1876 wurde dann ein Angebot für acht Linden vorgelegt. Sechs konnte sich die Gemeinde aber nur leisten. Sie stehen dort bis

Stein von Frieda Baruch, Kurhaus-straße 31, 12 Jahre alt, 1888 mit zwei Schwestern verstorben, deren Steine fort sind

heute und markieren dem Kundigen genau jenen Platz, den das Leichenhaus einst eingenommen hat. Im Sommer 1943 wurde ein Trupp der Hitler-Jugend damit beauftragt, das Gebäude abzubrechen und den Bauschutt mit zwei Pferdefuhrwerken abzufahren (Mitteilung des damaligen Pimpfen Erich Philipp, Segeberg). Den Jungen gelang der Abbruch nicht, Mauerreste zeugten bis 1945 von dem Gebäude (Mitteilung von Steinmetzmeister Martin Walter, Segeberg). Nach dem Krieg sah sich die britische Besatzungsbehörde genötigt, die Reste zu sprengen, so daß heute an der Erdoberfläche keine Spuren mehr zu finden sind. Die Lage des früheren Gebäudes ist aber aus den Bauplänen von 1875, den sechs Linden und einem Foto von 1936 klar ersichtlich.

1888 wurde die Gemeinde von mehreren Todesfällen betroffen. Der Religionslehrer Samuel Levy Baruch, Kieler Straße 28 (heute Kurhausstraße 31), verlor innerhalb einer knappen Woche von seinen damals sechs Kindern drei Töchter im Alter zwischen acht und zwölf Jahren. Außerdem starb der sechsjährige Martin Heilbronn, Kieler Straße 1. Vielleicht waren diese Kinder Spielgefährten, beide Familien waren bodenständige Segeberger und wohnten nahe beieinander. Die vier Kinder wurden auf dem jüdischen Friedhof bestattet. Zwei Grabsteine sind noch vorhanden, zwei sind zerstört worden.

34 Jahre nach dem Emanzipationserlaß für Holstein von 1863 verfügte die Civilkammer I des königlichen Landgerichts in Kiel beim Tod der Hamburger Jüdin Pesse Pauline Cohn 1897 – sie ist in Segeberg begraben - nachträglich eine Änderung ihrer angeblich deutschen Vornamen in die hebräischen „Gitella Ella". Einer Nachprüfung auf typisch deutsche bzw. typisch hebräische Vornamen hält dieses Urteil nicht stand. Es reiht sich vielmehr ein in die zahlreichen antisemitischen Aktivitäten der Zeit. Mit dem NS-Erlaß, daß ab 1. September 1939 (Beginn des Polen-Feldzugs) alle männlichen Juden den Zusatznamen Israel und alle weiblichen den Zusatznamen Sara zu führen hatten, hat der Antisemitismus im Dritten Reich an alte Traditionen anknüpfen können.

Stein für Ludwig Levy und Friederike geb. Frank, 1948 gesetzt

Hinter dem Friedhof lag die sogenannte „Judenkoppel", die am 28. September 1899 für 5.000 Reichsmark an die Solbad Segeberg A.G. (später in eine G.m.b.H. umgewandelt) zwecks Schuldentilgung verkauft wurde. Auch bei diesem Verkauf behielt sich die Gemeinde ein Vorkaufsrecht vor, wie aus den Akten des Segeberger Grundbuchamtes zu ersehen ist. Im selben Jahr gelang es der Gemeinde, eine Anleihe aus dem Jahr 1841 für den Bau der Synagoge in Höhe von 4.320 Mark endlich abzulösen. Fast 58 Jahre lang hatte diese Anleihe die Gemeinde mit Zinszahlungen belastet. Obwohl die Schuld einige Monate vor dem Verkauf der „Judenkoppel" zurückgezahlt wurde, ist ein ursächlicher Zusammenhang naheliegend. Vermutlich hatten Segeberger Gemeindeglieder das Geld kurzfristig aus ihrem Vermögen vorgestreckt, um eine Zinszahlung einzusparen. Erst die Trennung vom Grundeigentum ermöglichte die Darlehenstilgung. Dem Präses Ludwig Levy ist diese Entscheidung gewiß schwergefallen, denn es handelte sich um Land, mit dem der Friedhof hätte erweitert werden können. Weil es bei jüdischen Friedhöfen keine Auflassung, keine Exhumierungen und keine Zweitbelegungen gibt, sind Erweiterungen für jede jüdische Gemeinde zwingend.

Während des ersten Weltkriegs gab es in der Segeberger Synagoge viele Gottesdienste, an denen russische jüdische Kriegsgefangene aus Neumünster, Ratzeburg, Elmshorn und Segeberg teilnahmen. Vier von ihnen mit den Grabnummern 120 bis 123 wurden zwischen 1917 und 1919 hier beerdigt, ihre

Steine von Antisemiten beseitigt (vgl. den Beitrag: Russische Gräber auf Segeberger Friedhöfen).

Am 17. Mai 1923 fand vor dem Segeberger Schöffengericht eine Verhand-

Stein für Adolf Levy (1854-1937), 1948 gesetzt. Frau Johanna starb 1949 in den USA

lung gegen die Schüler Werner Rohwedder aus Klein Niendorf, wozu der Jüdische Friedhof gehörte, und Erich Hermann Karck aus Segeberg wegen Grabschändung und Sachbeschädigung statt; letztere betraf vermutlich das Leichenhaus. Beide Angeklagten stammten aus hiesigen wohlhabenden Familien, die Väter waren Geschäftsinhaber zu meiner Schulzeit. Dieser Vorfall zeigt, daß in den Jahren der Weimarar Republik antisemitische Gedanken wieder stärker zum Tragen kamen. Darauf wies ich schon hin, als die Beerdigung von Leo Baruch 1930 geschildert wurde. Rund hundert jüdische Grabsteine sind vor und während des Dritten Reichs von Segeberger Bürgern jeden Alters vernichtet worden! Keine Chronik verzeichnet diese vielen Grabschändungen. Das Ausmaß der Zerstörung läßt sich nur anhand der Sterberegister sowie der durchlaufenden jüdischen Nummerierungen erkennen. Der Friedhofsbesucher sieht es auch an den Lücken zwischen den Reststeinen.

Grabschändungen auf dem Jüdischen Friedhof 1990

20. Zur Geschichte der Segeberger Synagoge

Seit Anfang des 18. Jahrhunderts gehörte das Haus Lübecker Straße 84, später Nr. 2, jüdischen Bürgern, u.a. Joel Wessel und Levin Heydelbrun, seit 1802 Samuel Christian Hösch. In den Segeberger Brandkassenlisten wird das Haus oft als „Judenkirche" bezeichnet. Daraus läßt sich schließen, daß schon bald nach Niederlassung der ersten Juden ein Bet-Raum vorhanden war, der 1842 als Synagoge geweiht wurde. Vor diesem Zeitpunkt war das Gebäude ungepflegt. Aufgrund des schlechten Bauzustands und der dadurch befürchteten hohen Umbau- und Renovierungskosten haben 1841 drei von elf Vorstandsmitgliedern gegen dessen Umrüstung votiert: David Levy, sein Sohn Matthias David Levy und Seligmann Moses. Sie werden dabei eine Schuldurkunde über 693,32 Reichsbankthaler für das Haus sowie den Darlehensantrag der Gemeinde vom 19. März 1841 in Höhe von 1.200 Thalern vor Augen gehabt haben. Eine weitere Anleihe über mehr als 4.000 Thaler war nun zu befürchten – zusammen eine drückend hohe Schuldenlast für knapp hundert Segeberger Juden. Dabei reichte die neue Anleihe nicht einmal aus, um die zu erwartenden Handwerkerrechnungen zu begleichen.

Der Bau kam nur zustande, weil der Hamburger Jude Isaak Hartvig von Essen am 7. Mai 1841 der Gemeinde 1.500 Mark spendete. Daraufhin genehmigte Oberrabbiner Jakob Ettlinger aus Altona die Umrüstung des Hauses zur Synagoge und die dafür beantragten Anleihen. So nahm die Gemeinde beim „Spar- und Leihkassenverein Segeberg" eine Schuld in Höhe von 4.320 Talern auf, die erst 1899 gelöscht werden konnte. Der Oberrabbiner vollzog diese Genehmigungen „gratis ex causae piae" – gebührenfrei aus religiösen Gründen. Damit nahm er Rücksicht auf den schwachen Segeberger Haushalt. Die drei erwähnten Gegenstimmen waren durchaus verständlich.

Ein kultisches Bad – Mikwe (vgl. den Bericht über die Ausgrabung 1994, sowie „Mikwe und Taufe") ist vom Anfang der Gemeinde an da gewesen. Im Brandkataster der Stadt Segeberg wird „ein im Keller vermauerter kupferner Kessel mit taxierten 25 Court" (hundert Liter) vermerkt, der 1994 bei den Ausgrabungen gefunden wurde. Die Mikwe muß aber mindestens den fünffachen Inhalt umfassen. Der Kupferkessel diente als Gefäß zur kultischen Reinigung von Geschirr aus nichtjüdischer Hand. Die Mikwe im hinteren Teil des Hausgartens ist erwähnt in einem Brief von Oberrabbiner Dr. M. Lerner, Altona, vom 29. Juni 1917 (s. S. 197). 1994 fand man ihren Brunnen: 80 cm Durchmesser, aus rotem Backstein gemauert (s. S. 97).

Am 14. Juni 1842 kam der Tag der feierlichen Synagogenweihe durch Oberrabbiner Ettlinger. Das Programm des Weihe-Gottesdienstes fand sich in den wiederentdeckten Gemeindeakten in Coswig. Mehrere Stunden inbrünstiger Gesänge, vielfaches Umhertragen der Torarollen, Schriftlesungen, Predigt, Grußworte, Ansprachen und Gebete prägten diesen großen Tag. Der Spender Isaak Hartvig von Essen, der den Umbau ermöglicht hatte, wurde dabei geehrt, indem er die Torarolle vorantrug und aus ihr als erster las.

Oberrabbiner Ettlinger hatte ein langes Weihegedicht für diesen Tag verfaßt, das er in der neuen Synagoge der Gemeinde vortrug. Es schloß: „In diesem Tempel, Dir zum Wohnsitz erbaut, throne, bis einst das Weltall ergraut." Seinen frommen Wunsch haben christliche Mitbürger ein knappes Jahrhundert später zunichte gemacht.

Von Verwüstungen in der Synagoge im November 1938 wollen manche Segeberger nichts hören, andere schweigen betreten, wieder andere wie die drei bereits genannten Segebergerinnen (im Beitrag: Zeitzeugen erinnern sich) beteuern, es sei überhaupt nichts geschehen. Es gibt aber schriftliche Gegenbeweise. Der Augenzeugenbericht von Simon Brückheimer: „Der 10. November 1938", ein unveröffentlichtes Manuskript im Archiv von Yad Vashem in Jerusalem, schildert die Ereignisse der Reichspogromnacht in Segeberg und Neumünster. Ziel der Zerstörungen war nicht nur das Warenhaus Leo Baruch, Kirchstraße 1-3, sondern ebenso die daneben stehende Synagoge. Ich zitiere: „In Bad Segeberg lebten fünf bis sechs jüdische Familien. In der kleinen Synagoge wurde ein leichtes Feuer angezündet, das aber bald wieder gelöscht wurde. Dann wurden die Einrichtungen zerschlagen ... Zwei Männer wurden nach Sachsenhausen verschickt." Schon 1934, berichtet Brückheimer, drangsalierte die NSDAP Familie Baruch: „Die Inhaberin des Geschäftes Baruch und ihre beiden Töchter kamen für zwei bis drei Tage in Schutzhaft, weil sie − angeblicherweise − alte Waren an das Winterhilfswerk abgegeben hätten". Nach den Ereignissen der Reichspogromnacht 1938 flohen Baruchs aus Segeberg.

Die Freude der Gemeinde über die neue Synagoge 1842 wurde durch die Schulden getrübt. Das belegt der Aufnahmeantrag von Moses Elias Hirsch aus Lübeck-Moisling vom 13. Januar 1849. Die Gemeinde hatte damals 27 steuerpflichtige männliche Mitglieder. Der Antragsteller Hirsch sollte „zur Abtragung von Gemeindeschulden" 100 Mark einzahlen. Er zog daraufhin seinen Antrag zurück, wurde aber am 24. Februar 1850 zu bescheideneren Bedingungen aufgenommen. Welche das waren, ist unbekannt. Man darf vermuten, daß er sich geweigert hat, Schulden der Gemeinde zu übernehmen. Schon elf Jahre nach der Synagogenweihe wurden umfangreiche Renovierungsarbeiten notwendig. Der Kostenvoranschlag einer Firma belief sich auf 511 Reichstaler, der Vorstand konnte aber nur über 200 Taler verfügen.

Am 20. Januar 1854 stellten einige Gemeindeglieder den Antrag, Kindern unter sechs Jahren den Besuch des Synagogengottesdienstes zu verbieten, weil sie offenbar zu laut gewesen waren. Es ist in jüdischen Gemeinden üblich, die Kleinen in den Gottesdienst mitzubringen, auch Mädchen bis zu einem bestimmten Alter. Diese Gottesdienste dauern ja mehrere Stunden. Schließlich erklärte Oberrabbiner Ettlinger: „Es bleibt dem Synagogenvorsteher überlassen, unruhigen Kindern den Synagogenbesuch zu untersagen, während er ruhigen und artigen Kindern gestattet wird." (Brief an das Segeberger Polizeiamt) Die Durchführung jüdischer Gottesdienste obliegt in aller Regel nicht dem Rabbiner, sondern dem Kantor, der für die umfangreichen liturgischen Gesänge eine Stimmausbildung braucht. Rabbiner haben andere Aufgaben, z.b. die Gewährleistung und Überwachung des Religionsunterrichts, die Schlichtung von Streitfragen zwischen Gemeindegliedern, die theologische Forschung, die Ausbildung von Lehrern, Vorsängern und Beschneidern. Am 23. April 1866 bestellte die Kieler Provinzialregierung Dr. Hanover aus Wandsbek zum Rabbiner für Segeberg, Bad Oldesloe und Ahrensburg. In seiner Dienstanweisung steht die Verpflichtung, zweimal jährlich am Sabbat in Segeberg zu erscheinen. Er war 35 Jahre im Amt, hatte aber für Segeberg keinerlei Bedeutung. Sein Name erscheint nur zweimal in den Gemeindeakten: 1866 beim Beginn seiner Tätigkeit, 1901 bei seinem Tod.

Wichtigstes Inventarium jeder Synagoge sind die Torarollen. In Segeberg gab es davon mindestens sechs. Sie enthalten die handgeschriebenen Texte der fünf Mosebücher in Pergamentrollen auf hölzernen Stäben, dann Propheten- und Weisheitsschriften. Sie werden mit kostbarem, meist handgesticktem Tuch umwickelt, oben verschlossen durch kunstvoll verzierte, vielfach silberne Kappen oder Kronen, aufbewahrt in einem speziellen, verschlossenen Toraschrein. Dazu gehört ein Torazeiger, z.B. ein silberner Finger an einem langen Stab. Mit ihm fixiert ein Synagogendiener die jeweilige Schriftzeile, damit der Vorleser nicht mit seinen Fingern das kostbare Pergament berühren muß. Dennoch werden die Rollen durch Öffnen, Schließen, Herausnehmen, Hineinstellen und Umhertragen strapaziert. Sie müssen von Zeit zu Zeit, wenn sie nicht mehr „koscher" sind, restauriert werden. Dafür mußte in der Gemeinde gesammelt werden, z.B. 1855. Um die Kosten in Grenzen zu halten, wurden die Restauratoren während dieser Tage von Gemeindegliedern reihum beköstigt und beherbergt.

Die letzte Phase der Synagoge ist rasch rekapituliert: 1935 (oder 1936) letzter Gottesdienst; spätestens 1938 Zweckentfremdung durch die Nationalsozialistische Volkswohlfahrt (NSV) in Gestalt von Einlagerungen u.ä.; 1945 Einquartierungen und Fremdnutzungen; 1954 Ankauf durch die Stadt von der Jewish Trust Corporation London; 1962 Abriß. 120 Jahre Synagogengeschichte waren zuende.

21. Präses Ludwig Levy - ein halbes Jahrhundert Gemeindevater

1886 löste Ludwig Levy (Foto S 41) im Alter von 34 Jahren den Kaufmann Salomon Heilbronn (verstorben 1899) aus der Kieler Straße 1 als Präses des israelitischen Gemeindevorstands ab. Dieses Amt hatte er bis zu seinem Tod im Dezember 1936 inne. Die Akten lassen einen Charakter von nicht alltäglichem Format erkennen. Am 17. September 1852 in Segeberg geboren als Sohn von Nathan Levy und seiner Frau Rose geb. Behrend in der Hamburger Straße 17 (die Grabsteine der Eltern von 1873 sind erhalten), heiratete er 1886 Friederike Frank. Seine Ehe blieb kinderlos. Zusammen mit Georg Petersen betrieb er die Kreisabdeckerei in Rotenhahn. In der Hamburger Straße 17 handelte er mit Lederprodukten und Fellen, was er später seinem Neffen Leo Levy überließ. Bei diesem habe ich als Schüler Hasenfelle und Rehdecken verkauft. Ludwig besaß hier sechs Häuser und hat mit seinem Eigentum viel Gutes in der Stille getan, getreu der Weisung des Talmud: „Tue Gutes, aber rede nicht darüber."

Der Präses leitete die Geschicke der „hochlöblichen Judengemeinde", wie sie 1841 von seiten einer Behörde tituliert wurde. Hunderte von Briefen sah und las ich im von Torsten Mußdorf entdeckten Archiv in Coswig (vgl. Beitrag 18), säuberlich mit der Hand geschrieben. Er korrespondierte mit dem Magistrat, dem Landrat, der königlichen Regierung in Kiel, Schleswig und Kopenhagen, dem Finanzamt, der Polizei, dem Oberrabbinat, mit Behörden, Vereinen, Verbänden und ungezählten Privatpersonen, auch mit seinen Glaubensgeschwistern. Wenn er ein Duplikat als Ablage brauchte, beschrieb er, manchmal nur stichwortartig, einen kleinen Zettel, dessen Rückseite vielfach schon für andere Notizen verwendet worden war. Solche Zettel finden sich zu hunderten in den Akten. Wie vieles andere, unterstreicht auch dies seine Sparsamkeit.

Levy stellte standesamtliche Urkunden aus und führte die Register. Jeden Brief beantwortete er nach wenigen Tagen, oft am selben oder folgenden Tag. Das zeigt eine zweite Eigenschaft: Er war in privaten wie in offiziellen Dingen äußerst gewissenhaft. Dabei darf man nicht vergessen, daß die kleine Gemeinde in mehr als einem Dutzend Vereinigungen und Verbänden Mitglied war, mit denen sie Schriftwechsel führen mußte und an die sie auch Beiträge zu entrichten hatte. Einige dieser Vereinigungen, z.T. erst Anfang des 20. Jahrhunderts ins Leben gerufen, waren für die Segeberger Juden lebenswichtig: 1. Preußischer Landesverband jüdischer Gemeinden, gegründet am 21. Juni 1925, Sitz Berlin; 2. Deutsch-israelitischer Gemeindebund, neu gegründet am 23. Januar 1921, Sitz Berlin; 3. Reichsbund für jüdische Siedlung in Deutschland, gegründet 1929, Sitz Berlin; 4. Jüdische Landarbeiter G.m.b.H., Sitz Berlin; 5. Bund gesetzestreuer jüdischer Gemeinden Deutschlands, gegründet 1921, Sitz Halberstadt; 6. Verband der jüdischen Gemeinden Schleswig-Holsteins und der Hansestädte, Sitz Altona; 7. Jüdische konservative Vereinigung in Preußen, Sitz Berlin; 8. Verband der deutschen Juden, gegründet um 1900, Sitz Berlin; 9. Freie Vereinigung für die Interessen des orthodoxen Judentums, Sitz Frankfurt/Main; 10. Reichsbund jüdischer Frontsoldaten, Sitz Berlin; 11. Israelitisch-humanitärer Frauenverein zu Hamburg, gegründet 1893, Sitz Hamburg; 12. Jüdische Winterhilfe, gegründet 1920; 13. Centralverein deutscher Staatsbürger jüdischen Glaubens, Sitz Hamburg; 14. Verband der Sabbatfreunde, Abteilung vaterländischer Hilfsdienst, Sitz Berlin.

Der unter 5. genannte Bund zahlte an Segeberg jährlich 100 Reichsmark Zuschuß zu den Kosten für den Religionsunterricht. Zum Hamburger Frauenverein (11) bestand eine enge lokale Beziehung durch das „Sidonie Werner-Heim" in der Bismarckallee (Vgl. den Beitrag 15). Diesen Verein hat der Religionslehrer Ernst Beer, zwischen 1908 und 1922 mehrfach hier tätig, auf vielerlei Weise unterstützt. Am Haus Bismarckallee 5, wo Sidonie Werner Sommer für Sommer residierte, ist am 18. März 1991 von uns eine Erinnerungstafel angebracht worden.

Der junge Präses hatte zwei Jahre nach seinem Amtsantritt die ersten Stürme zu bestehen. Am 19. Oktober 1888 teilte die königliche Regierung zu Schleswig dem israelitischen Gemeindevorstand mit, daß der Status des jüdischen Religionslehrers dem eines Privatlehrers und nicht eines Lehrers an öffentlichen Schulen entspreche, daher könne kein staatlicher Zuschuß zu den Kosten des Religionsunterrichts geleistet werden. Erst ab 1907 – fünf Jahre nach dem Ausscheiden des langjährigen antisemitischen Bürgermeisters Johannes Plambeck – hat die Stadt Segeberg jährlich hundert Mark zum Religionsunterricht beigesteuert. In diesem Zusammenhang gehörte wahrscheinlich die außerordentliche Gemeindeversammlung vom 8. Oktober 1890. Fast alle der fünfzehn Stimmberechtigten Männer nahmen daran teil. Nach langen Verhandlungen einigte man sich darauf, die im Gemeinderegulativ von 1872 festgeschriebenen Steuersätze anzuheben.

Indes waren nicht alle Segeberger Juden mit Ludwig Levy und seiner Art, die Gemeinde zu führen, einverstanden. Neben seinen guten Eigenschaften wie Gewissenhaftigkeit, Sparsamkeit und Freigiebigkeit gegenüber Notleidenden sind auch andere zu vermerken. Besonders in finanziellen Angelegenheiten war mit ihm nicht zu spaßen. Wer seinen Gemeindebeitrag, aus welchen Gründen auch immer, nicht leisten wollte oder konnte, mußte sich manchmal harte Worte gefallen lassen. Gesetzliche Bestimmungen legte Levy zuweilen recht kleinherzig aus. Als beispielsweise Leon Milz seinen Beitragspflichten mit der Begründung, er habe sich vom Judentum abgewandt, nicht mehr nachkommen wollte, wies Levy auf die gesetzliche Zahlungspflicht hin und fügte barsch hinzu: „Ob Sie eine Religion besitzen oder nicht, kann uns gleich sein." Dem ehemaligen Gemeindemitglied Siegfried Neufeld verlangte er weiterhin Beiträge ab, obwohl dieser nach Halle verzogen war.

Am 9. August 1892, sechs Jahre im Amt, bat Ludwig Levy den Segeberger Magistrat, ihn vorzeitig „als Präses zu entpflichten". Zur Begründung verwies er auf „Gehässigkeiten einzelner Gemeindeglieder". Der Magistrat lehnte sein Gesuch ab, die Wahlperiode sei noch nicht abgelaufen. Levy blieb im Amt und hat es bis zu seinem Tode noch 44 weitere Jahre wahrgenommen, ohne einen erneuten Rücktrittswunsch zu äußern.

Die Finanzlage der Segeberger Gemeinde war zu allen Zeiten höchst angespannt. Der Präses wurde permanent von Geldsorgen geplagt. So verordnete er eine Gehaltskürzung für den Religionslehrer Samuel Levy Baruch, Kurhausstraße 31, von 1.095 auf 900 Taler. Zur Begründung nannte er den Fortzug der Gebrüder Seligmann, Lübecker Straße 29, und die dadurch bedingten Mindereinnahmen. Der Lehrer forderte nun seinerseits eine Gehaltserhöhung von knapp 300 Reichstalern und wollte zusätzlich die ihm rechtlich zustehenden Schächtgebühren von den 25 Segeberger Schlachtern erheben. Hierüber gab es immer wieder Streit. Sie gehörten traditionell wie andere Nebeneinnahmen zu den spärlichen Einkünften des Kultusbeamten. ("Schächten" ist das Schlachten von Tieren nach jüdischen Vorschriften; sie verlangen Ausbluten, Einsalzen und Auswaschen in festgesetzter Reihenfolge und Dauer.) Wie diese finanzielle Auseinandersetzung beigelegt wurde, ist nicht protokolliert.

1898 kamen neue Ausgaben auf die Gemeinde zu. Der Präses ließ die Synagoge gegen Feuer versichern. In der Police werden die Kult- und Einrichtungsgegenstände aufgeführt, so daß wir uns vom Inneren der Synagoge ein klares Bild machen können. Nach zwölf Jahren Leitung hatte der Präses das Leben seiner Gemeinde konsolidiert und unter Kontrolle gebracht. Besonders die Ablösung des Baudarlehens von 1842 (!) am 10. Februar 1899 entlastete die Gemeindekasse. Das neue Jahrhundert sah die Segeberger Juden als lebendige, wenn auch kleine Bürgergruppe – nur 22 steuerpflichtige Männer (Censiten) waren zu verzeichnen.

Mitte 1907 ersuchte der Religionslehrer Ferdinand Last (wie sein Vorgänger

Samuel Levy Baruch) den Vorstand um Bewilligung der Schächtgebühren bei den einheimischen Schlachtern. Den Hiesigen gelang es aber erneut, sich um diese gesetzliche Abgabe zu drücken. Drei Jahre später noch einmal: am 31. März 1910 kündigte der Lehrer Ernst Beer, weil ihm die Schächtgebühren und eine Gehaltserhöhung verweigert worden waren. Er folgte einem Ruf nach Kassel. Aus dieser Stadt stammten einige Segeberger Juden.

Schon vier Tage nach der Kündigung von Ernst Beer ließ Ludwig Levy die Stelle in der Zeitung ausschreiben. Das war bemerkenswert schnell. Der Kündigungsbrief datiert vom 31. März, der 1. April war ein Freitag, der 2. also Sabbat. Bereits am Montag, den 4. April, erschien die Anzeige. Daraus ergibt sich: Der Lehrer brachte Donnerstag sein Kündigungsschreiben persönlich ins Haus des Präses, um die Frist einzuhalten. Ludwig Levy ging am Freitag zur Zeitung und gab die Anzeige auf, am Sabbat hätte er das nie getan. Obendrein hat er auf diese Weise demonstriert, daß er Herr der Ereignisse blieb.

Die Stelle war mit 1.100 Mark Jahresgehalt dotiert, hinzu kamen 300 Mark an Nebeneinnahmen sowie freies Wohnen in der Synagoge. Ernst Beer kehrte bald nach Segeberg zurück. Der Präses hat ihm 1921 eine 13jährige Tätigkeit in Segeberg bescheinigt, ohne daß eine Unterbrechung erwähnt worden wäre. Beer war Ende der 20er Jahre erneut Lehrer in Segeberg, nicht,weil er unstet war, sondern wegen der äußerst schwierigen Arbeits- und Verdienst-Situation in seinem Beruf.

Nach den jüdischen Gesetzen sind Kinder im Lesen und Schreiben des Hebräischen, im Rechnen und in der jüdischen Religion zu unterrichten. Religionsunterricht ist selbst in der kleinsten Gemeinde unumgänglich und bürdet den israelitischen Familien und Kommunitäten schwere finanzielle Lasten auf. So war eine der wichtigsten und stets neu zu lösenden Aufgaben in der Gemeindeleitung die Sicherstellung dieser religiösen Unterweisung. Das mußten in Segeberg 15 bis 25 Censiten mit ihren Gemeindebeiträgen finanzieren. Der Segeberger Lehrer hatte zuzeiten bis zu fünfzig Kinder zu unterrichten, die zwanzig Lehrlinge in der Bismarckallee 21 mitgezählt. Der Vorstand kämpfte um Zuschüsse von allen in Frage kommenden Seiten. Die Stadt Segeberg steuerte, wie erwähnt, seit 1907 hundert Mark jährlich bei, ebenso der Deutsch-Israelitische Gemeindebund (Nr. 2 der vorgenannten Liste). Dieser kümmerte sich auch um die Altersversorgung der Kultusbeamten.

Seit Ende 1929 führten wirtschaftliche Krisen und hohe Arbeitslosigkeit viele Segeberger in die Reihen der NSDAP. Der latente Antisemitismus kam verstärkt zum Tragen und läßt sich auch an einem anekdotenhaften Vorfall ablesen: Fromme Segeberger Israeliten forderten im Frühjahr 1930 vom Gemeindevorstand, den Religionslehrer Leopold Bornstein zu veranlassen, seinen

Hund abzuschaffen, da das Tier angeblich den Gottesdienst störe. Bornstein, der die Vorbeterwohnung im Parterre der Synagoge bewohnte, lehnte das Ansinnen ab, denn der Hund müsse die Ratten verjagen, die vom Nachbargrundstück Lübecker Straße 4 herübergetrieben (!) würden. Außerdem könne er wegen des „in letzter Zeit in Segeberg fühlbaren Antisemitismus" ohne Hund nicht mehr unbelästigt über die Straße gehen.

Die letzten sechs Lebensjahre waren für Ludwig Levy die bittersten. Das Ende der kleinen, aber religiös und kulturell lebendigen Gemeinde zeichnete sich ab. Noch im Jahre 1932 erhielt Levy zu seinem 80. Geburtstag von Oberrabbiner Dr. Joseph Carlebach in Segeberg persönlich den „Chower"-Titel verliehen. Der Begriff bedeutet soviel wie „Ehrenbürger", er hängt mit dem hebräischen Wort für „Freund" zusammen. Zu diesem Zeitpunkt zogen SA-Trupps ständig durch Bad Segeberg. Mit den Zahlungen an die verschiedenen Verbände, in denen die Gemeinde Mitglied war, blieb sie fast ständig in Verzug. Ein Antrag auf Beitragsermäßigung an den „Verband der jüdischen Gemein-

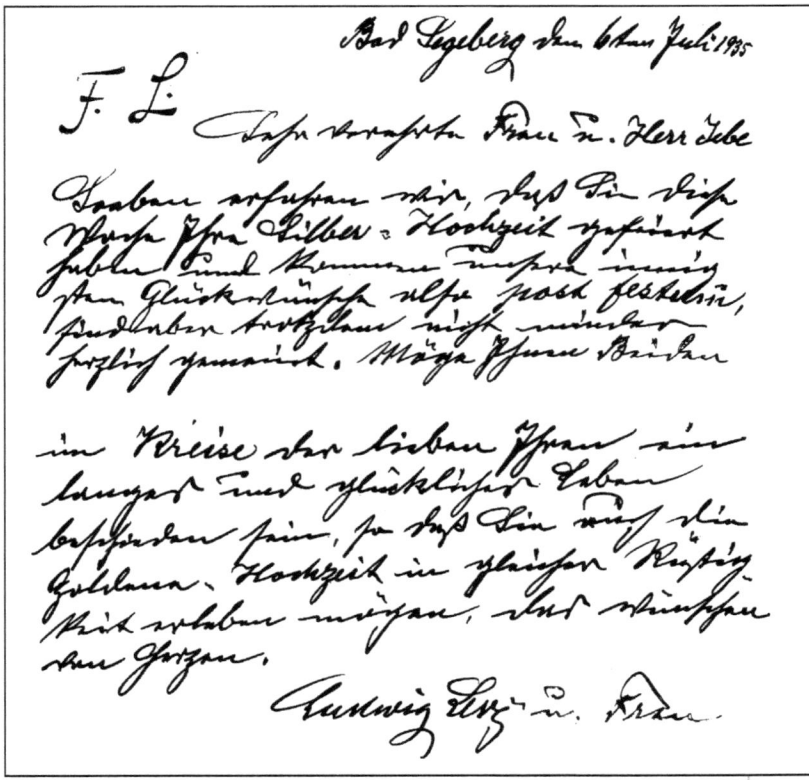

Glückwunsch zur Silberhochzeit Jebes von Ludwig Levy, 1935

den Schleswig-Holsteins und der Hansestädte" fand 1931 kein Gehör. Viele Briefe, die Levys Handschrift tragen, verdeutlichen die Nöte der Gemeinde: „Ich möchte Sie dringend bitten, uns umgehend etwas Geld zu schicken", oder: „Wir bitten dringend, uns eine Unterstützung zu gewähren." Nach dem Tod der Leiterin des Jüdischen Kinderheims Sidonie Werner im Dezember 1932 feierten die Juden aus Segeberg und Neumünster am Sonntag, 15. Januar 1933 unter der Leitung des Oberrabbiners eine Gedenkstunde. Warum Carlebach entgegen aller jüdischen Tradition dafür keinen Sabbat gewählt hatte, läßt sich ahnen. Er hoffte wohl, an einem Sonntag eher von antisemitischen Ausschreitungen verschont zu bleiben. Auf alle Fälle war die Wahl dieses Tages für den orthodoxen, wenn auch toleranten Oberrabbiner ungewöhnlich.

Im Januar 1933 empfahl der „Preußische Landesverband jüdischer Gemeinden" in Berlin angesichts der bürgerkriegsähnlichen Zustände in Deutschland seinen Mitgliedern, eine „Aufruhrversicherung" abzuschließen. Berlin rechnete wohl mit kommenden Pogromen. Ludwig Levy ist der Empfehlung nicht gefolgt und lehnte auch ein Angebot des Hamburgers Samson Goldschmidt, Moorweidenstr. 14, vom 15.Oktober 1935 ab, eine Versicherung gegen böswillige Beschädigung abzuschließen. Levy unterschätzte gewiß nicht, wie schon die Abgabe der Kultgeräte nach Lübeck zeigte, die Gefahren durch den Nationalsozialismus, aber finanzielle Erwägungen ließen zusätzliche Versicherungsbeiträge einfach nicht zu.

So richtete Levy im Juli 1933 an den „Verband der jüdischen Gemeinden" ein Hilfsgesuch für die Ausbildung der 21jährigen Frieda Steinhof, vor der Flucht ihres Vaters Moritz nach Ungarn über Wien am 1. August 1933. Sie erhielt daraufhin 20 Mark monatliche Unterstützung vom Verband. Zeitungsannoncen, in denen er seinen Haus- und Warenstand zum Verkauf anbot, im „Segeberger Kreis- und Tageblatt" verdeutlichen, mit welcher Intensität Moritz den Fortzug betrieb. Frieda (* 1912), die in Segeberg verblieben war, floh schon am 11. April 1934 nach Kitzingen und emigrierte von dort 1936 – rechtzeitig genug – nach Israel, wo sie noch heute lebt und jeden meiner Briefe sofort beantwortet. Ihr Sohn, Rabbi Tsevi Weinman in Jerusalem, war 1988 hier zu Besuch, als wir unsere erste Tafel an der Synagoge aufstellten.

Schon am 1. Oktober 1933 stellte die Haushaltungsschule des IHFV in der Bismarckallee den Unterricht ein, weil von den 20 Lehrplätzen nur noch fünf besetzt waren. Bis zu diesem Zeitpunkt hatten die Schülerinnen stets im Kinderheim ausgeholfen, diese Hilfe fiel nun fort. Damit war die Leitung nicht mehr in der Lage, die anfallenden Arbeiten zu erledigen. Die Haushaltungsschule gelangte schließlich 1938 mit dem Haus Nr. 21 in die Verfügung der

NSDAP und diente als Schulungsheim des BdM, der NS-Jugendorganisation für Mädchen. Danach wurde es Landjahrheim.

Im Oktober 1933, also im selben Monat, mußte die Stelle des Kultusbeamten neu ausgeschrieben werden, denn Leopold Bornstein – der Mann mit dem bellenden Hund – war vor dem Nationalsozialismus nach Dänemark geflohen. Im Laufe der beiden folgenden Monate bewarben sich insgesamt 22 Interessenten, unter ihnen der später berufene Max Moddel. Die hohe Zahl der Bewerbungen zeigt, wie viele Juden in Deutschland schon wenige Monate nach der Machtergreifung arbeitslos geworden waren. Moddel war geschieden, verschwieg diesen Umstand aber in seiner Bewerbung und verursachte dadurch allerlei Streitereien zwischen den Juden in Segeberg, Neumünster und Elmshorn mit dem Oberrabbiner. Am 1. Februar 1934 erhielt Max Moddel schließlich einen Anstellungvertrag und übernahm die Lehrertätigkeit in Segeberg und Neumünster. David Baum, der in Segeberg zeitweise Pädagoge gewesen war, unterrichtete vom selben Tag an die jüdischen Schüler in Elmshorn.

Wenig später verlangte Studienrat Dr. Franz Eichstädt (er war mein Klassenlehrer) im Namen des Segeberger Magistrats die Abwahl von Ludwig Levy. Dieses Ansinnen wiesen Oberrabbiner Carlebach und der Segeberger Gemeindevorstand entschieden zurück, ihr Widerstand hatte Erfolg. Noch fast drei Jahre lang bekleidete Ludwig Levy das Amt des Präses. Am 5. Juli 1934 feierte Adolf Levy, der jüngere der beiden Brüder, seinen 80. Geburtstag. Auch ihm gratulierte Oberrabbiner Joseph Carlebach persönlich. Ohne die Brüder Levy war Segeberg bis 1933 nicht zu denken.

Adolf verließ nach seinem 80. Geburtstag Segeberg und verstarb 1937 in Hamburg. Der Druck auf die Segeberger Juden nahm weiter zu. Ludwig Levy litt sehr darunter, zeigte jedoch seinen Schmerz nicht öffentlich. Im Juli 1935 schrieb er dem Segeberger Ehepaar Jebe einen Glückwunsch zur Silberhochzeit und drückte darin die Hoffnung aus, „daß Sie auch die goldene Hochzeit in gleicher Rüstigkeit erleben mögen". Nichts deutet hier auf die schweren Sorgen hin, die Levy plagten. Er schrieb, als würde die gute Gemeinschaft zwischen einzelnen Juden und Christen unbegrenzt weiterbestehen. Daß er dennoch voll böser Vorahnungen war, zeigt neben der Abgabe von Kultgeräten im Mai 1932 sein Einsatz für den „Jüdischen Nationalfond", der sich um Ankauf von Boden in Palästina bemühte, um z.B. jungen deutschen Juden dort eine neue Existenzgrundlage zu schaffen. Am 10. Oktober 1935 rief er die Segeberger Gemeindeglieder, die noch hier waren, zu Spenden für den Fond auf.

Der „Preußische Landesverband jüdischer Gemeinden" verschickte am 25. Oktober 1935 an alle seine Mitglieder ein Rundschreiben, das ebenfalls die

Annoncen von Moritz Steinhof vor seiner Flucht am 1.8.1933 im „Segeberger Kreis- und Tageblatt" vom 28.6. und 18.7.1933

schwierige Lage erhellt. Sie sollten von den Finanzämtern Einheitswertbesche-
de für Synagogen- und Friedhofsgrundstücke erhalten. Damit begannen die
Raubzüge des NS-Staates auf jüdische Immobilien. Der Verband forderte seine
Mitglieder auf, dagegen Einspruch zu erheben und zu beantragen, den Grund-
stückswert auf null Mark zu veranlagen. Begründung: „Diese Grundstücke
besitzen keinen Verkehrswert", da sie entsprechend ihrer Zweckbestimmung
niemals in den rechtsgeschäftlichen Verkehr gelangen können (res extra com-
mercium). Allerdings wurde der Einspruch von den NS-Finanzämtern zurückgewiesen – Recht galt im NS-Staat nicht als Recht.

1936 brach das letzte Lebensjahr Ludwig Levys an. Das Gemeindeleleben
war schon fast erloschen. Am 4. Juli 1936 verließ der 16jährige Rolf Alexander,
Hamburger Straße 3, als letzter jüdischer Schüler die Stadt. Er ging mit seinen
Eltern nach Tel Jossef in Palästina. Seit 1933 war er regelmäßig nach dem Unterricht von seinen Mitschülern verprügelt worden, weil er Jude ist. Die Emigration dieses letzten jüdischen Schülers nach nur drei Jahren NS-Herrschaft ist
bemerkenswert, wenn man an die Zahl von 20 bis 50 jüdischen Schulkindern
für die Zeit vor 1933 denkt. Schneller als in anderen Orten löste sich in

Inschrift „Adolf Levy" auf dem Giebel der Kurhausstraße 9, 2001 lesbar

Segeberg die jüdische Gemeinde auf. Am 21. August 1936 (in seinem Sterbejahr) legte Levy in einem Brief an den „Preußischen Landesverband jüdischer Gemeinden" dar, wie wenig Israeliten in der Stadt verblieben waren. „Die Gemeinde besteht nur noch aus drei Familien" schrieb er. Eine davon war seine eigene kinderlose. Der Satz beschreibt, daß das jüdische Leben schon in diesem Jahr beendet war.

Nirgendwo lesen wir in Levys Briefen etwas über seine langjährige Tätigkeit als Ratsherr, über die Leitung des Männergesangvereins 1870/71, nichts über sein Wirken im Aufsichtsrat der Solbad Segeberg A.G. oder über seine vielen Wohltätigkeiten. Die freundschaftlichen Beziehungen seiner Familie zu anderen Bürgern in Segeberg sind seiner Korrespondenz kaum zu entnehmen. Ludwig Levy starb am 28. Dezember 1936 in Hamburg. Unserem Gedächtnis soll Levy in Erinnerung bleiben. Sein Nachfolger Lede Meier war de facto ohne Gemeinde.

Seit 1996 gibt es in Segeberg eine Ludwig-Levy-Straße.

Geschäft Hugo Behrens, Hamburger Straße 17, früher Ludwig Levy, ca. 1940

22. Torsten Mußdorf: Neumünsteraner in der jüdischen Gemeinde Segeberg

Der Oberpräsident der preußischen Provinz Schleswig-Holstein hatte am 22. März 1918 verfügt, „daß die sämtlichen Juden, die im Kreis Segeberg ihren Wohnsitz haben, vom 1. April 1919 an als Mitglieder der israelitischen Gemeinde Segeberg zugeteilt werden".Obwohl sich nun kein im Kreisgebiet lebender Jude mehr um den Gemeindebeitrag drücken konnte, war der praktische Erfolg dieser Verfügung gering. 1919 lebte nur ein einziger Jude mit seiner Familie außerhalb von Segeberg: der Fahrenkruger Bäcker Louis Goldstein.

Von größerer Bedeutung war die Angliederung der in Neumünster lebenden Juden an die jüdische Gemeinde Segeberg, die bereits im Oktober 1912 auf Initiative der Segeberger Juden hin beschlossen wurde und ab 1. Januar 1913 galt. Die große, 30 km entfernte Stadt Neumünster gehörte nicht zum Kreis Segeberg, doch dort lebten zu wenig Juden, um eine eigenständige Gemeinde errichten zu können, zumal ihnen bis 1866 der Aufenthalt in Neumünster verboten war (wie in Kiel schon sehr viel früher). Das zeigt Erich Keyser im Deutschen Städtebuch (S. 430). Schon lange vor 1912 nahmen die Neumünsteraner die Gemeindeeinrichtungen in Segeberg ab und an wahr. Nur die Fahrtkosten verhinderten allzu häufige Besuche in der Synagoge der Kalkbergstadt. Den Segeberger Gemeindevorstand drängten finanzielle Nöte, die Glaubensgeschwister aus der Nachbarstadt an den Gemeindekosten zu beteiligen. Es waren Johanna Heymann, Martin Bleiweis, Siegmund Bleiweis mit Familie, Moses Preminger mit Familie, Osias Preminger mit Familie und Jork Staub mit Familie, zusammen zwanzig Personen. 1913 lebten in Neumünster mindestens noch weitere neun Juden, sie beteiligten sich aber zunächst nicht am Gemeindeleben und auch nicht an den Kosten: B. Benjamin, Burnau, A. Engel, H. Igelsk, L. Iskowitsch, P. Oppenheimer, A. Podinski, S. Preminger, David Ziegelmann.

Ihr Gemeindebeitrag wurde auf 50 Prozent der Reichseinkommensteuer festgelegt, das waren zusammen 132 Reichsmark. Siegmund Bleiweis wollte seinen Beitrag jedoch nur entrichten, wenn die Gemeinde nun die Kosten für den Religionsunterricht seiner Kinder in Neumünster übernehmen würde, die er bislang selbst aufgebracht hatte. Dazu war der Segeberger Gemeindevorstand unter der Leitung von Ludwig Levy nicht bereit. Schließlich einigte man sich auf einen Kompromiß: Die Neumünsteraner Juden zahlten die Fahrtkosten für den Lehrer nach Neumünster, die Segeberger sein Gehalt.

Der Fortzug des reichsten Juden aus Neumünster, Jork Staub, am 1. Oktober 1912, gut vier Wochen vor Aufnahme der Neumünsteraner in die israelitische

Gemeinde Segeberg bedeutete eine beträchtliche Einnahmeneinbuße. Statt der erwarteten 132 Reichsmark flossen jetzt nur noch 65 Reichsmark aus Neumünster in die Segeberger Gemeindekasse. Ob Staub ohnehin fortziehen wollte, oder ob er nicht bereit war, einen Gemeindebeitrag in Höhe von 50 Prozent der Einkommensteuer für die religiöse Betreuung zu entrichten – das wäre bei ihm die für damalige Verhältnisse hohe Summe von 67 Reichsmark gewesen –, ist unbekannt.

Auch in den folgenden Jahren gab es allerlei Differenzen über Art und Höhe des Gemeindebeitrages. Die Juden in Neumünster sahen sich durch die Fahrtkosten für den Religionslehrer (1,90 RM pro Fahrt) stark belastet. Andererseits waren sie darüber erbittert, daß dieser nicht immer zu den verabredeten Zeiten am Ort erschien, sich verspätete oder den Unterricht ganz absagte. Bei einer Veranstaltung in Neumünster Anfang 1933 erklärten die dortigen Juden gegenüber Oberrabbiner Joseph Carlebach nachdrücklich, wie sehr sie in Anbetracht antisemitischer Übergriffe, aber auch aufgrund des religiösen Desinteresses einiger Gemeindemitglieder um die regelmäßige Abhaltung von Gottesdiensten besorgt seien. 1930, drei Jahre vor der nationalsozialistischen Machtergreifung, lebten in Neumünster 36 Juden, die zusammen 1.000 Reichsmark Gemeindesteuer zahlten. Im einzelnen entwickelte sich die Zahl der Juden auf folgende Weise:

1871: 10	**1928:** 40-50
1905: 28	**1930:** 36
1912: 20	**1933:** 47 (nur Glaubensjuden)
1925: 43	**1939:** 16 (ebenfalls nur Glaubensjuden)

Obwohl die Neumünsteraner nun regelmäßig ihren Beitrag entrichteten, war die finanzielle Auseinandersetzung um die Kosten für den Religionslehrer niemals völlig beigelegt. Anfang der 30er Jahre führte ein kleinlicher Streit beinahe zur Absplitterung und zur Gründung einer eigenen Gemeinde. Nur die Beschwörungen des Oberrabbiners, in schwerer Zeit nicht uneins zu sein, verhinderten den Bruch. Schon 1929 gab es Grund zur Klage.Der Segeberger Religionslehrer Leopold Bornstein vernachlässigte offenbar den Unterricht in Neumünster und provozierte so eine schriftliche Beschwerde an den Gemeindevorstand.

Der Stundenplan für den Religionsunterricht sah in den Jahren 1928-33, von kleinen Abweichungen abgesehen, so aus wie auf der folgenden Seite dargestellt. Die Fahrten nach Neumünster wurden mit 2 ½ Arbeitsstunden veranschlagt, insgesamt hatte der Lehrplan 28 ½ Stunden pro Woche.

Schon vor 1933 nahm die Zahl der zu unterrichtenden Kinder kontinuierlich ab, da einige Familien vor dem aufkommenden Nationalsozialismus flohen

Uhrzeit	Std. / Ort	Tätigkeit / Fach
Sonntag		
10-12	2 Neumünster	Religionsunterricht, Lesen
15-16	1 Kl. Niendorf (Haushaltungsschule)	Schreiben, Lesen
19-20	1 Wohnung	Kurs für Erwachsene
Montag		
8-9	1 Segeberg	Religionsunterricht
10-12	2 Segeberg	Schächten
Dienstag		
11-13	2 Segeberg	Biblische Geschichte
15-16	1 Kl. Niendorf	Religionsunterricht
19-20	1 Wohnung	Erwachsenenkurs
Mittwoch		
10-12	2 Segeberg	Schächten, prüfen
14-16	2 Neumünster	Gebete übersetzen
19-20	1 Wohnung	Erwachsenenkurs
Donnerstag		
8-9	1 Segeberg	Übersetzen, Lesen
11-13	2 Segeberg	Lesen, Übersetzen
19-20	1 Wohnung	Erwachsenenkurs
Freitag		
14-16	2 Segeberg	Kantorat
20-21	1 Wohnung	Erwachsenenkurs
Samstag		
9-11	2 Segeberg	Kantorat
11.30-12.30	1 Kl.Niendorf	Religionsunterricht

oder die Kinder aus Angst nicht mehr zum Unterricht schickten. Im August 1931 unterrichtete Leopold Bornstein noch neun Kinder in der Stadt, zwei Jahre später nur noch zwei. Mehr und mehr verselbständigten sich die Neumünsteraner Juden und bildeten etwa ab 1931/32 einen eigenständigen Zusammenschluß privater Natur – die Oberhoheit des Segeberger Gemeindevorstands wurde aber nicht angezweifelt.

Die Interessen der Juden in Neumünster vertrat Dr. Martin Abendstern. Er war am 17. Oktober 1903 in Stuttgart als Sohn eines Kaufmanns geboren. 1922 legte er die Reifeprüfung auf dem Eberhard-Ludwig-Gymnasium in Stuttgart ab, ein Jahr später starb sein Vater. Er studierte Chemie in Stuttgart und München, wurde 1925 Diplomingenieur und promovierte 1927 am Institut für Gerbchemie an der Technischen Hochschule Darmstadt. Der Lebenslauf findet sich in seiner Dissertation. Nach der Promotion übernahm er einen leitenden Posten bei der Lederfabrik Adler und Oppenheimer in Neumünster.

Genau wie in Segeberg hatten auch in Neumünster die Juden unter antisemitischen Anfeindungen, Haß und Verfolgungen zu leiden. 1933 lebten etwa 70 Juden in der Stadt. Der sprunghafte Anstieg von 36 Juden 1930 auf rund das Doppelte innerhalb von drei Jahren muß erklärt werden. 1930 galten nur Personen als Juden, die dem israelitischen Glauben anhingen, also keine getauften Juden und niemand, der die Religionsgemeinschaft verlassen hatte. Anders 1933: „Jude ist, wer von mindestens drei der Rasse nach volljüdischen Großeltern abstammt ... Als volljüdisch gilt ein Großelternteil ohne weiteres, wenn er der jüdischen Religionsgemeinschaft angehört hat." (Erste Verordnung zum Reichsbürgergesetz vom 14. November 1935) Insgesamt 23 Neumünsteraner, die sich teilweise längst vom Judentum abgewandt hatten oder nicht um ihre jüdischen Großeltern wußten, waren plötzlich genauso wie die sogenannten Glaubensjuden Ziel antisemitischer Propaganda und Verfolgungen. Einige Geburten und Zuzüge erklären zusätzlich die Zunahme der Zahlen in Neumünster nach 1930. Die Lederfabriken in Gadeland, im jüdischen Besitz, hatten noch Arbeit für sie.

Kaufhaus Leo Baruch 1930, Kirchstr. 1-3. Im Eingang Witwe Emma geb. Katz, die Töchter Elsa, Alice und Gerda und eine Angestellte

Es ist davon auszugehen, dass der Boykott jüdischer Geschäfte in Neumünster ebenso konsequent durchgeführt wurde wie in Bad Segeberg, so daß der private Betsaal im Haus von Martin Abendstern, Roonstr. 16, vor keiner Gewaltaktion sicher war. Am 23. Juli 1933 feierten die Juden aus Neumünster in der Roonstrasse 16 einen Gottesdienst, den Oberrabbiner Carlebach leitete. Für diesen Gottesdienst mußte zum ersten Mal eine polizeiliche Genehmigung eingeholt werden, die dann erteilt wurde – die Gruppe stand fortan unter polizeilicher Überwachung. Mehrere Neumünsteraner Juden verloren bereits 1933 ihren Arbeitsplatz. Die gegen sie gerichteten Aktionen erreichten hier 1935 einen ersten Höhepunkt, wie ein Auszug aus der *Kaltenkirchener Zeitung vom 27. August 1935* belegt:

Antisemitische Kundgebung

Am letzten Sonntagvormittag veranstaltete die hiesige SA eine große antijüdische Kundgebung, die durch zahlreiche Straßen im Mittelpunkt Neumünsters führte. Im Holstenring wurden Lastkraftwagen, schätzungsweise zwanzig an der Zahl, zusammengestellt. Durch zahlreiche an den Fahrzeugen befestigte Plakate und durch Sprechchöre auf den Wagen wurde das Volksschädigende des Judentums, Pfaffentums und der Reaktion eindrucksvoll vor Augen geführt. Die Kundgebung dauerte mehrere Stunden.

Bei dieser oder einer ähnlichen Aktion wurden vier jüdische Männer (nach anderen Aussagen 20 bis 30) verhaftet und zu Fuß durch die Stadt zum Gefängnis getrieben. Man hatte ihnen Schilder um den Hals gehängt mit der Aufschrift: „Wir sind das auserwählte Volk, wir werden jetzt das Arbeiten lernen", und „Wir wollen nicht arbeiten". Später wurden die Männer in das Konzentrationslager Sachsenhausen verschleppt. Unter diesen Umständen sahen viele Juden keine Zukunftsperspektive mehr in Neumünster und verließen die Stadt, um in der Anonymität einer Großstadt oder im Ausland mehr Sicherheit zu finden. Diese Hoffnung erwies sich meist als trügerisch. Dr. Martin Abendstern verließ am 4. Dezember 1937 mit Frau Hanna und beiden Kindern seine Heimatstadt und ging nach Wiltz in Luxemburg. Der weitere Verbleib der Familie ist unbekannt. Die Lederfabrik Adler und Oppenheimer, in der er beschäftigt gewesen war, wurde wenig später „arisiert" und in „Norddeutsche Lederwerke" umbenannt.

Nach und nach kehrten beinahe alle Neumünsteraner Juden ihrer Stadt den Rücken. Ende 1939 waren kaum mehr als zehn Israeliten in der Stadt. Noch schneller vollzog sich die Abwanderung in Bad Segeberg. Ludwig Levy war 1936 in Hamburg gestorben, sein Nachfolger als Präses, Levy Meier, floh wenig später auch nach Hamburg und starb dort am 21. Dezember 1938. Ein Jahr später gab es in Segeberg nur noch zwei Juden. Schon vor der Reichspogromnacht im November 1938 bestand der Vorstand der jüdischen Gemeinde Segeberg aus Neumünsteranern: Karl Schohl, Jakob Spitz und David Ziegelmann. Sie führten aber nicht mehr die Gemeinde, denn deren Leben war bereits erloschen.

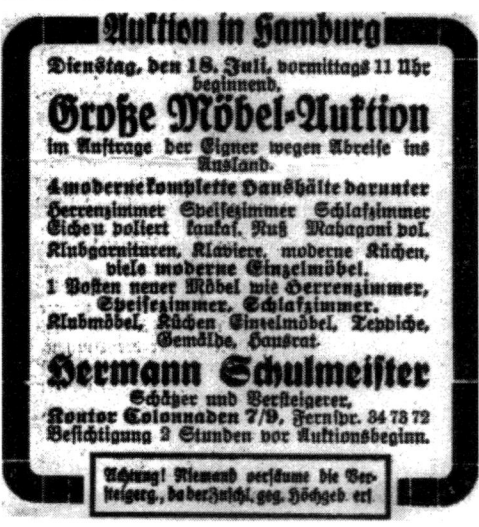

Karl Schohl betrieb von Hamburg aus den Verkauf des landwirtschaftlichen Gemeindebesitzes, drei kleine Wiesen. Wenig später verliert sich seine Spur. David Ziegelmann tauchte in Neumünster unter und hat überlebt, Jakob Spitz ging am 18.Mai 1939 nach Frankreich. Die wenigen in der Stadt Verbliebenen mußten seit 1939 den Judenstern tragen. Die Schicksale der rund 120 Neumünsteraner Juden zwischen 1933 und 1945 sind nach der Personenkartei in einer Liste zusammengefaßt, die ich im Heimatkundlichen Jahrbuch für den Kreis Segeberg 1991 (J.B., S. 86-91) veröffentlichte und dort nachgelesen werden können. Quellen und Belege für die Darstellungen in diesem Beitrag nenne ich im folgenden: (die Einzelangaben sind im J.B. 1991 verzeichnet und werden hier nicht wiederholt).

Annonce aus Hamburg zur Versteigerung von Hausrat und Gütern aus arisierten jüdischen Häusern, Juli 1933

Quellen (vgl. J.B. 1991)

Bundesarchiv Koblenz, Schleswig-holsteinisches Landesarchiv Schleswig, Segeberger und Neumünsteraner Stadtarchiv, Protokollbücher der Segeberger Badegenossenschaft, der Stadtkollegien und des Magistrats, Yad Vashem - the Holocaust Martyrs and Heroes Remembrance Authority in Jerusalem, Zentrales Staatsarchiv Potsdam, Archiv Ole Harck/Kiel.

Gedenkbuch Hamburg 1965, Gedenkbuch Koblenz 1986, Israelitischer Kalender für Schleswig-Holstein 1926-29, Jahrbuch für die jüdischen Gemeinden Schleswig-.Holsteins und der Hansestädte 1929-1938, Dissertationen Abendstern und Oppenheimer, Zeitungen

Bernhard Brilling, Die jüdischen Gemeinden Schleswig-Holsteins und der drei Hansestädte, 1971; Friedrich Gleiss im Heimatkundlichen Jahrbuch für den Kreis Segeberg 1987, 1989, 1990, 1991, 1993, 1997, 1998, 1999, 2000, 2001, 2002; ders.am 15. März 1986 in der Segeberger Zeitung; ders. im Deutschen Pfarrerblatt 3/94 und 10/97; ders., Von der Gottesmordlüge zum Völkermord, von der Feindschaft zur Versöhnung, 1995; Erich Keyser, Deutsches Städtebuch 1938; Torsten Mußdorf, Die Verdrängung jüdischen Lebens in Bad Segeberg im Zuge der Gleichschaltung 1933-1939, 1992; Horst Tschentscher, Juden im Segeberger Bürgerbuch, 1981; Dokumentation der jüdischen Gräber in Segeberg, 1989, Stadtarchiv.

23. Arisierungen jüdischer Häuser in Segeberg 1934 bis 1938

Im 18. Jahrhundert gab es in Holstein fünf „privilegierte" jüdische Gemeinden: Altona, Elmshorn, Glückstadt, Friedrichstadt und Rendsburg. Segeberg gehörte nicht dazu. In diesen fünf Orten konnten sich Juden ohne Genehmigung der Kopenhagener Regierung niederlassen, leben und arbeiten. Segeberger dagegen mußten die Erlaubnis schriftlich erbitten, der erste Antrag wurde in der Regel abgelehnt. Viele solche Gesuche befinden sich im Archiv Schloß Gottorf in Schleswig. Ab 1726 kamen die ersten jüdischen Bürger in unsere Stadt. Bürgereide von Juden sind schon für 1742 und 1744 beurkundet (vgl. Horst Tschentscher). Der Wortlaut dieser Eide war herabsetzend in Gestalt alttestamentarischer Drohungen und Selbstverfluchungen (vgl. Text-Auszug S. 10). Die spätere Synagoge in der Lübecker Straße 2 war bereits seit 1726 in jüdischem Besitz. 1742 wurde sie an den Juden Carsten Heilbronn verkauft, der bald einen Betraum einrichtete, im Volksmund „Judenkirche" genannt. 1933 wohnten in unserer Stadt annähernd 100 Menschen, die sich zum Judentum bekannten. Sie waren ohne eigenen Rabbiner, der zuständige residierte in Wandsbek oder Altona. Innerhalb der ersten fünf Jahre nach dem Machtantritt der Nationalsozialisten flohen alle jüdischen Berufstätigen (vgl. den Beitrag über die Flucht der Segeberger Juden). Die Gemeinde löste sich aufgrund staatlicher Maßnahmen auf. Die Judenverfolgung kam in Segeberg nicht aus heiterem Himmel, wie ich im Beitrag „Antisemitismus in Segeberg vor 1933" geschildert habe, auch im Kapitel 3: Judenfeindliche Bürgermeister vor 1933.

In Segeberg war lange vor Hitler der Antisemitismus verwurzelt, wie andernorts schon dargestellt wurde. Segeberger Lehrer vertraten vehement die judenfeindliche Politik der Partei: Studienrat Hermann Hossenfelder, dessen Bruder Joachim Kopf der „Deutschen Christen" war; mein erster Volksschullehrer Gustav Sach; mein Klassenlehrer in der Oberschule Dr. Franz Eichstädt, Stadtrat der NSDAP seit 1930, Magistrats-Vorsitzender nach 1933; Studienrat Dr. Rudolf König, mein Lateinlehrer, und andere. Bevor die Flucht der Juden aus Segeberg begann, spielten sich im Blick auf jüdische Immobilien Tragödien ab. Dafür konnte ich alle in Frage kommenden Grundbücher einsehen und das Schicksal dieser Häuser nachzeichnen.

All diese judenfeindlichen Einstellungen und Aktivitäten verschärften das Klima bei den Arisierungen. Zwei jüdische Betriebe wurden kurz vor Beginn des Dritten Reichs zu Dumping-Preisen verkauft, die streng genommen noch nicht zur Arisierung ab 30. Januar 1933 gehörten, aber doch genannt werden müssen:

Hamburger Strasse 9

Seit 1739 ist die Familie Heilbronn in Segeberg urkundlich belegt. Zu ihr gehörte Cäcilie Heilbronn (1864 hier geboren, unverheiratet, am 6. Juli 1942 in einem KZ umgebracht), die in diesem Haus mit ihrer Schwester Alice ein Kurzwarengeschäft betrieb. Cilly wohnte bis zum 20. April 1931 in der Hamburger Straße und zog dann zu Louis Goldstein in die Große Seestraße 2, denn der Schlachtermeister Karl Meier aus der Kurhausstraße 12 hatte am 20. April 1931 (!) im Wege der Zwangsversteigerung das Haus der Cilly vom Bruder Bernhard zum Spottpreis von 20.000 RM erworben.

Kurhausstraße 31

Die Pension Samuel Levin Baruch, ab 1898 Klara Baruch (auch Clara), ab 1926 Selly Baruch (genannt Sally), war eines von zwei jüdischen Häusern für Kurgäste. Die Wirtin kochte streng nach den Vorschriften des Judentums (koscher). Wir erfuhren schon, daß die Braut von Sigmund Freud 1885 und 1886 hier gespeist hat. Baruchs Anwesen war seit 1842 im Besitz der Familie Blume. Der Religionslehrer S.L. Baruch (verstorben 1899, sein Grabmal ist gewaltsam beseitigt worden) erwarb das Haus von den Blumes am 13. Januar 1886, hatte aber vorher den Betrieb unter dem Namen seiner Frau Klara geb. Lindenberg eröffnet. Sie hatten zehn Kinder. Die Tochter Sally verkaufte schon am 15. Juni 1932 Haus und Grundstück für nur 14.000 RM an zwei Segebergerinnen. Die beiden Erstkäuferinnen haben bald darauf an den Bäckermeister Walter Wäsche, Kurhausstraße 27, weiter verkauft. Solche „Strohmann-Käufe" gab es häufig. 1938 ist die Familie Baruch nach Hamburg geflohen. Sally Baruch wurde dort mit anderen Segebergern am 15. Juli 1942 verhaftet, nach Theresienstadt deportiert und am 15. Mai 1944 in Auschwitz in die Gaskammer geschickt.

Ab 1933 ging es Schlag auf Schlag:

Oldesloer Straße 23

Das Haus war Gegenstand des ersten „Arisierungs"-Vorganges in der Stadt ab 1933. Zahnarzt Hans Dürkop war kein Jude, aber mit der Jüdin Helene Goldschmidt aus der Kurhausstraße 53 verheiratet. Das wurde ihm zum Verhängnis. Er hatte das Anwesen am 29. April 1927 von Carl Friedrich und Herbert Vogt für 7.500 Goldmark gekauft und hier seine Praxis eingerichtet. Dürkop konnte sie nur sieben Jahre führen. Am 25. April 1934 ordnete das Amtsgericht Segeberg die Zwangsverwaltung und am 29. Mai 1934 die Zwangsversteigerung des Hauses an. So verfuhren die Behörden im NS-Staat häufig, was viele Richter nach 1945 nicht mehr wahrhaben wollten. Zahnarzt Dürkop mußte dem Buchdrucker Willi Korff am 8. Februar 1936 für 9.500 RM sein Haus überlassen. Bis heute wissen wir nicht, was aus ihm wurde. Seine

Oldesloer Straße 23 (2.v.r.) um 1905. Hier arbeitete Zahnarzt Hans Dürkop von 1927 bis 1934, verheiratet mit Helene Goldschmidt aus der Kurhausstraße 53. Erste Arisierungsopfer, obgleich halb „Arier"

Frau Helene wurde 1944 in Stutthof umgebracht, was Anfang 2001 von dem Schleswiger Wissenschaftler Erich Koch nachgewiesen wurde. Ein Wiedergutmachungsverfahren hat nach 1945 nicht stattgefunden, der Erwerber mußte keinen Pfennig zusätzlich zahlen.

Klosterkamp 6
Der Freitod des Rechtsanwalts und Notars Emil Waldemar Selig am 19. Mai 1934 führte zur zweiten „Entjudung" (so ein Synonym für „Arisierung", vgl. Frank Bajohr, Arisierung in Hamburg, 1997). Selig wurde als getaufter Jude auf dem zweiten christlichen Friedhof beerdigt. 1964 haben Verwandte das verwitterte Holzkreuz entfernt und stattdessen einen weißen Granitstein gesetzt, der bis heute an die Familie Selig erinnert. Selig war 1875 geboren, seit 1907 als Rechtsanwalt in Segeberg niedergelassen, Hauptmann im Ersten Weltkrieg, Träger des Eisernen Kreuzes I.Klasse und „Stahlhelm"-Mitglied. Am 14. Oktober 1919 kaufte er vom Mühlenpächter Heinrich Spahr aus Fahrenkrug für 4.500 RM das ansehnliche Haus. Nach dem Tod von Emil Selig veräußerte seine Witwe Anni geb.Lembke das Gebäude und Grundstück an Dr. med. Eberhard van Senden, Hamburger Straße 36. Kaufpreis: 25.000 RM. Das war ein Scheinkauf, um Regreßforderungen zu umgehen. Das Anwesen ging bald darauf in den Besitz von Zahnarzt Dr. Bregas über, der im Hause zur Miete wohnte. Seine Tochter Maria Jepsen, Hamburger Bischöfin, wurde hier geboren. Eine Entschädigungszahlung ist nach dem Kriege nicht erfolgt, weil der Nachbesitzer nicht von einem Juden gekauft hatte. Die Christin Anni Selig zog mit zwei Kindern und ihrer Schwester Hanna nach Hamburg.

167

Klosterkamp 6, Wohnhaus von Rechtsanwalt Emil W. Selig. Mai 1934 Freitod

Hamburger Straße 3

Levy Meier genannt Lede, der hier wohnte, war ein Original (vgl. „Die Spione des Levy Meier"). Er betrieb ein Herrenkonfektionsgeschäft. Sein Vater Meier Meier hatte 1904 das Haus von der Witwe Betty Blunck geb. Baumann erworben, aber schon 1907 auf den Sohn Levy übertragen. Die jüdische Familie Meier war seit dem 18. Jahrhundert in Segeberg ansässig. Im Haus wohnte auch Familie Isidor Alexander, die am 4. Juli 1936 nach Palästina auswanderte. Die Arisierung verlief in mehreren Schritten. Am 12. Mai 1936 mußte Levy Meier zwei Parzellen in Größe von 0,87 ha kostenlos an die Stadt abtreten, weil sie angeblich wertlos waren. Und am 14. Juli 1938 sollte das Anwesen für 3.000 RM an den Bauern Heinrich Hamann verkauft werden. Der Preis wurde jedoch später durch die Preisprüfungsbehörde auf 2.100 RM herabgesetzt – Lede war inzwischen schon tot. Wenn man von Enteignungen ohne Entgelt absieht, war dies *der niedrigste Verkaufserlös eines jüdischen Hauses* im Bad Segeberg der NS-Zeit. Hamann hat dann am 18. Januar 1939 an den Elektromeister Heinrich Steinbock für 20.000 RM weiterverkauft, also fast zum zehnfachen Preis, was den realen Wert dieses Hauses andeutet. Auch hier hat der Weiterverkauf dazu geführt, daß trotz des Spottpreises keine Wiedergutmachungszahlung geleistet werden mußte. Alle diese Angaben finden sich im Grundbuch.

Hamburger Straße 5

Die Doppelhäuser Hamburger Str. Nr. 3/5 wie Nr. 15/17 waren in einer

Hand. Levy Meier besaß sie beide. Einer seiner Vorfahren, der Levit Abraham Meier aus Hamburg, wurde 1813 auf dem jüdischen Friedhof beigesetzt. Der Grabstein belegt die frühe Niederlassung der Familie Meier in Segeberg. Am 1. August 1908 hatte Levy das Haus Nr. 5 vom Kaufmnann Zornig erworben. Levy war verheiratet mit Mathilde Löwenthal aus Duderstadt, ihre Tochter Margarethe Alexander wurde schon erwähnt. Frau Mathilde Meier wurde nach 1942 im Getto Minsk ermordet. Levy Meier starb 1938 im Alter von 74 Jahren in Hamburg. Zuvor mußte er sein Haus zwangsweise räumen und kurz vor seinem Tod für 25.000 RM dem Kreis Segeberg überlassen, der es alsbald an den Schneidermeister Dankert weiterverkaufte. Dies war der eigentliche Käufer, der auf solche Weise der Regreßpflicht entkam.

Hamburger Straße 15/17

Hier befindet sich heute das Geschäft von Radio Baer. Ehemals gehörte das Doppelhaus Adolfs älterem Bruder Ludwig Levy und seinem Neffen Leo Levy. Der Vater Nathan war seit 1880 Besitzer von Nr. 15 (früher 17), Sohn Ludwig seit 1890. Nr. 17 gab er an den Neffen ab. Dieser Leo war Fellhändler, bei dem wir als Schulkinder die Außenhaut der Jagdtrophäen unseres Vaters veräußerten. Die beiden Häuser wurden am 17. Juni 1935 sowie am 19. Mai 1937 auf Hugo Behrens übertragen, der dafür zusammen 11.000 RM bezahlte. Der ursprünglich vereinbarte Preis von 17.500 RM war von einer NS-Behörde herabgesetzt worden – ob auf Antrag des Käufers, ist nicht beurkundet, aber anzunehmen. Ludwig Levy hatte ihn früher väterlich gefördert! Seine Witwe Friederike geb. Frank, die sich nach ihres Mannes Tod erhängt hat, nahm in ihren Abschiedsbriefen darüber kein Blatt vor den Mund.

Hamburger Straße 35

Hier betrieb Rieke Levin geb. Frankenthal, die kinderlos war und deren Mann Adolph 1912 starb, ein Kurzwarengeschäft. Familie Levin lebte seit 1750 in Segeberg, sie war die zweitälteste am Platz. Der Schwiegervater Hirsch Levin besaß seit 1880 dieses Haus. Frau Levin mußte am 16.September 1935 das Anwesen für 6.418,64 RM an den Töpfermeister Otto Behnke verkaufen, der es bis zu seinem Tod 1999 besaß. Rieke wurde ins „Altersheim" Theresienstadt deportiert, wo sie ums Leben kam. Otto Behnke, den ich seit meiner Kindheit kannte, hat selbst die Todesurkunde für Rieke Levin in Theresienstadt angefordert und erhalten (s. S. 47), um das Haus auf seinen Namen übertragen zu lassen. Er gab den Wert des Grundstücks und Hauses am 23. August 1939 mit 300 RM an. Durch diese „Verniedlichung" erreichte er, daß das Wiedergutmachungsamt in Kiel am 9. November 1951 festlegte, Behnke habe ganze 2.400 DM Nachzahlung an die Jewish Trust Corporation in London zu leisten. Übrigens ist der Kaufpreis mit dem Pfennigbetrag dadurch zustandegekommen, daß eine bescheidene Rentenzahlung hinzukam, die Behnke allerdings nur kurze Zeit leisten mußte – „Tante Riekchen" ist ja bald im KZ umgebracht worden.

Lübecker Straße 2

Bis zum Abriß 1962 stand auf diesem Grundstück die 1842 geweihte Synagoge, wie bereits früher dargestellt. Nach 1936 haben die Segeberger Parteigenossen das Haus ohne vertraglichen Ankauf, also ohne Bezahlung, in Besitz genommen und mißbraucht, u.a. als Lagerraum für Kleidersammlungen der NS-Volkswohlfahrt. Nach dem Krieg kaufte die Stadt Bad Segeberg 1954 für 50.000 DM Grundstück und Gebäude von der Jewish Trust Corporation in London. Sie ließ das verfallene Haus 1962 abreißen, die Baulücke besteht bis heute (2002).

Bismarckallee 5

Der Seifenfabrikant und Antisemit Johann Wilhelm Wittmaack war seit 1893 Hausbesitzer der heutigen Villa Flath. 1894 verkaufte er das Haus an Carl von Borries, dieser 1902 an den Fischpächter Erich Friederici. Von dessen Witwe Johanna geb. Ahler erwarb am 27. November 1918 der „Israelitisch-humanitäre Frauenverein zu Hamburg" das Gebäude für 31.000 RM. Es war nach Nr. 11 und 21 das dritte des genannten Vereins in der bewaldeten, See-nahen Allee. Seit 1908 wohnte hier die Leiterin des jüdischen Kinderheims Sidonie Werner (vgl. den Beitrag über sie).

Die Stadtgemeinde Segeberg kaufte am 29. September 1938, also kurz vor der Reichspogromnacht, das Haus Bismarckallee Nr. 5 für 14.000, Nr. 11 für 7.000 RM. Der Einheitswert beider Häuser zusammen betrug 1935 40.200 RM. Der Hamburger Makler Kleve hatte zunächst für die beiden Immobilien zusammen 32.000 RM verlangt. Segebergs NS-Gemeinderäte befanden am 5. Juli 1938: „Die geforderten Preise erscheinen übertrieben hoch", sie konnten damit den Kaufpreis auf 21.000 RM drücken. Der Marine-Offizier Wilhelm Burmester, Pflegevater des Holzbildhauers Otto Flath, erwarb am 3. April 1939 aufgrund eines Angebots von NS-Bürgermeister Hans Koch, mit dem er befreundet war, für sich, seine Ehefrau und den Künstler-Pflegesohn Otto Flath Haus Nr. 5 für 14.000 RM. Nach dem Krieg mußte Burmester am 21. Mai 1952 an die Jewish Trust Corporation 21.000 DM nachbezahlen. Mit zweifelhaften Behauptungen wollte er dies verhindern. In einem Brief an das Kieler Finanzministerium vom 26. Juni 1949 schrieb er u.a.: „Im hinteren Teil war ein Schweinestall hineingebaut, dessen Absonderungen ins Haus flossen" – und das bei einem jüdischen Haus! Die Finanzbehörde hat ihm seine Behauptungen nicht abgenommen, er mußte zahlen. Eine Gedächtnistafel erinnert heute an das bedeutende Kinderheim.

Bismarckallee 11

Das zweite Erholungshaus des Hamburger Vereins hat eine kuriose Geschichte. Fabrikant Wittmaack hatte es 1893 für sich gebaut. Am 1.Juli 1912 verkaufte er an Hermann Feddersen und ließ im Grundbuch unter Abteilung II (Lasten) eintragen: „Käufer verpflichtet sich, nicht an einen Israeliten zu verkaufen." Aber am 6. Juni 1917 erwarb der Hamburger Frauenverein das Objekt für 18.000 RM. Frau Werner hat vielleicht nachweisen können, daß nicht an einen Israeliten, sondern an Israelitinnen veräußert wurde; von dem Passus in Abt. II hatte sie gemäß eines Vermerks im Grundbucheintrag ausdrücklich Kenntnis nehmen müssen. Am 12. Oktober 1953 hat Heinrich Friedrich Uwe Wulff das Haus, das er auch bewohnte, von der Stadt für 15.000 DM gekauft. Ein weiteres Kuriosum dieses Gebäudes: Die Stadt Segeberg hat nach dem Krieg belegt, daß sie bei Instandsetzungen nur zusetzte. So entschied das Wiedergutmachungsamt in Kiel am 26. Oktober 1951, daß die Jewish Trust Corporation an die Stadtverwaltung Segeberg 500 DM zahlen mußte!

Bismarckallee 21

Auch das dritte Haus des Jüdischen Kinderheims befand sich ursprünglich im Besitz des Fabrikanten Wittmaack. Er hatte es am 18. Oktober 1894 an den Zimmermeister Johann Friedrich Wilhelm Vest veräußert, der es am 5. April 1911 für 27.000 RM an den Hamburger Frauenverein abgab. Es war das erste eigene Haus des Vereins in der Straße. Da Wittmaack für seine Immobilien keine jüdischen Nachbesitzer wünschte, ließ er beim Haus Nr. 11 im Jahr 1912 die genannte Klausel eintragen. In den Hungerjahren nach dem ersten Weltkrieg wurden die Kinder des Hauspersonals aus Bad Segeberg mit verpflegt, wie mir eine damalige Hausgehilfin erzählte. Landrat Dr. Waldemar von Mohl schloß am 29. September 1938 einen Kaufvertrag für den Kreis Segeberg über 20.000 RM ab, ein Schleuderpreis. Ab diesem Zeitpunkt wurde es Schulungsheim für den BdM, Bund deutscher Mädel, wie berichtet. Das Deutsche Rote Kreuz zahlte am 10. Juli 1952 an die Jewish Trust Corporation für den Ankauf 37.000 DM.

Kurhausstraße 7

Das Haus besaß Adolf Levy. Im Nachbargebäude Nr. 9 führte er sein Kaufhaus. Nr. 7 ging am 24. November 1934 für 2.200 RM in den Besitz des Eisenwarenhändlers Karl Vogelberg über, dessen Geschäft ich aus meiner Schulzeit kannte. Vielleicht hatte Levy gehofft, durch diesen Billigverkauf sein Geschäft retten und weiterführen zu können. Er wich aber bald dem Druck der NSDAP und zog nach Hamburg, wo er am 10. Mai 1937 verstarb. Adolf Levys Namenszug ist noch immer am Haus Kurhausstraße 9 zu lesen.

Kurhausstraße 9

Dieses Haus kaufte Adolf Levy vier Jahre früher als Nr.7, am 7. Januar 1889 für 7.500 RM vom Fuhrmann Gustav Christian Friedrich Korn. Er verkaufte hier Textilien, Geschenke und andere Waren. Bürgermeister Johannes Elsner (vgl. Judenfeindliche Bürgermeister vor 1933) diffamierte ihn 1930 als „Altwarenhändler". Im selben Jahr zu Zeiten Elsners wurde gegenüber in der Kurhausstraße Nr.8 eine NSDAP-Dienststelle eingerichtet (Otto Gubitz war seit 1930 Ortsgruppenleiter), die unter anderem die Aufgabe hatte, Levys Kunden einzuschüchtern, z.b. durchs Fotographieren beim Betreten des Ladens. Daher gab Adolf 1934 sein Kaufhaus auf. Vor seinem Fortzug machte er rundherum Abschiedsbesuche, sogar bei den Parteileuten gegenüber, von denen er nur Feindschaft erfahren hatte. Adolfs Witwe Johanna verkaufte am 18. Juli 1938 das Geschäft an den Drogisten Eberhard Adlung für 36.000 RM. Der Einheitswert von 1935 betrug 40.100 RM.

Kurhausstraße 53

Hier betrieb Sally Goldschmidt eine Pension mit 18 Fremdenzimmern, wie aus einer Anzeige des Hauswirts hervorgeht (s. S. 108). In seinem Haus konnte nach jüdischen Speisegesetzen bewirtet werden. Dem Pensionswirt wurde von der Stadt Segeberg 1899 die Konzession zum Weinausschank am Sabbat verweigert: „Dafür besteht kein öffentliches Bedürfnis." Das hiesige Amtsgericht ordnete am 18. April 1936 die Zwangsverwaltung und am Hitler-Geburtstag, dem 20. April 1936, die Zwangsversteigerung an. Zwei Kaufverträge vom 17. und 18.März 1937 offenbaren das schlechte Gewissen der Akteure: am 17. März kaufte Hedwig Reick geb. Gießing aus Duisburg das große Haus für 19.600 RM, sie verkaufte es einen Tag später für nur 15.000 RM an den Gastwirt Dose aus der Kleinen Seestraße; offenbar zahlte sie den Kaufpreis gar nicht. Auf diese Weise war die Witwe Dose später im Vorteil, denn Selma Claren geb. Goldschmidt, die Erbin aus Lübeck, zog am 22. Dezember 1952 ihren Wiedergutmachungsantrag zurück, „da die Durchführung des Verfahrens jetzt keinen Erfolg mehr verspricht". Sie hat keinen Pfennig erhalten.

Marienstraße 37

Unsere Kenntnisse von der Geschichte des Hauses sind unvollständig, weil das alte Grundbuch unauffindbar ist. Seit dem 8. Oktober 1910 befand sich in diesem Haus am großen Segeberger See das „Fachinstitut für Heil-, Störungs- und seelische Behandlung von Kindern und Jugendlichen". Mitte 1936 bezog die Stadt Bad Segeberg das herrliche Seegrundstück ohne Zahlung eines Kaufpreises im Wege der Zwangsenteignung. Am 30. Dezember 1941 wurde es im Grundbuch für die Stadt eingetragen. 1955 übernahm es der Kreis Segeberg und richtete nach Umbau das Jugend-Aufbau-Werk (JAW) ein, das bis heute

Solbad Segeberg - Kieler Straße

Café Stämmler.

Café Stämmler, Kurhausstraße 51 um 1900. Nr. 53 (dahinter) war Sally Goldschmidts Pension mit 18 Fremdenzimmern

dort arbeitet. An der Seeseite vor dem Fachwerkteil, der das damalige Institut beherbergte, hat der Verein zum Schutz des Jüdischen Friedhofs in Segeberg eine Gedenktafel aufgestellt. Für dieses Haus gab es kein Wiedergutmachungsverfahren, also auch keinerlei Nachzahlung.

Kirchstraße 1-3

In diesem zentral gelegenen Doppelhaus führte seit dem 1. Juni 1910 Leo Baruch ein Kaufhaus für Textilien, Spielsachen und Geschenke. Er starb im August 1930. Danach betrieb seine Witwe Emma geb. Katz das Geschäft mit ihren drei Töchtern Elsa, Alice und Gerda weiter bis zum 10. November 1938. Helmut Fock, geboren 1904, war lange Jahre Steuerberater der Baruchs bis in die späten 30er Jahre. Er hat am 6. Dezember 1954 bei einer Verhandlung in Bad Segeberg erklärt: Bis mindestens 1937 erzielte das Kaufhaus Baruch Umsätze im bisherigen Umfang, nämlich jährlich über 100.000 RM, trotz aller Boykotte, Schmierereien, Zeitungskampagnen und sonstiger Anfeindungen. Die Damen Baruch mußten einmal drei Tage „Schutzhaft" hinnehmen. Der Oberfinanzpräsident Nordmark Richard Giese, von dem wir noch einmal hören werden, erließ am 17. Oktober 1938 Sicherungsanordnung gegen Familie Baruch und bestimmte am 25. Juli 1939, daß die Verkaufssumme auf ein Sperrkonto einzuzahlen sei. Zehn Tage nach dem Pogrom, am 19. November 1938, wurde mit der Firma Kahlke und Melcher ein erster Kaufvertrag über

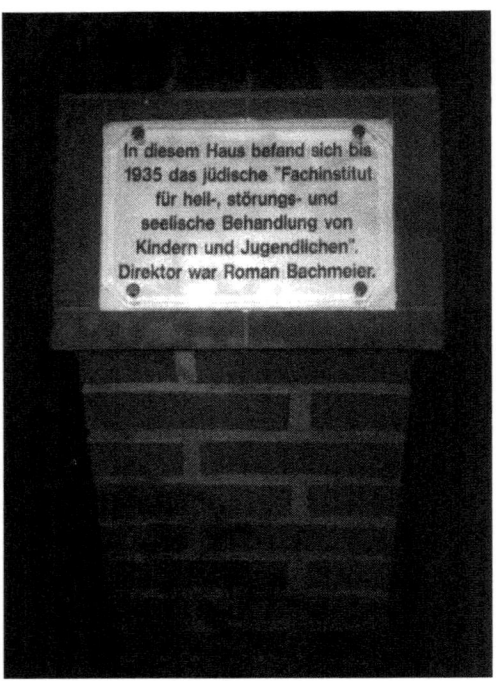

In diesem Haus befand sich bis 1935 das jüdische "Fachinstitut für heil-, störungs- und seelische Behandlung von Kindern und Jugendlichen". Direktor war Roman Bachmeier.

Gedenktafel Marienstraße 37, 1998 vom „Verein zum Schutz des jüdischen Friedhofs" errichtet

60.000 RM abgeschlossen (Einheitswert 1935: 46.240 RM). Es war der einzige hiesige Verkauf der dreißiger Jahre, der den Einheitswert überschritt. Der Regierungspräsident in Schleswig setzte die Kaufsumme am 27. Februar 1939 auf 50.000 RM herab. Die Wiedergutmachungskammer beim Landgericht Kiel hat am 9. November 1951 verfügt, daß Ernst Melcher 33.000 DM nachzahlen mußte.

Große Seestraße 2

Der Bäcker Louis Goldstein, beschäftigt in der Fahrenkruger Brotfabrik, kaufte 1902 von Schlachtermeister Karl Meier dieses Grundstück. Das einzige Wunder bei der Arisierung in Segeberg: Sie fand hier nicht statt, obwohl der Hauseigentümer „Volljude" war. Gebäude und Grundstück (der Garten grenzt an denjenigen meines Elternhauses Kurhausstraße 21) sind bis heute im Familienbesitz. Gewiß, Goldstein war nacheinander mit zwei Christinnen verheiratet, alle fünf Kinder wurden getauft und konfirmiert, die beiden Söhne gehörten zu NS-Berufsorganisationen. Das alles wäre aber kein Schutz gewesen, wie die Beispiele von Rechtsanwalt Selig oder Zahnarzt Dürkop belegen. Vermutlich hatte der Bäcker persönliche Beziehungen zur NS-Führung. Denn am 26. Oktober 1938 erließ der uns schon bekannte Oberfinanzpräsident Giese in Kiel Sicherungsanordnung gegen den *Juden* Louis Goldstein, aber rund sechs Wochen später, am 13. Dezember 1938 erteilte derselbe für den *Rentner* Goldstein die Genehmigung, seine beiden Grundstücke (eines lag in Fahrenkrug) den fünf Kindern zu übertragen. Wahrscheinlich ist mein Nachbar zwischen den beiden Erlassen persönlich nach Kiel gefahren.

Emma Baruch geb. Katz mit Töchtern Elsa, Alice und Gerda, ca. 1926

Haus von Louis Goldstein, Gr. Seestraße 2, verstorben 1943

Die Nachgeschichte

Es gab noch einige Häuser in jüdischem Besitz, die nicht von Juden genutzt oder bewohnt waren. So hatte Ludwig Levy in Segeberg sechs Häuser. Sie sind hier nicht aufgeführt. Daneben gab es eine Reihe unbebauter Grundstücke, Wiesen, Koppeln, Äcker, die von den jüdischen Eigentümern veräußert werden mußten. Auch ist zu bedenken: Wer von heute auf morgen sein Haus oder seine Wohnung aufgeben oder sein Geschäft räumen muß, hinterläßt viele Güter: Möbel, Hausrat, Gartenhäuser und -geräte, Werkzeug, Warenlager, Immobilien, Bankguthaben. Der Staat Hitlers bereicherte sich durch Ausbürgerung und Enteignung an seinen jüdischen Bürgern, oder, wie eben dargestellt, durch massiven Druck und Eingriffe in Kaufverhandlungen. Zurückgelassene Güter wurden dem Diebstahl preisgegeben. Dem Reich und vielen Privatpersonen sind durch die „Arisierung" Werte in Milliardenhöhe zugeflossen (vgl. Frank Bajohr: Die Arisierung in Hamburg).

In den Wiedergutmachungsverfahren der Nachkriegsjahre ist in keinem einzigen Fall den jüdischen Vorbesitzern oder Erben eine *angemessene* Entschädigung zuteil geworden. Oftmals gab es keine brauchbaren Aktengrundlagen, denn alle Unterlagen der Segeberger NSDAP-Dienststellen sind gegen Ende des Krieges vernichtet worden. Nach Aussagen von Zeugen wurden sie verbrannt. Nur die Personalakten der Parteiführer, Kreisleiter Werner Stiehr und Ortsgruppenleiter Otto Gubitz, sind im Landesarchiv Schleswig (Schloß Gottorf) erhalten. Entscheidende Aussagen darin sind unwahr oder erfunden. So behauptete der Kreisleiter in seiner Spruchkammerverhandlung in Bielefeld 1947 u.a., er habe angenommen, daß „Fremdarbeiter" freiwillig hier gewesen seien. Zwei Sätze weiter verplappert er sich und spricht wahrheitsgemäß von „weiblichen Sklavenarbeiterinnen". Weiter erklärte er: „In den Konzentrationslagern saßen Staatsfeinde und kriminelle Verbrecher aufgrund eines gerichtlichen Urteils", oder: „Judenausschreitungen hat es in Bad Segeberg nicht gegeben." Otto Gubitz hat sich nach dem Krieg als Büroangestellter in der Kreisberufsschule als Judenfreund ausgegeben. So haben Täter die Wahrheit verdreht, um ihren Kopf aus der Schlinge zu ziehen.

Quellen:
Segeberger Stadtarchiv, Grundbücher, Magistrats- und Ratsprotokolle
Im Landesarchiv Schleswig: Personalakten, Wiedergutmachungsakten, Unterlagen der Jewish Trust Corporation London; Briefwechsel von Parteidienststellen mit der Polizei.

Jüdisches Segeberg
– mehr als ein Stadtführer

VEREIN ZUM SCHUTZ DES JÜDISCHEN FRIEDHOFS IN SEGEBERG
und zum Kennenlernen des Judentums

1998 erschienener Stadtführer

24. NSDAP und Kirche in Holstein und Segeberg

1921 wurde in der damaligen schleswig-holsteinischen Landeskirche eine neue Verfassung vorbereitet (heute meist Kirchenordnung genannt), die 1922 in Kraft trat. Im Rahmen dieser Verfassung habe ich viele Jahre als Pastor amtiert. Für die Wahlen zur Landessynode bildeten sich Fraktionen und Listen im Lande, so die antisemitische Liste von Hauptpastor Friedrich Andersen aus Flensburg. Andersen war Mitgründer des „Bundes für Deutschkirche", der den späteren „Deutschen Christen" (D.C.) nahestand. Die Sonntagsblätter dieser Jahre aus Breklum und Rickling (dort redigiert von meinem Großvater D. Friedrich Gleiss) verstanden unter christlicher Weltanschauung „im wesentlichen antidemokratische und antisemitisch versetzte politische Handlungsanleitungen und Wahlempfehlungen"[1].

Vorwort aus „Deutsche Gottesworte" von Reichsbischof Ludwig Müller, 1936. „Verdeutscht, nicht übersetzt"

Auch Otto Dibelius, späterer Berliner Bischof, lag auf dieser Linie. Und 1924 erkannte das Kieler Landeskirchenamt unter seinem Präsidenten Traugott Freiherr von Heintze „den Wert aller Bestrebungen, die darauf hinzielen, das eigene Volkstum vor *zersetzendem jüdischen Einfluß* zu bewahren"[2]. Auch der Holsteiner Bischof Mordhorst stimmte dem zu.

Schon diese wenigen Hinweise zeigen, daß zwischen 1919 und 1933 in der norddeutschen evangelischen Landeskirche äußerst günstige Voraussetzungen für Hitlers judenfeindliche Politik gegeben waren. Die fünfzehn Jahre zwischen dem Ende des Ersten Weltkriegs bis zu Hitlers Machtantritt fanden ihren Höhepunkt in der sogenannten „Braunen Synode" vom 12. September 1933. Die meisten Synodalen kamen in Braunhemden.[3] 92 Prozent der Abgeordneten gehörten zu den Deutschen Christen! Schon 1932 stimmten über fünfzig Prozent der evangelischen Wähler in unserem Land für die NSDAP.[4] Segeberg wählte lange vor 1933 die Partei Hitlers mit klaren Mehrheiten. Führende Pastoren der Landeskirche waren frühe Parteigenossen: Pastor Ben-

Reichsbischof Ludwig Müller mit Adolf Hitler

der, Schönwalde; Pastor Johannes Peperkorn, Viöl; Pastor Gustav Dührkop, Altona; Hauptpastor Andersen, Flensburg; Pastor Max Ehmsen, Todesfelde. Dührkop und Bender wurden nach 1933 Pröpste, ebenso Pastor Ernst Sczymanowski alias Biberstein, Kaltenkirchen. D.C.-Landesbischof Adalbert Paulsen vollzog die Pröpste-Einführungen.[5]

An Dührkops Einführung in Wandsbek nahmen 300 Amtsträger der NSDAP in Uniform teil, wie Pastor und Konsistorialrat Nikolaus Christiansen voller Stolz hervorhob.[6] Dieser Dührkop „verlor immer mehr an Achtung unter seinen Pastoren und Propsteiangehörigen"[7]. Dennoch war Dührkop die treibende Kraft bei der Amtsenthebung von Pastor Bernhard Bothmann in Wandsbek.[8] Dieser wurde aus dem Amt entfernt, weil er „mit einer Volljüdin verheiratet" sei.[9] Das Kieler Landeskirchenamt nannte sie „waschechte Jüdin".[10] Bothmann wurde am 13. März 1939 in den einstweiligen Ruhestand versetzt.[11] Er mußte Wandsbek verlassen. Als seine Frau 1940 einen Sohn gebar, wurde sie von staatswegen zur „ledigen Mutter" gemacht.[12] Die Entwürdigung nahm kein Ende. Im Beisein seiner Frau, die kein Wort reden durfte, ist der Pastor im Februar 1943 von der Gestapo in die Hamburger Rothenbaumchaussee vorgeladen und verhört worden: „Wie er sich als Deutscher und als deutscher Soldat so weit vergessen könnte, mit einer Nichtarierin zusammenzuleben ... Sie bekäme ja schon wieder ein Kind."[13] Er war gezwungen, die gemeinsame Wohnung aufzugeben, Ingeborg Bothmann lebte allein mit ihren drei Kindern. Sie wurde im Februar 1945 verhaftet. Delikt: Jüdin. Bernhard Bothmann starb 1952 im Alter von nur 66 Jahren.

Ein zweiter, ähnlicher Fall betraf Pastor Walter Auerbach in Altenkrempe[14]; ein dritter den „Halbjuden" Pastor Fritz Leiser aus Brokdorf.[15] Die Absetzung von Pastoren und Pröpsten sowie die Beförderung von Parteigenossen unter den Geistlichen gehörte zum Alltag im Dritten Reich. Zugleich wurden damit die neu eingesetzten pastoralen Parteianhänger in ihrem kirchlichen Wirkungskreis die Bestimmenden. Die Führung der Landeskirche bis hinein ins Landeskirchenamt lag seit 1933 viele Jahre hindurch in den Händen von Parteigenossen. Mehrere Personen waren bei dieser Kirchenpolitik die treibenden Kräfte: Pastor Johannes Peperkorn, anfangs in der Gemeinde Viöl bei Husum, bald darauf NSDAP-Kreisleiter von Südtondern; Herbert Bührke, Präsident des Landeskirchenamts Kiel; sein Vorgänger Traugott Freiherr von Heintze, von dessen judenfeindlichen Erlassen wir schon hörten; nicht zuletzt der auf Bührke folgende Präsident des Landeskirchenamts bis 1943, Dr. Christian Kinder, von 1933 bis 1935 Reichsleiter der „Deutschen Christen", sowie der schon vorgestellte Pastor und Konsistorialrat Nikolaus Christiansen.

Eines der ersten Opfer war im Oktober 1933 Propst Robert Rotermund in Segeberg. (Mit seinen Kindern habe ich gespielt.) Nachfolger wurde auf Betreiben des NSDAP-Kreisleiters Werner Stiehr der Alt-Parteigenosse und Kaltenkirchener Pastor Ernst Sczymanowski alias Biberstein, eine besonders makabre Figur. Seinen Alias-Namen legte er sich selber zu, weil er die Polen verachtete und keinen polnischen Namen tragen wollte. Er war 1899 geboren und starb Mitte der 80er Jahre in einem Neumünsteraner Altersheim. Bei seiner Einführung in Segeberg 1934 versuchte er, mit Zitaten aus dem Neuen Testament den Antisemitismus zu begründen. Er konfirmierte meine älteste Schwester Ingeborg. Ein Jahr später berief ihn Reichsbischof Ludwig Müller nach Berlin. Dadurch entging er einem landeskirchlichen Disziplinarverfahren wegen einer von ihm durchgeführten deutschkirchlichen Konfirmation bei den drei Töchtern der Familie Paul Schneider in Itzehoe am 14. April 1935. Allerdings hätte er vom „braunen" Landeskirchenamt kaum etwas zu befürchten gehabt. Er trat in die SS ein und wurde schon 1937 Obersturmbannführer (Adolf Eichmanns Dienstgrad), später Standartenführer (Oberst). Im selben Jahr trat er mit seinen Kindern aus der evangelischen Kirche aus, wie es die SS verlangte.

1941 organisierte Szymanowski in Oppeln die Deportation der Juden. Im Juni 1942 wurde er Kommandeur der Einsatzgruppe C (es gab davon 6), die hinter der vormarschierenden deutschen Wehrmacht tausende von Juden, Sinti,

Propst Robert Rotermund (1881-1945), Segeberg, 1933 von den Machthabern abgesetzt

Roma u.a. zusammentrieb, erschoß und in Massengräbern verscharrte. Er hätte bei der Tötung „aus humanitären Gründen", wie er sie verstand, Gas vorgezogen, weil die Gesichter nicht so entstellt würden wie bei Erschießungen, bekannte er später. Am 8.April 1948 wurde er in Nürnberg zum Tod durch Erhängen verurteilt, 1951 zu lebenslänglich begnadigt, 1956 von seinem SS-Kameraden Propst Richard Steffen, Neumünster, zu einem unverdient unbelasteten Lebensabend mit Pension im Altersheim aus dem Gefängnis geholt.

Aus der eidesstattlichen Erklärung von Ernst Emil Heinrich Szymanowsky alias Biberstein am 2. Juli 1947 in Nürnberg, abgegeben vor dem US-Richter Rolf Wartenberg: „Vom 1. Juni 1941 bis Juni 1942 war ich Leiter der Stapostelle Oppeln. Im Juni 1942 wurde ich nach Rußland als Führer des Einsatzkommandos 6 der Einsatzgruppe C nach Kiew kommandiert. Während meiner Dienstzeit als Chef des Einsatzkommandos vom September 1942 bis Juni 1943 sind in dem mir zugeteilten Raum cirka 2.000 bis 3.000 Hinrichtungen vom Einsatzkommando 6 vorgenommen worden. Ich selbst beaufsichtigte eine Exekution in Rostow, die mit Hilfe eines Gaswagens vorgenommen wurde. Die zum Tode bestimmten Personen wurden, nachdem ihnen Geld und Wertsachen und zum Teil auch Kleidung abgenommen worden waren, in den Gaswagen eingeladen. Der Gaswagen faßte ungefähr 50 bis 60 Leute. Das Fahrzeug fuhr dann zu einem Ort außerhalb der Stadt, wo Mitglieder des Kommandos bereits ein Massengrab geschaufelt hatten. Ich selbst habe das Ausladen der Leichen gesehen, ihre Gesichter waren nicht verzerrt. Der Tod dieser Leute war ohne Krampferscheinungen eingetreten. Während der Entladung war kein Arzt, der den eingetretenen Tod feststellen hätte können, anwesend. Der Gaswagen wurde von dem Fahrer Sackenreuter aus Nürnberg gefahren. Derselbe war über den Gebrauch des Gaswagens genauestens unterrichtet und hatte Spezialkurse hierfür mitgemacht.

Untersturmführer Homann teilte mir eines Tages mit, daß das Einsatzkommando einen Überschuß von 100.000 Mark hatte. Dieser Betrag stammte von den zur Exekution bestimmten Personen, die Geld und Wertsachen abliefern mußten. Da mein Einsatzkommando verschiedene Städte bearbeitete und von Zeit zu Zeit nur eine geringe Anzahl von Menschen auf einmal hinzurichten hatte, wurde nicht immer der Gaswagen gebraucht. Ich habe auch Exekutionen, die mit der Feuerwaffe durchgeführt worden sind, beigewohnt. Die zur Exekution bestimmten Personen mußten am Rande der Grube niederknien, und Mitglieder meines Kommandos gaben den Hinzurichtenden einen Genickschuß mit einer Maschinenpistole. Die getöteten Personen fielen danach meistens in die Grube. Ich hatte keinen besonderen Spezialisten für Genickschuß. Auch bei dieser Art von Exekutionen war kein Arzt anwesend.

Während meiner Dienstzeit als Leiter der Stapoleitstelle Oppeln ist mir bekannt, daß durch ‚Geheime Reichssache' angeordnet war, daß Leute von uns abzustellen seien, um in Kriegsgefangenenlagern nach bolschewistischen Triebkräften zu suchen. Diese Leute wurden in das Konzentrationslager Auschwitz gebracht. Ich weiß nicht, was mit diesen Leuten in Auschwitz passiert ist. Diese Aussage habe ich freiwillig gemacht." Auf dem Leben von Biberstein/Szymanowsky basiert Gerald Greens Roman „Holocaust".

Aus der Propstei Segeberg ist weiter zu erwähnen Pastor Max Ehmsen, Todesfelde, geboren 1905 in Pinneberg, gestorben 1977. Seine handschriftlichen Eintragungen auf fünfzehn Seiten der Todesfelder Gemeindechronik für die Jahre 1931 bis 1934, die mir vorliegen, sind aufschlußreich. Die eigene aktive Rolle in der NSDAP hat er verschleiert. Er läßt unerwähnt, welcher Art sein „Amt in der Gauleitung" war: nämlich Schulungsleiter für die Nordmark, d.h. für ganz Schleswig-Holstein. In dieser Eigenschaft reiste der junge Pastor zu vielen Pfarrkonventen und Propsteisynoden im Lande, um, so schreibt er, „mitzuarbeiten am kirchlichen Neubau", wie er ihn verstand. Das hieß: die Kirche „in den Dienst der Bewegung" zu stellen. Er pries die „göttliche Sendung des NS-Staates". In seiner Ge-

Pastor Max Ehmsen (1905-1977), Pastor in Todesfelde 1931 bis 1934, NSDAP-Gau-Schulungsleiter

meinde bedeutete das für ihn, den „Vaterländischen Frauenverein" in die NS-Frauenschaft und die evangelische Jugend in die Hitler-Jugend und den Bund deutscher Mädel einzugliedern. Für die letztgenannte Aufgabe wurde Ehmsen am 4. Januar 1934 von Reichsjugendpfarrer Zahn auf Landesebene, dann am 9. April 1934 als Nachfolger des von den Nationalsozialisten abgesetzten Wolfgang Prehn (nach dem Krieg Propst in Husum, danach Vorsteher des „Rauhen Hauses" in Hamburg) zum Landesjugendpfarrer berufen. Er blieb das nur bis 1937 - danach gab es keine evangelische Jugend mehr, sondern nur noch HJ und BdM. Später wechselte Ehmsen nach Flintbek bei Kiel, wo ich 1950 ohne Kenntnis seiner „braunen" Vergangenheit unter ihm gepredigt habe. Er schrieb in der erwähnten Todesfelder Chronik: Um „allen zu dienen, war mir von der Gemeinde her Zurückhaltung geboten" (nämlich, in eine Partei einzutreten). „Die Haltung wurde von der Gemeinde verstanden und nur durch Vertrauen beantwortet" - das waren unwahre Phrasen, oder glaubte er, seine Vorträge außerhalb der eigenen Gemeindegrenzen sowie seine hohe Parteifunktion blieben in Todesfelde unbekannt? In Predigten brennende Zeitfragen zu behandeln, hieß für ihn, zu versichern, „Hitler und der NS-Staat können helfen". Als Gauschulungsleiter Nordmark sprach er 1932 auch zum Segeberger Pfarrkonvent und vor der Propstei-Synode.

Professor *Walter Grundmann*, Jena, gründete und leitete das „Institut für die Erforschung und Beseitigung des jüdischen Einflusses auf das kirchliche Leben" in Eisenach. Er brachte im Zweiten Weltkrieg ein „entjudetes" Neues Testament, z.B. ohne den Hebräerbrief heraus, übersetzt von der Dichterin Lulu von Strauß und Torney, die ungenannt bleiben wollte. Das Institut ließ 50.000 Exemplare mit dem Titel: „Die Botschaft Gottes" drucken und an Frontsoldaten verschicken. Der Druck erfolgte in Weimar „im Jahr des deutschen Entscheidungskampfes 1940". Gleichzeitig erschien die erläuternde Schrift: „Das Volkstestament der Deutschen". Annähernd vollständig sind nur die vier Evangelien. Sie wurden wie alle neutestamentlichen Texte nach Grundmanns völkisch-rassistischer Auffassung gereinigt und redigiert: „Jene Stellen des Neuen Testaments sind ausgewählt, in denen die Gotteswahrheit zum bleibenden Ausdruck gekommen ist", schrieb der Theologieprofessor und Nationalsozialist.

Mit den übrigen Teilen des Neuen Testaments ging Grundmann willkürlich um. Wahllos stellte er sie aus Bruchstücken der Apostelgeschichte sowie des Galater- und Philipperbriefes zusammen. Diese rudimentären Teile werden durch Grundmanns Exegesen unterbrochen. Es gibt nirgendwo Verweise auf Bibelstellen, Israel und Judentum werden ausgeblendet, die Beschneidung ist umschrieben, alle biblischen Berichte sind verstümmelt. Das Ganze ist eine Verfälschung der biblischen Botschaft. Außerdem gab Grundmann ein „gereinigtes" Gesangbuch heraus: Zion, Jerusalem, Israel, Jakob, Joseph usw. kamen in diesen Kirchenliedern nicht mehr vor.

Martin Redeker, ordentlicher Professor für Systematische Theologie in Kiel, war Mitarbeiter dieses Eisenacher Instituts. 1945 zu Recht entlassen, klagte er dagegen und wurde wieder in Amt und Würden eingesetzt. Er hat mich in beiden theologischen Examina 1951 und 1953 in Dogmatik geprüft, natürlich unter völliger Ausklammerung judaistischer Themen, die doch sein Spezialgebiet waren. Ich hatte damals noch keine Ahnung von seiner dubiosen Haltung im Dritten Reich. Um seinen belasteten Ruf zu verwischen, setzte er sich seit 1949 - möglichst öffentlich - für die Gründung des „Theologischen Studienhauses Kieler Kloster" ein, zu dessen ersten Bewohnern ich 1950 auserkoren wurde.

Grundmann war kein Einzelfall. Ein eklatantes Beispiel dieser Haltung bot der evangelische Pfarrer Siegfried Leffler aus Thüringen, der 1935 folgendes schrieb: „Tatsache ist es, daß in der stockdunklen Nacht christlich-kirchlicher *Geschichte* Hitler für unsere Zeit gleichsam das wunderbare Transparent, das Fenster wurde, durch das Licht auf die *Geschichte* des Christentums fiel. Durch ihn hindurch vermochten wir den Heiland in der *Geschichte* der Deutschen zu sehen."[16] Dreimal wird der Begriff „Geschichte" strapaziert.

Für die durch Pastor Ehmsen vollzogene Eingliederung der Ev. Jugend in HJ und BdM wurde am 19. Dezember 1933 ein sogenanntes Abkommen zwischen Reichsbischof Ludwig Müller (der nie gewählt worden war) und Reichsjugendführer Baldur von Schirach geschlossen, also von zwei Parteigrößen. Davon war ich selbst als Elfjähriger 1934 betroffen. Es hieß darin, daß die ev. Jugend weiterhin Ferienlager u.ä. durchführen könne, wenn bei Geländespielen ein HJ-Führer das Kommando hätte. Das „Abkommen"[17] war ein glatter Betrug: Es gab nach 1934 hier kein einziges kirchliches Ferienlager mehr, und Baldur von Schirach hatte bereits Ende Juli 1933 die gleichzeitige Mitgliedschaft in HJ/BdM und kirchlichen Gruppen verboten. In Wahrheit existierte nur noch eine staatliche Organisation für junge Menschen, getrennt nach Geschlechtern: HJ und BdM.

Einige weitere Pastoren der 30er Jahre in Segeberg sind erwähnenswert.[18] Pastor Kurt Lucht kämpfte im Herbst 1936 gegen die „antikirchliche und antichristliche Agitation" in Bad Segeberg, die von Kreisleiter Werner Stiehr ausging. Dem lag u.a. eine Anordnung der obersten SA-Führung vom 1. Juli 1935 zugrunde, daß während der sonntäglichen Kirchzeit „kulturelle Dienstgestaltung ihrer Formationen" durchzuführen sei.[19] Das war sogenanntes „po-

Pastor Dr. Fritz Seefeldt (1888-1968), Segeberg

sitives Christentum" (NSDAP-Partei-programm von 1920) und NS-Kultur-Verständnis. Neben Pastor Lucht (1936/37) gehörte mein Konfirmator Pastor Dr. Fritz Seefeldt (Pastor in Segeberg 1933-38) zu den Bekenntnistreuen. (Ihm verdanke ich viel innere Festigkeit im Glauben). Ein hektisches Kommen und Gehen der Seelsorger kennzeichnete die 30er Jahre in Segeberg: Es arbeiteten in der Gemeinde Dr.theol. Georg Faust (1931-33, nach 1945 Propst in Lütjenburg), Werner Rabe (1938/39), Karl Kobold (1933/34, nach dem Krieg Propst in Preetz). Nur der NS-Anhänger Pastor Bruno Hess blieb von 1937 bis Kriegsende hier, neben ihm noch Pastor Carl Friedrich Jaeger, der mit dem NS-Regime sympathisierte. Er wurde auf eigenes Betreiben 1955 Propst in Segeberg. Trotz dieser parteitreuen Pastoren verzichtete unsere Mutter nicht auf den Kirchgang. Wir sechs Kinder fragten sie nach ihrer Motivation. Sie antwortete: „Die können predigen, was sie wollen. Eines können sie nicht: auf die Lesung des Evangeliums verzichten. Darum gehe ich."

Die Personalpolitik der NSDAP, genauer: ihre Kirchenpolitik im Land nördlich der Elbe war rigoros. Pastor Hermann Grimm aus Neumünster z.B. wurde in eine lauenburgische Landgemeinde zwangsversetzt.[20] Von vielen weiteren Amtsenthebungen nenne ich nur die wichtigsten: Propst Hermann Siemonsen, Flensburg, Bruder von Oberstudiendirektor Hans Siemonsen an der hiesigen Dahlmannschule, wurde 1933 abgesetzt, allerdings schon 1935 wieder zum Propst in Schleswig ernnannt.[21] Pastor Hans Asmussen, nach dem Krieg Propst in Kiel (er predigte 1953 bei meiner Ordination) sowie Pastor Wilhelm Knuth, beide Altona, wurden 1933 suspendiert und zwangsweise pensioniert. Auch Pastor Wilhelm Halfmann, Flensburg, später Bischof für Holstein, wurde 1934 Opfer dieser Säuberungen der Partei. In fünfzig von hundert holsteinischen Kirchengemeinden wollten die „braunen" Kirchenvorstände ihren Pastor verjagen.[22] Es wären hier noch viele andere Namen zu nennen.

Nach der schnellen Ablösung des NSDAP-Propsten Szymanowski hielt Landesbischof Paulsen am 17. Dezember 1934 in Segeberg einen Vortrag, bei dem er auf Betreiben von Pastor Peperkorn durch SA-Trupps gestört wurde. Paulsen konnte den Saal nur unter Polizeischutz durch eine Hintertür verlassen.[23] Er kam noch einmal am 21. August 1935 zum Pfarrkonvent nach Segeberg.[24] Es ging dabei vor allem um den Austritt von 34 Vikaren der Bekennenden Kirche aus dem Preetzer Predigerseminar.Während der Amtszeit von Propst Szymanowski und offenbar, um diesen zu unterstützen, sprach Gauleiter Hinrich Lohse am 14. Januar 1934 hier.[25]

Ein betrüblicher Fleck auf der Kirchenkarte Holsteins nach 1945 war die „Landeskirche Eutin" mit etwa 25 Pfarrstellen. Sie ist später in der 1977 gegründeten „Nordelbischen Evangelisch-Lutherischen Kirche" aufgegangen. Wilhelm Kieckbusch, Propst schon vor 1933, danach nicht abgesetzt, auch nicht nach 1945, war in Eutin tonangebend. Zu seinem 60. Geburtstag hatten ihn seine Pastoren zum „Bischof" befördert, wie er sich seither nannte. Ich bin ihm persönlich begegnet - es war das einzige Mal in meinem Berufsleben, daß ich mich meines Lutherrocks geschämt habe.

Dieser Geistliche war Volksschullehrer, kein Theologe. Er hat nach dem zweiten Weltkrieg reihenweise Amtskollegen, die dem NS-Regime nahe gestanden hatten oder gar hörig gewesen waren, in seinem Bezirk aufgenommen und mit einer Pfarrstelle betraut. Das war eine illustre Versammlung! Entsprechend schwierig auch die kirchliche Arbeit, wie mir Pastor Hartwig Lohmann, früher Eutin, geschildert hat. Ich nenne die wichtigsten „braunen" Pastoren, die im Kirchenkreis Eutin nach der Hitlerzeit „Zuflucht" fanden: Joachim Hossenfelder in Ratekau, Reichsführer der Glaubensbewegung Deutscher Christen; Hans Gerber, Bosau; Heinz Deiseroth, den die Kollegen zum Nachfolger von Wilhelm Kieckbusch wählten; Richard Scharnweber; und nicht zuletzt Hugo Rönck aus der NSDAP-Hochburg Thüringen. Rönck war dort „Kirchenpräsident" und nannte sich beim Einmarsch der Amerikaner flugs „Landesbischof", was ihm aber die Haft nicht ersparte, die er später „KZ-Haft" zu nennen beliebte.

Als er nach Eutin kam, schwor er dem Kollegen Kieckbusch, sich nie wieder Landesbischof zu nennen. Ein Jahr später stand im Telefonbuch „Landesbischof a.D.", was ihm ein Disziplinarverfahren seitens der Evangelischen Kirche in Deutschland eintrug. Anläßlich des 455. Geburtstages von Martin Luther am 10. November 1938 - ein vorgeschobener Anlaß - hatte Rönck einen Rundbrief an die Gläubigen in Thüringen verfaßt. Darin erinnerte er an die sieben „treuen Ratschläge" in Luthers bösem Pamphlet von 1543 „Von den Juden und ihren Lügen". Der erste lautete: „Zündet ihre Synagogen an!" Rönck erklärte den reichsweiten Pogrom der NSDAP vom 9.November 1938 zum „wunderbaren Geschenk für den Reformator".[26]

Nun müssen die Segeberger Amtsträger der NSDAP und ihre Bedeutung für Juden und Christen erwähnt werden. Ortsgruppenleiter war von 1930 bis 1936, in den entscheidenden Jahren, Otto Gubitz, den ich gut gekannt habe. Er war kein Scharfmacher, aber er befolgte dennoch rigoros die Weisungen seiner Führung. Dazu gehörten nach dem 30. Januar 1933 Boykotte jüdischer Geschäfte und Betriebe durch SA-Posten, Schmierereien an Häusern und Schaufenstern, Hetzartikel in der Tagespresse, Bespitzelungen oder Beobachtung der Kunden jüdischer Geschäfte und Betriebe. Schon 1930 wurden Parteibüros dafür herangezogen, z.B. in der Kurhausstraße 8. Das erste Opfer war der getaufte Jude, Rechtsanwalt und Notar Emil Waldemar Selig, Klosterkamp 6. Im Mai 1934 drehte er den Gashahn auf, um sich umzubringen. Weitere Opfer der Judenverfolgung unter Gubitz waren: Pension Baruch, Kurhausstr. 31; Pension Goldschmidt, Kurhausstraße 53; Kaufhaus Adolf Levy, Kurhausstraße 9; Rieke Levin, Kurzwaren, Hamburger Straße 35; Cilly Heilbronn, Kurzwaren, Hamburger Straße 9; Levy Meier, Herren-Konfektion, Hamburger Straße 5; Leo Levy, Häute und Felle, Hamburger Straße 17; Moritz Steinhof, Kleinhandel, Lübecker Straße 12. Bis 1938 schlossen neun der zwölf von Juden betriebenen Firmen unter dem Druck der Partei.

Militante Schützenhilfe bekam Gubitz vom Kreisleiter Werner Stiehr, der ein scharfer Hetzer gegen die Kirche war, obgleich vormals selbst Propstei- und Landes-Synodaler sowie Vorstands-Mitglied im Landesverein für Innere Mission. Schon im Mai 1933 hat er auf dem Segeberger Marktplatz mißliebige Bücher verbrennen lassen (vgl. S. 15). Er holte, wie berichtet, den Parteigenossen Szymanowski Anfang 1934 als Propst nach Segeberg; er setzte die erwähnte Weisung seiner SA-Führung, zur Kirchzeit „kulturelle" Veranstaltungen durchzuführen, konsequent um, z.B. durch eine sonntägliche Feier auf dem Marktplatz vor der St. Marien-Kirche zur Übernahme der 14jährigen Pimpfe in die HJ. Ich erinnere mich gut an die Blasmusik, die immer dann einsetzte, wenn im Gottesdienst ein neuer Choral angestimmt wurde. In Wahrheit war dies keine Kultur-Veranstaltung, sondern eine Jugendweihe der sogenannten Gottgläubigen, durch die Konfirmationen ersetzt werden sollten. Stiehr und Gubitz erreichten die *Flucht* fast *aller jüdischen Bürger* bis 1939 (vgl. den gleichlautenden Bericht), mit einer Ausnahme: Jean Labowsky hat als einziger Jude in Segeberg den Krieg überlebt. Er war ein Klassenkamerad von Werner Stiehr. Das ist keine Ehrenrettung des fanatischen Kreisleiters – man nannte ihn auch „Kreis-Stier-Leiter" –, im Gegenteil. Alle übrigen Juden sind rücksichtslos verfolgt worden, darauf hatte Labowsky bei seinem Schulgefährten keinerlei Einfluß.

Beide Parteiführer wurden von Lehrern unterstützt, die schon genannt wurden. Im Dritten Reich war ich Schüler, ab 1940 mit 17 Jahren Soldat. Vor und gleich nach 1945 bin ich all den belasteten Pädagogen und Kirchenmännern ohne Kenntnis ihrer politischen Vergangenheit begegnet; so dem Landesbischof Paulsen, der in meinem Hilfsgeistlichenjahr 1953 Pastor in der Propstei Stormarn war. Meine heutige Betroffenheit ist das Ergebnis späterer Studien in dieser Sache.

Quellen

Dieser Beitrag basiert auf Band 6/1 der Schleswig-Holsteinischen Kirchengeschichte, erschienen 1998 bei Wachholtz in Neumünster; Arno Bamm,, Die Akte Rotermund, Klagenfurt 2001; sowie Klaus Scholder, Die Kirchen und das Dritte Reich, Band I, 1986. Weitere Quellen werden im Text genannt. - Aus eigenen Begegnungen kannte ich die Mehrzahl der genannten Kirchenmänner persönlich.

Anmerkungen

1. Kirchengeschichte 6/1 / Kige., S. 68
2. Kige., S. 70 - Kursivsetzung F.G.
3. Kige., S. 149-158
4. Peter Heinacher, Die Anfänge des Nationalsozialismus im Kreis Segeberg, Bad Bramstedt 1976, S. 13
5. Astrid Louven, Die Juden in Wandsbek, Hamburg 1989, S.182
6. Kige., S. 163
7. Kige., S. 183
8. Kige., S. 338
9. Kige., S. 183
10. Louven, a.a.O., 186
11. Kige., S. 184
12. Kige., S. 185
13. Louven, a.a.O., 186f.
14. Kige., S. 156
15. Kige., S. 354f, 358, 409
16. Klaus Scholder, a.a.O., S. 246
17. Kige., S. 176f
18. Kige., S. 182
19. Kige., S. 320
20. Kige., S. 162
21. Kige., S. 161
22. Kige., S. 163
23. Kige., S. 204
24. Kige., S. 210, 220, 230f
25. Segeberger Kreis- und Tageblatt vom 15. Januar 1934
26. Hans-Peter Stammer in der DIG-Information 4/2001

25. Die Flucht der Segeberger Juden 1933 bis 1938

Die Lebenswege der Segeberger Juden habe ich seit zwei Jahrzehnten systematisch erforscht und nachgezeichnet. Im Laufe dieser Jahre erhielt ich als gebürtiger Segeberger unzählige Fotos, Postkarten, Briefe, Urkunden, Pässe und andere Dokumente. Durch diese günstigen Umstände konnte fast jedes Schicksal verläßlich dargestellt werden. Segeberg war auf auswärtige und jüdische Kurgäste angewiesen. Zwei Pensionen sowie die drei Häuser für Kinder- und Müttererholung in der Bismarckallee trugen dazu bei.

Ab 1933 gab es für unsere jüdischen Bürger nur zwei Möglichkeiten: ausharren oder auswandern. Wer hierblieb, wurde seit den 40er Jahren deportiert und ermordet. Das wollten nur wenige glauben. Wer emigrierte, ging in die Fremde und Unsicherheit. Auf dem Kontinent Europa konnte er infolge der Hitlerschen Eroberungen nur im Versteck überleben. Denn in allen vom „Führer" besetzten Ländern folgte zwei Wochen nach dem Einmarsch dieselbe Prozedur: 1. Registrierung aller Juden, 2. Konzentration in Lagern oder Stadtteilen zum Zwecke der Internierung, 3. geschlossene Deportation mit anschließender Exekution - nur die Exekution verschwiegen die Befehle der Militärkommandanten. Die Flucht aus der Heimat war innerhalb Europas keine sichere Rettung des Lebens.

In „Mein Kampf" schrieb Hitler unmißverständlich, er wolle die Juden als „die internationalen Vergifter ausrotten", damit „das Deutsche Reich Herrin des Erdballs und das *Herrenvolk* der Welt würde" (die Kursivsetzung folgt Hitlers Original). Der Historiker Werner Maser schrieb 1966: „‚Mein Kampf' ist ein unmißverständliches und differenziertes Programm des schrecklichen Unheils gewesen, das Hitler getreu seinen Erklärungen und Prophezeiungen über Deutschland und die Welt heraufbeschwor." (S. 8)

Im Spätsommer 1942 wurden neun Segeberger in Hamburg verhaftet und danach in den Osten verladen: Cilly Heilbronn am 6. Juli 1942, Ella und Frieda Levy am 11. Juli 1942, Rieke Levin und Sally Baruch am 15. Juli 1942, Gertrud Katzenstein am 2. September 1942, Mathilde Meier am 21. September 1942, die Religionslehrer Leopold Bornstein und Max Moddel am 8. November 1942. Die Genannten sind in einem der östlichen Lager Auschwitz, Theresienstadt, Minsk, Reval oder Riga umgekommen, keiner von ihnen starb eines natürlichen Todes.

Bis 1938 sind fast alle Segeberger Juden nach und nach aus der Stadt geflohen:

Moritz und Tochter Flora Steinhof in Bad Kissingen 1932. Flora floh nach 1933 und überlebte den Krieg

Schon am 1. August *1933* die *Familie Moritz Steinhof*, Lübecker Straße 12, mit sieben Personen. Sie gingen zuerst nach Wien, dann zu dritt in die ungarische Heimat. Vier der fünf Kinder konnten sich absetzen, drei davon überlebten den Krieg. Die Eltern mit Tochter Selma sind nach dem deutschen Einmarsch in Ungarn in den Osten deportiert und ermordet worden. *1934* folgte *Familie Emil Waldemar Selig*, Klosterkamp 6, nachdem das getaufte Familienoberhaupt, Rechtsanwalt und Notar, sich am 19. Mai 1934 das Leben genommen hatte. Seine Frau Anni zog mit ihrer Schwester und zwei Kindern nach Hamburg und eröffnete dort eine Pension. Auch *Adolf Levy*, Kurhausstrasse 9, verließ mit Frau Johanna und mehreren Kindern Segeberg und begab sich nach Hamburg, wo er 1937 starb. Frau Levy war in einem Hamburger Versteck der Deportation entgangen und lebte bis 1949 in den USA. Von ihren zehn Kindern wurden vier getötet und sechs in alle Welt verjagt.

Der Selbstmord von Rechtsanwalt Emil Waldemar Selig im Mai 1934 bedarf einer Erläuterung: SA-Posten standen vor Praxis und Wohnung. Hinzu kam, daß jüdische Juristen die erste Berufsgruppe waren, die von der Partei schon 1933/34 ausgeschaltet wurde. (Vgl. Joseph Walk: „Das Sonderrecht für die Juden im NS-Staat", Heidelberg 1996, mit rund 2000 judenfeindlichen Erlassen; oder Uwe Dietrich Adam, Judenpolitik im Dritten Reich, Düsseldorf 1979.) Rechtsanwalt Selig, seit 1907 in Bad Segeberg zugelassen und Inhaber der größten Praxis am Ort, hat als wacher Zeitgenosse die Aktionen der SA, der NSDAP, des Juristen-Bundes und des NS-Staates registriert und aus ihnen den Schluß gezogen, daß sein Weiterleben hier unmöglich war. Ende 1934 durften sich Juden in Deutschland nicht mehr Rechtsanwalt nennen – Emil Waldemar Selig war zu diesem Zeitpunkt schon tot.

1935 gingen *Cilly und Alice Heilbronn* mit unbekanntem Ziel fort. Cillys Flucht und Leben endete nach dem 6. Juli 1942 in Theresienstadt. Nach dem Tod des katholisch getauften Direktors Roman *Bachmeier* flohen *alle Angestellten und Insassen* seines „Fachinstituts" in der Marienstrasse 37. Auch *Friederike und*

Ludwig Levy zogen zu Verwandten nach Hamburg.

1936 gab es einen Massen-Exodus: *Gertrud Katzenstein* geb. Michalski, die Nachfolgerin von Sidonie Werner in der Leitung der Kinderheime seit 1933, verließ mit ihren Mitarbeiterinnen und Angestellten Segeberg. Auch ihr Leben endete gewaltsam am 2. September 1942 in Theresienstadt. *Alice und Rieke Levin*, Hamburger Straße 35, gaben ihr Kurzwarengeschäft auf und siedelten nach Hamburg über. Von dort wurde Rieke nach Theresienstadt deportiert und in diesem fürs Internationale Rote Kreuz hergerichteten „Musterlager" am 2. August 1942 ermordet. Familie *Isidor Alexander* ließ ihr Haus Hamburger Straße 3 zurück und überlebte den Krieg in Übersee. Schließlich kapitulierten auch *Mathilde und Levy Meier* (vgl. J.B. 1993, S. 109ff) mit den Brüdern Joseph und Bernhard Meier. Mathilde starb den Tod der jüdischen Deportierten am 21. September 1942 in Minsk. Dieses Kriegsjahr wurde für viele Segeberger Juden ein Mordjahr. Die Gemeinde war am Ende.

Gut vierzig Gemeindeglieder verließen unter dem Druck der Diskriminierungen in den ersten vier Jahren des „tausendjährigen" Reichs („Gebt mir vier Jahre Zeit", hatte Hitler gesagt) ihre Segeberger Heimat. Wenn der Gemeindevorsteher Ludwig Levy, seit 1886 im Amt, schon 1935 auswich, zeigt das an, daß seine Gemeinde nicht mehr lebensfähig war. Und der Exodus ging weiter bis zum frühen, bitteren Ende.

1937 beendete *Sally Baruch*, Kurhausstr. 31, ihren florierenden Pensionsbetrieb, seit drei Generationen von der Familie geführt. Sie nahm Geschwister, Neffen und Nichten, Schwägerinnen und Schwäger mit – und wurde selbst in Auschwitz umgebracht. Auch *Toni und Leo Levy*, Kurhausstrasse 9 und Hamburger Strasse 17, emigrierten nach Ratzeburg und sind am 15. April 1944 mit Sohn Max Erwin über Holland und Großbritannien nach Kanada und später nach Israel geflohen. Diese genauen Daten stammen von Max Erwin Levy.

1938 ließ die Witwe *Emma Baruch* geb. Katz, Kirchstraße 1-3, nach der Reichspogromnacht vom 9./10. November ihr demoliertes Wohn- und Geschäftshaus im Stich. Mit den drei Töchtern Elsa Löwenstein, 1941 in Lodz „für tot erklärt", Alice Reyersbosch, 1942 unter ungeklärten Umständen in Hamburg gestorben, und Gerda Norden, geboren 1908, reiste die Mutter nach Holland. Gerda konnte sich nach Schottland einschiffen und lebt heute in London. Wir besuchten sie 1996. Mutter Emma starb an Hunger und Erschöpfung in Theresienstadt. Die Brüder *Adolf und Emil Goldstein*, geboren 1912 und 1914, Große Seestraße 2, suchten ebenfalls ihr Heil in der Flucht, überlebten den Krieg, starben aber beide früh.

Nach dem 9. November 1938 hatten mehr als zwei Drittel der Gemeindeglieder ihren hiesigen Wohnsitz aufgegeben. Die NSDAP war ihrem Ziel, alle

Juden zu vertreiben, ganz nah gekommen. Im Segeberger Kreis- und Tageblatt vom 12. November 1938 stand: „Seit dem 9. November 1938 gibt es im ganzen Kreis Segeberg kein jüdisches Geschäft mehr!" Es lebten nur noch einige hier: Jean Labowsky, Helene Dürkop geb. Goldschmidt, Louis Goldstein, seine zweite Frau und die Tochter Minna Kruse. Nach Dr. Hermann Hagenah im „Deutschen Städtebuch" lebten 1938 nur noch acht Juden in der Stadt. Beispielhaft für das Schicksal der deutschen Juden im Dritten Reich sollen die *Lebenswege der zehn Kinder von Adolf und Johanna Levy*, Kurhausstrasse 9 (wie oben dargestellt), mit Zahlen und Ortsangaben geschildert werden:

1. *Ludwig Levy*, geb. 1889, lebte in Hamburg, floh mit Frau und Sohn nach Amsterdam, von wo sie „evakuiert" wurden – Tarnwort der Nazis für Deportation mit beabsichtigter Todesfolge. Alle drei wurden in Riga bzw. in Auschwitz „für tot erklärt", ein weiterer verschleiernder Ausdruck für den Mord in der Gaskammer.

2. *Toni Levy*, geb. 1890, Mutter der erwähnten, früh verstorbenen Resi, floh mit ihrem Mann Leo Levy und Sohn Max Erwin 1944 nach Kanada. Toni war mit zwei Schwestern 1948 in Segeberg, um drei Grabtafeln in Auftrag zu geben für Ludwig, Adolf und ihre Tochter Resi Levy.

3. *Erna Levy*, geb. 1891, verheiratet in Hamburg, wurde 1938 in Holland von Partisanen versteckt, 1945 durch kanadisches Militär befreit, reiste nach New York und starb dort 1984.

4. *Hedwig Levy*, geb. 1894, verheiratete Rosenmann, München, wurde mit Tochter Liselotte über Theresienstadt nach Piaski bei Lublin deportiert. Dort wurde Liselotte ermordet, die Eltern überlebten den Krieg.

5./6. *Ella und Frieda Levy*, geb. 1896 und 1898, lebten in Düsseldorf und Hamburg, wurden zusammen am 11.Juli 1942 aus der Hansestadt nach Auschwitz verfrachtet und wie die meisten Ankömmlinge noch am selben Tag in der Gaskammer getötet.

7. *Alice Levy*, geb. 1900, Krankenschwester in Darmstadt, nahm rechtzeitig ein Schiff in die USA, wo sie bis 1983 lebte.

8. *Martin Levy*, geb. 1901, verheiratet in Hamburg, floh nach Shanghai. Von dort schrieb er am 14. Februar 1947 den im Beitrag „Zeitzeugen erinnern sich" wiedergegebenen Brief an den Schlachter Konrad Harder. Er ging später in die USA und starb 1954. Frau und Tochter wurden in einem KZ umgebracht.

9. *Richard Levy*, geb. 1903, Kaufmann in Düsseldorf, emigrierte in die USA und starb dort 1970.

10. *Ernst Levy*, geb. 1905, emigrierte 1938 mit Frau und zwei Kindern nach Holland. Das half ihnen nichts: Alle vier wurden deportiert und in Sobibor „für tot erklärt", d.h. in die Gaskammer geschickt.

26. Jüdische Geschäfte und Betriebe in Bad Segeberg

Die kleine israelitische Gemeinde hatte für unsere Stadt auch wirtschaftliche Bedeutung. 16 Gewerbebetriebe und Einrichtungen trugen zum städtischen Wohlstand bei. 130 Jugendliche in Kinderheimen und einem Fachinstitut für sprachgestörte Mädchen leisteten dazu einen weiteren Beitrag.

Zwei Kaufhäuser machten beachtliche Umsätze: Leo Baruch in der Kirchstraße 1-3 und Adolf Levy, Kurhausstraße 9. Sie verkauften Gebrauchsartikel, Geschenke, Kleider. Emma Baruch geb. Katz führte nach dem Tod ihres Mannes im August 1930 mit ihren drei Töchtern und christlichen Angestellten das Geschäft bis zum November 1938 ohne Umsatzverluste weiter. Daran ist ablesbar, daß ihre Angebote solide und preiswert waren, sonst hätten die hiesigen Kunden bei der Judenhetze und den Boykotten seitens der NSDAP den Einkauf bei Baruchs eingestellt.

Zwei Praxen zogen hunderte von Menschen an. Zahnarzt Hans Dürkop, Oldesloer Straße 23, sowie Rechtsanwalt und Notar Emil Waldemar Selig, seit 1907 Hamburger Straße 1 bzw. Kirchstraße 23. Selig hatte unter den damals vier Rechtsanwälten bis 1933 die weitaus größte Klientel. In seinem Wohnhaus Klosterkamp 6 lud er Segeberger zu musikalischen und kulturellen Begegnungen ein. Von diesen Abenden spricht man unter Älteren noch heute.

Zwei Pensionen in der Kurhausstraße 31 (Klara Baruch) und 53 (Sally Goldschmidt), letztere mit 18 Fremdenzimmern, d.h. rund 30 Betten, boten ihren Kurgästen aus ganz Deutschland Verpflegung nach mosaischen Geboten an, koschere Kost. Juden von außerhalb wählten dort oder in Privathäusern ihr Quartier. Die Mahlzeiten nahmen sie dann in den genannten Pensionen ein, weil sie wußten, daß dort nach religiösen Vorschriften gekocht wurde. 50 bis 60 oder mehr Gäste kamen den ganzen Sommer über hierher.

Textilien wurden vor allem in drei Betrieben angeboten: Vollrath Hickstein, Oldesloer Straße 9; Lede Meier, Hamburger Straße 3/5; Adolph Labowsky, Kirchstraße 26. Stoffe und Kleidung gehören zu den teuren Bedarfsartikeln, deren Steuererträge immer beachtlich sind. Meier sprach seine Kundschaft ganz persönlich vor der Ladentür an (vgl. den Beitrag über seine 15 Spione). Hickstein gab in den 20er Jahren wegen der Weltwirtschaftskrise bald wieder auf. Von Adolph Labowsky wissen wir nur, daß er mit Inseraten auf sein Geschäft aufmerksam machte. Auch die beiden oben genannten Kaufhäuser führten unter anderem Textilien.

Kleinhandel war Juden nicht verboten, obgleich auch diese Sparte zuweilen

„Bürgerstuben" Lübecker Straße 12, ehemals Wohnhaus Moritz Steinhof

durch behördliche Regreßbestimmungen eingeschränkt wurde. Drei Segeberger lebten von diesem bescheidenen Broterwerb: Jacob Blumenthal, Kurhausstraße 37; Moritz Steinhof, Lübecker Straße 12 und Jean Labowsky, Lübecker
Landstraße. Den „second-hand shop" von Jacob Blumenthal hat uns dieser auf
dem Ölgemälde von 1865 überliefert (s. S. 49). Jean Labowsky mußte in den
späten 30er und frühen 40er Jahren mehrmals die Wohnung wechseln, um sich
einer Verhaftung zu entziehen. Er hat sich als einziger der Gemeinde bis 1945
mühsam am Leben erhalten können.

Zwei Kurzwaren-Geschäfte haben Frauen geführt, Cäcilie Heilbronn in der
Hamburger Straße 9 (von ihrem Vater Salomon Heilbronn, gestorben 1899,
gegründet) und Rieke Levin in Nr. 35. Diese beiden Spezialläden, meines
Wissens damals die einzigen ihrer Art in der Stadt, boten den Hausfrauen aus
dem Kreisgebiet, jüdischen wie christlichen, für ihren täglichen Bedarf Knöpfe,
Nadeln oder Garne und vieles mehr an.

Der Handel mit Fellen und Häuten sowie die Lederherstellung ist ein unan-
genehmes und ungeliebtes Gewerbe. Wenn wir als Schüler durch Klein Kum-
merfeld und Gadeland fuhren, hielten wir uns mit einer Hand die Nase zu.
Eine große Lederfabrik verbreitete Gestank durch die Schlachtung und Häu-
tung von Vieh. Hier in Segeberg lebten drei jüdische Betriebe von dieser Arbeit:
Ludwig Levy betrieb zusammen mit Georg Petersen die Abdeckerei in Rotenhahn vor Segebergs Toren; sein Neffe Leo Levy handelte mit Fellen in der

Hamburger Straße 15/17; zeitweise auch Lede Meier in der Hamburger Straße 3/5, sogar mit Maulwurfsfellen. Damals haben Juden ihren christlichen Mitbürgern diesen ungeliebten Bereich abgenommen. Die kleine jüdische Gemeinde war im Stadtleben ein wichtiger wirtschaftlicher Faktor.

27. Zwanzig Jahre Erinnerungsarbeit in Segeberg

Historische Tatsachen müssen vor dem Vergessen bewahrt bleiben. Darum ist lückenloses Erinnern unverzichtbar. Wir können nicht einzelne Phasen unserer geschichtlichen Vergangenheit aus dem Bewußtsein verbannen, nur, weil sie uns unbequem sind.

Der „Verein zum Schutz des Jüdischen Friedhofs Segeberg und zum Kennenlernen des Judentums" e.V., am 19. April 1989 gegründet, hat sich zum Ziel gesetzt, Strukturen und Wirksamkeiten der ehemaligen Jüdischen Gemeinde Segeberg dem Vergessen zu entreißen. Von etwa 1730 bis 1938 gab es hier eine israaelitische Glaubensgemeinschaft mit Synagoge, Mikwe (Ritualbad), Kinderheim, Pensionen und Friedhof. Sie war immer klein, unter hundert Seelen. Dennoch entfalteten ihre Männer und Frauen viele Aktivitäten. Ich nenne als Beispiel nur den Bau der Freibadeanstalt am Großen See im Jahr der Gründung des Kurbades 1885, den die Brüder Ludwig und Adolf Levy initiiert und mitfinanziert haben (vgl. Walter Kasch, Die Anfänge des Solbades Segeberg, J.B. 1987), den Betrieb eines Kindererholungsheimes in drei Häusern der Bismarckallee seit 1908 (vgl. meine Aufsätze im J.B. 1989 sowie in Menora und Hakenkreuz, 1998) oder das Angebot zweier koscherer Pensionen in der Kurhausstraße. Auch das Bachmeier-Institut für sprachgeschädigte Mädchen, Marienstr. 37, ist zu nennen.

Viele Recherchen gingen der Vereinsgründung voraus. Seit 1987 erschienen in den Heimatkundlichen Jahrbüchern für den Kreis Segeberg viele Aufsätze von mir über Sachverhalte der hiesigen Juden. In der Segeberger Zeitung habe ich am 15. März 1986 zum ersten Mal berichtet. Wir sind aber noch nicht am Ende unserer Kenntnisse. Was wußten hiesige Christen bis 1945 von ihren jüdischen Bürgern, und was haben sie davon weitergegeben? Haben sie in den ersten Nachkriegsjahrzehnten in dieser Hinsicht dazugelernt? Wer hat ihre Flucht nach 1933 bemerkt oder gar verhindert? Was erfuhren Segeberger von den Wiedergutmachungsverfahren in den 50er Jahren, und wie diese von den Gerichten gehandhabt wurden? Haben sie vor 1945 registriert, in welcher

Soolbad Segeberg   Badeanstalt

Badeanstalt am Großen Segeberger See, initiiert 1885 im Jahr der Kurhaus-
Weihe von den Brüdern Ludwig und Adolf Levy, Postkarte, ca. 1890

Weise die rund dreißig jüdischen Häuser „arisiert" wurden? In diesen Fragen muß Klarheit herrschen. Wir konnten nicht verschweigen, daß prominente Segeberger an der Verfolgung und Vertreibung aktiv beteiligt waren. Zur Klarheit gehört auch, daß Zeitzeugen uns heute noch zum Begreifen des Gewaltregimes der NSDAP in unserer Stadt verhelfen. Dabei denken wir ganz besonders an Jugendliche und Schüler – nur sie können eine Wiederholung der Hitler-Diktatur verhindern, wenn sie sachgerecht informiert werden.

Als ich 1980 mit meinen Recherchen begonnen hatte, sprach mich eines Tages der Alt-Segeberger Friedrich Behnke, Klassenkamerad meiner ältesten Schwester, folgendermaßen an: „Laat den Schiet doch rohn!" Ich fragte zurück: „Meenst Du Mord mit Schiet?" Das war ein erster Widerspruch gegen meine Nachforschungen – es blieb nicht der letzte.

Im Herbst 1988 wollten Freunde zusammen mit mir auf dem Platz der ehemaligen Synagoge in der Lübecker Straße 2 eine Gedenktafel aufstellen – ein Anlaß, der in der hiesigen Tagespresse kontroverse Leserbriefe und Stellungnahmen (27.7.; 3.8.; 6.8.; 8.8.; 11.8.88) hervorrief. Den Gedenk-Text, wie er heute zu lesen ist, hatte die Stadt Bad Segeberg mit der jüdischen Gemeinde Hamburg abgesprochen: „Hier stand die Segeberger Synagoge, geweiht 1842. Sie wurde während der NS-Herrschaft durch Schmähschriften geschändet und entweiht. Das Gebäude verfiel und wurde im Jahre 1962 abgerissen."

Am 2. August 1988 gab Bürgermeister Nehter einen Empfang für ausländische Gäste, die der Gedenktafel wegen gekommen waren: Rabbiner Tsevi Weinman aus Jerusalem, Enkel von Moritz Steinhof aus der Lübecker Straße 12, Kantor Dr. Emil Levy, New York, sowie Professorin Miriam Gillis-Carlebach, Tel Aviv, Tochter des früheren Oberrabbiners Dr. Joseph Carlebach in

Oberrabbinat
Altona

J.ᵀNo. 382. b.

Altona (Elbe), 29. Juni 1917.
Palmaille 10

124.

      Sollte die Frage wegen Ablieferung von Metallgegenständen, die Kultuszwecken dienen, im Besonderen auch zu der Einrichtung der rituellen Bade-Anstalt gehören, an Sie herantreten, so mache ich Sie auf den anliegenden Erlass des Ministeriums aufmerksam, auf Grund dessen wohl auch die dortige Behörde von einer Beschlagnahme absehen wird.

Der Oberrabbiner

(Unterschrift) Lerner

An den verehrlichen Vorstand der Israelitischen

Gemeinde

S e g e b e r g.

Schreiben von Oberrabbiner Dr. M. Lerner an die jüd. Gemeinde Segeberg vom 29.6. 1917 in Sachen Mikwe

Altona. Zur Aufstellung der Gedenktafel kam es aus technischen Gründen erst im März 1989. Nach dem Empfang folgten Stellungnahmen in der Presse. In einem Wochenblatt forderte ein anonymer Inserent Ausländer „zum Aufräumen, Säubern und Instandsetzen des jüdischen Friedhofs" auf. Der Stadtvertreter Rudolf Scheuerer (CDU) schrieb unter Berufung auf die im Stadtarchiv liegenden Berichte von drei Segebergerinnen, die vorgeben, der Segeberger Synagoge sei in der Reichspogromnacht vom 9. November 1938 „wirklich nichts passiert" (vgl. „Zeitzeugen erinnern sich"), an die Segeberger Zeitung (Leserbrief vom 6.8.1988): „Warum will Pastor i.R. Friedrich Gleiss die noch lebenden Zeitzeugen und deren Aussagen nicht wahrhaben? Welche Wahrheit sucht Pastor Gleiss denn noch, es gibt doch nur eine." Scheuerer erfuhr von Thomas Linsker und mir in Leserbriefen öffentlichen Widerspruch (8.8.1988), denn es gab und gibt Zeugen mit gänzlich anderen Aussagen und Beobachtungen (vgl. oben genannten Beitrag).

Ein Schulfreund erzählte mir im November 2001, NSDAP-Ortsgruppenleiter Otto Gubitz sei so schlecht nicht gewesen, er habe doch am 9. November 1938 das Niederbrennen der Synagoge verhindert. Dieses Gerücht ist schnell entlarvt: Gubitz wurde 1936 versetzt, er war 1938 gar nicht in Segeberg. Aber: während seiner Amtszeit von 1930 bis 1936 ist nachweislich mehr als die Hälfte der kleinen jüdischen Gemeinde unter dem Druck der Partei aus der Stadt geflohen. Ebenso erfuhr ich erst kürzlich, daß am 12. Mai 1944 ein amerikanisches Flugzeug auf dem Schweinemarkt abstürzte und dort ein Haus zerstört hat. Alsbald verbreitete sich das Gerücht, ein rachsüchtiger Sohn von Leo Baruch, Kirchstraße 1-3, habe den Absturz verursacht. Leo Baruch hatte gar keinen Sohn, dafür drei Töchter: Elsa, Alice und Gerda.

Das Interesse an unserer Arbeit und deren Akzeptanz hat trotz der einen oder anderen Anfeindung in den letzten Jahren kontinuierlich zugenommen. Woche für Woche erfahren wir Zustimmung, z.b. in bejahenden Anrufen, in Briefen, durch die Zusendung und Überlassung von Fotos, Akten, Postkarten, Dokumenten, deren ich inzwischen hunderte besitze, und auch im persönlichen Kontakt, bei Begrüßungen und Gesprächen in der Innenstadt.

Nach der Aufstellung der ersten Gedenktafel im März 1989 – weitere folgten – gründeten im April 1989 Freunde mit mir den „Verein zum Schutz des Jüdischen Friedhofs Segeberg und zum Kennenlernen des Judentums e.V." Die Mitgliederzahl des Vereins ist von anfangs 20 auf heute 130 gewachsen. Auch das ist eine Form der Anerkennung. Die Stadt Bad Segeberg benannte auf unseren Antrag hin 1996 eine neue Straße nach dem früheren 1. Vorsitzenden der Jüdischen Gemeinde in „Ludwig Levy-Straße". Auch die Verleihung der Ehrennadel meiner Vaterstadt an mich 1998 bezog sich auf die Wirksamkeit des Vereins, den ich leite. Die Resonanz auf unsere Ausstellung „Jüdisches Segeberg" von Januar bis März 1998, die neun Wochen lang im Rathaus hing, belegt, wieviel in Segeberg an Information, Diskussion und Aufklärung nötig und möglich ist (vgl. Jüdisches Segeberg – eine Ausstellung wirkt und wandert).

In den ersten zwölf Jahren seines Bestehens hat der Verein in rund 80

Abendveranstaltungen Zeitzeugen, Holcaust-Überlebende, KZ-Insassen, Sachkenner und Experten, primär Juden, aus aller Welt nach Segeberg geholt. Sie sind bei ihrem Besuch vormittags in eine hiesige Schule gegangen, um sich vorzustellen, aus ihrem bewegten Leben unter Hitler zu erzählen und mit den Jugendlichen ins Gespräch zu kommen. Tausende junger Menschen in Segeberg sind auf diese Weise mit historischen Ereignissen sowie Fragen des Judentums und der Jüdischen Gemeinde von damals bekannt gemacht worden und haben mit eigenen Ohren gehört, wie Juden und andere Verfolgte im Dritten Reich leben mußten. Ich selber werde Jahr für Jahr mehrmals in die Schulen gebeten, um mit Dias die ehemalige jüdische Gemeinde vorzustellen, Stadt- und Friedhofsführungen durchzuführen oder mich an einer Projektwoche zu beteiligen. Daneben bieten wir alternative Stadtführungen auf den Spuren der ehemaligen israelitischen Gemeinde und zum Jüdischen Friedhof an für Jung und Alt. Etwa 200 Gruppen nahmen das bisher an.

Exkursionen, Besichtigungen, Fahrten zu historischen Stätten sollen Kenntnisse erweitern. So waren wir in Auschwitz, Kreisau, Prag, Theresienstadt, Hamburg-Neuengamme, in der Schule am Bullenhuser Damm, im Jüdischen Museum Rendsburg, in Friedrichstadt, Elmshorn, Glückstadt, Itzehoe, zweimal in Oldenburg/O. zur Synagogen-Weihe und zur Sabbatfeier. Alle diese Orte sind geprägt durch unverwechselbare, schreckliche Ereignisse der Jahre 1933 bis 1945. Jiddische Liederabende und jüdisches Theater vervollständigten unsere Angebote.

Sechs Israel-Reisen mit je eigener Gruppe habe ich durchgeführt. Ehemalige Ferienkinder des „Sidonie Werner-Heims" wurden eingeladen, auch viele Nachlebende der dritten und vierten Generation kamen zu Besuch. So sind Freundschaften mit bedeutenden Juden aus aller Welt zustandegekommen, die dazu beitragen, Christen und Juden einander näher zu bringen. Die Ausstellung „Jüdisches Segeberg" wird in im vorletzten Beitrag ausführlich dargestellt.

28. Ein Gang auf den Spuren unserer ehemaligen jüdischen Bürger

Unsere Broschüre „Jüdisches Segeberg – *mehr* als ein Stadtführer" von 1998 beschreibt in 15 Stationen Häuser, Geschäfte, Pensionen, Praxen, öffentliche Einrichtungen, den Friedhof und Grabmale von Juden auf christlichen Friedhöfen, Menschen und ihre Schicksale (vgl. Abb. S. 177). Der Rundgang beginnt am *Rathaus* in der *Lübecker Straße 9*. Bis zur Vereinigung mit Gieschenhagen 1820 war hier die Altstadt zuende, die verbreiterte Straße ermöglichte den ersten Markt. Die ehemalige Stadtgrenze verläuft durch den sogenannten Schiedgraben (Scheidegraben) zwischen dem Beginn der Lübecker und der Kirchstraße, der noch immer Wasser führt. Die gegenläufige Hausnummerierung der beiden Straßen zeigt ebenso die frühere Trennlinie.

Das hohe Haus *Lübecker Straße 7* neben dem Rathaus aus dunklen, gelben Backsteinen war bis 1945 NSDAP-Kreisleitung, noch heute „braunes Haus" genannt. Die Partei konnte so das jüdische Gemeindeleben in der Synagoge gegenüber kontrollieren. Daneben im Haus Lübecker Straße 5 wohnte die Sekretärin des Kreisleiters Werner Stiehr, Lina Rickert, die ich kannte. Jahrelang hat sie den antisemitischen Schriftverkehr des von ihr bewunderten Chefs geführt. Ihre und die Unschuldserklärungen zweier Gesinnungsfreundinnen wurden schon erwähnt.

Das Haus *Lübecker Straße 2* war seit 1727 kontinuierlich bis 1938 in jüdischem Besitz. Seither gab es dort einen Betraum. Hinter dem Gebäude im Garten befindet sich ein kleiner gemauerter Brunnenschacht, 80 cm im Durchmesser, 1994 vom Landesamt für Vor- und Frühgeschichte freigelegt (vgl. den Ausgrabungsbericht oben). Er versorgte das jüdische Ritualbad (Mikwe) mit dem vorgeschriebenen lebenden Grundwasser. Voraussetzung für die Herstellung eines Gottesdienstraumes war die weitgehende Entfernung der Decke zwischen dem ersten und zweiten Stock. Nur vorn zur Lübecker Straße hin ließ man für die Frauen-Empore einen kleineren Deckenteil stehen. Oberrabbiner Ettlinger aus Altona konnte 1842 die Weihe des Hauses vornehmen.

Segebergs zuständiger Geistlicher lebte in Wandsbek, die kleine Gemeinde hätte ihn gar nicht besolden können. Der Kantor und Religionslehrer, oft auch Schächter, betreute als Wanderlehrer Segeberg, Neumünster und Elmshorn – das waren damals mühsame Bahnreisen. Bereits vor der Gründung der Synagoge gab es in Segeberg heftigen Antisemitismus, der sich zum Beispiel durch Störung der Sabbat-Gottesdienste entlud. Der Oberrabbiner, die Polizei und der Magistrat mußten sich damit befassen. Ab 1936 wurde das Haus ganz und gar zweckentfremdet, keine

Grab von Paul und Bertha Schmidt geb. Goldstein, 2. christlicher Friedhof. Dort ist 1943 Louis Goldsteins Urne ohne Inschrift versenkt worden

Fünf Kinder von Moritz Steinhof: Selma 1902-42; Paula 1904-42; Flora 1906-77; Cäsar 1909-54; Frieda, geb. 1912, lebt in Israel; vorne links zwei Freunde

Pflege fand mehr statt, so daß der Bauzustand sich mehr und mehr verschlechterte. 1954 kaufte die Stadt Bad Segeberg Grundstück und Gebäude von der „Jewish Trust Corporation" in London für 50.000 DM. Der niedrige Preis resultierte aus dem Bauzustand, so daß der Abriß 1962 durch das städtische Bauamt nicht zu umgehen war. Eine neuerliche gottesdienstliche Nutzung stand nicht zu erwarten. Für ein Museum gab es keine geretteten Gegenstände, keine Mittel und keinen Sponsor.

Direkt neben der Synagoge befand sich in der *Kirchstraße 1-3* das große und renommierte Kaufhaus Leo Baruch, ein Doppelhaus. Das fröhlich-traurige plattdeutsche Gedicht von Hilda Kühl (vgl. „Zeitzeugen erinnern sich") bezeugt, wie beliebt dieses Geschäft in der Bevölkerung war. Es wurde, wie schon erwähnt, bis zur Reichspogromnacht 1938 von der Witwe Baruch und ihren drei Töchtern weitergeführt. Erst nach der Plünderung des Ladens durch SA-Trupps am 9./10. November 1938 gaben die Baruchs auf und verließen unsere Stadt.

Lübecker Straße 12 wohnte beim Bauern Hermann Witte bis 1933 Moritz Steinhof. Der „fliegende Landhändler" (ein vornehmerer Ausdruck für Trödler) fuhr mit dem Fahrrad über die Dörfer und verkaufte Kurzwaren u.a. Er war 1874 In Ungarn geboren, verheiratet mit der Putzmacherin Dina Kleve. Von ihren fünf Kindern konnten sich drei nach Übersee retten. Moritz war arm und fromm. Er zeichnete die höchsten Spenden in der Gemeinde, etwa bei der

Restaurierung von Tora-Rollen. Moritz ersetzte z.B. Jean Labowsky den Lohnausfall, wenn er sich am Sabbat dienstfrei nahm. Als beim Fackelzug für Hitler am 30. Januar 1933 sein Geschäft und das vom Nachbarn Leo Baruch „dem Volkszorn zum Opfer gefallen" waren ("Segeberger Zeitung"), floh er schon am 1. August 1933 über Wien in seine ungarische Heimat. Die Zeitungsannoncen von Februar bis Juli 1933 reden eine deutliche Sprache (vgl. Beitrag über Präses Ludwig Levy).

Wir wandern weiter zum *zweiten christlichen Friedhof.* Unterhalb des Gefallenen-Ehrenmals finden wir den hohen, weißen Stein der Familie Emil Waldemar Selig. Als getaufter Jude wurde er nach seinem Selbstmord 1934 hier beerdigt. Bis 1964 stand dort ein Holzkreuz, von einem Verwandten abgeräumt und durch den weißen Stein ersetzt, den die Kirchengemeinde Segeberg erhalten will.

Auf demselben Friedhof finden wir gegenüber den schwarzen Granitstein der Familie Paul Schmidt und seiner Frau Bertha geb. Goldstein, Tochter des Bäckers Louis Goldstein aus der Großen Seestraße 2. Als Louis 1943 starb, konnte nur noch seine Urne im Familiengrab der Tochter beigesetzt werden – ohne Inschrift aus Angst vor Schändung.

Bis 1994 stand ein ähnlicher schwarzer Granitstein für Jean Labowsky auf dem dritten christlichen Friedhof an der Kastanienallee. Vor 1994 habe ich im Einverständnis mit den Töchtern Jeans das Grab mithilfe von Schülerinnen gepflegt und geschmückt. Leider hat sich die Stadt Segeberg nach Ablauf der 30jährigen Belegungsfrist nicht veranlaßt gesehen, den Stein zu verwahren.

Wir kommen nun von der Seepromenade in die *Marienstraße 37* zum früheren Bachmeier-Institut, das schon beschrieben wurde. Vor dem Fachwerk-Hinterhaus steht unsere Erinnerungstafel. Über die Rennkoppel durch den Erhard Saager-Weg stoßen wir in die Bismarckallee. Vom Sommer 1908 bis Mitte der 30er Jahre tollten hier hundert erholungsbedürftige jüdische Kinder herum. Die Schicksale dieser Häuser sind im mehreren Kapiteln schon beschrieben worden. Wir folgen von der Bismarckallee her der Eutiner Straße in Richtung Stadt. Eine Feldsteinmauer an der Kurhausstraße 81 markiert außer unserem Schild den Jüdischen Friedhof von 1792. Auch darüber findet sich Näheres in mehreren Beiträgen.

Danach biegen wir in den *Klosterkamp 6* ein und stehen vor dem roten Backsteinhaus des Rechtsanwalts und Notars Emil Waldemar Selig, mit einem gefälligen runden Balkon-Vorbau. Seligs führten ein geselliges Leben, von dem heute noch gesprochen wird (so Gerhard Medow).

In der *Kurhausstraße 53* führte Sally Goldschmidt seine Pension mit 18 Fremdenzimmern. Bis 1886 war er Präses der Gemeinde, Ludwig Levy folgte ihm. Goldschmidt floh aus Segeberg, entging aber nicht der Deportation und anschließenden Ermordung. In der *Kurhausstraße 37* wohnte bis zum Anfang des 20. Jahrhunderts Leopold Blumenthal mit Frau Mine geb. Hertzberg, zwei Söhnen und einer Tochter. Leopold und sein Sohn Jacob waren Trödler. 1865 fertigte der Maler Fritz Henning ein Ölgemälde auf Blech an, das den Hausherrn in seiner Stube zeigt. Er flickt ärmlichen Trödel, um ihn wieder verkaufen zu können. Im Blechrahmen war eine Zuguhr eingearbeitet, die er später veräußert hat, so daß im Bild an dieser Stelle jetzt ein rundes Loch klafft.

In der *Kurhausstraße 31* steht eines der wichtigsten und geschichtsträchtigsten Häuser Segebergs, nämlich die koschere Pension von Klara Baruch geb. Lindenberg, nach ihrem Tod 1926 betrieben von Sally Baruch. Verheiratet mit dem Religionslehrer Samuel Levin *Baruch, hatten Klara und Samuel zehn Kinder,* die ich hier nenne, um ihre tragische Verfolgung aufzuzeigen:

1. *Auguste Mai,* Schicksal unbekannt – sie hat nicht überlebt;

2. *Anna Beer,* 1941 in Litzmannstadt ermordet;

3. *Julius Baruch* starb 1930, so seine Nichte Alice Calder 1996

4. *Selly genannt Sally Baruch,* * 1874, mit Paula (Nr.10) am 15. Juli 1942 in Theresienstadt umgebracht;

5. *Frieda,* * 1876, 6. *Emmy,* * 1878 und 7. *Bertha Baruch,* * 1880 – alle drei starben zwischen dem 31. August und 3. September 1888 – nur Friedas Stein ist erhalten;

8. *Berman Baruch* (weiblich), * 1879, für tot erklärt am 8.Mai 1945;

9. *Siegfried Baruch,* * 1883, in einem KZ getötet. Seine Tochter Alice Calder aus San Rafael/USA besuchte uns 1996.

10. *Paula Levy verw. Brandl,* *1886, zusammen mit Selly (4.) am 15. Juli 1942 in Theresienstadt umgebracht.

Von sieben erwachsenen Kindern mußten fünf gewaltsam sterben. Als Sigmund Freuds Braut Martha Bernays 1885 und 1886 in Segeberg kurte, speiste sie im Hause Baruch (vgl. den Beitrag über sie). Mit zwei koscheren Pensionen zog die jüdische Gemeinde mehr als 200 Sommergäste an. Wirtschaft und Kultur Segebergs haben von ihrer kleinen Gemeinschaft profitiert.

Das Haus *Große Seestraße 2* kaufte der Fahrenkruger Bäcker Louis Goldstein vom Segeberger Schlachtermeister Karl Meier. Goldstein war zweimal verheiratet und hatte fünf Kinder. Signifikant ist sein Paß, den ich einige Tage in Händen hatte. Nach einem der rund 2.000 judenfeindlichen Erlasse im Hitler-Reich mußten sich ab 1939 alle männlichen Juden den Zweitvornamen „Israel" und alle weiblichen „Sara" zulegen. Seine Unterschrift im Paß leistete Louis in zwei verschiedenen Schriftarten: er schrieb „Louis Goldstein" in lateinischer, den oktroyierten Namen „Israel" aber in Sütterlinschrift. Er hat damit gegenüber der deutschen Behörde zum Ausdruck gebracht: Dieser Name gehört mir

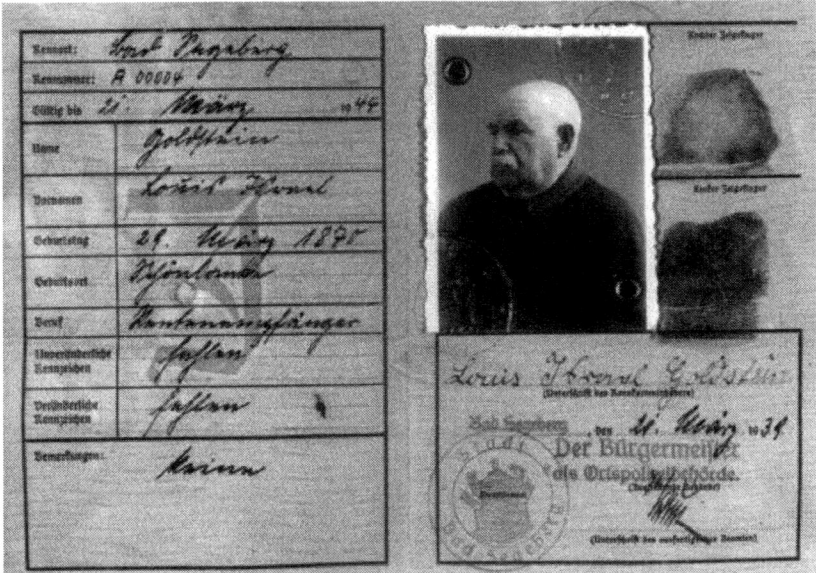

Paß Louis Goldsteins mit dem ihm 1939 aufgezwungenen Namen „Israel"
statt in lateinischer in Sütterlin-Schrift

nicht, ihr habt ihn mir aufgezwungen. Der Bäcker ist der einzige Jude in
Segeberg gewesen, der es geschafft hat, sein Haus im Familienbesitz zu behalten (vgl. den Artikel: Arisierung jüdischer Häuser in Segeberg).

Vom Großen See her kommen wir auf den früheren „*Schweinemarkt*", der
heute Parkplatz ist und keinen Namen trägt. Mein Elternhaus Kurhausstraße
21 steht einige Häuser weiter; aus meiner Kindheit habe ich noch das Quieken
der Ferkel im Ohr, die dort gehandelt wurden. In der *Gabelung Große See-*
straße/Kurhausstraße steht ein Springbrunnen, den der jüdische Ungar Ervin
Bossanyi, damals in Lübeck wohnhaft, im Jahr 1928 schuf (vgl. den Artikel
über ihn). Sein Namenszug am Sockel ist noch gut zu lesen.

In der *Kurhausstraße 9* hatte Adolf Levy ein Warenhaus. Aufgrund der Boy-
kottmaßnahmen der NSDAP gab er schon 1934 sein Geschäft auf und floh
nach Hamburg, wo er 1937 starb. Zuvor war er an seinem 80. Geburtstag von
Oberrabbiner Dr. Joseph Carlebach geehrt worden. 1879 Mitbegründer des
Kindervogelschießervereins, wurde er 1929 mit den anderen Gründern in offe-
ner Kutsche durch Segeberg gefahren. Die Solbad Segeberg A.G. hatte seine
Unterstützung. Er förderte die Sterbe-Gilde und initiierte mit seinem Bruder
Ludwig 1885 den Bau der Frei-Badeanstalt am Großen See, die bis heute in
Betrieb ist. Nach 1933 standen dort Schilder, die auch den Brüdern Levy gal-
ten: „Baden für Juden verboten!"

Am Anfang der *Hamburger Straße 1 bis 17*, mitten im Stadtkern, waren von diesen neun Häusern sechs von Juden bewohnt. In Nr. 1 hatte zeitweise Rechtsanwalt und Notar Selig seine Kanzlei. In Nr. 3 wohnte Isidor (Ismar) Alexander, 1894 in Freystadt/Westpreußen geboren, als Verwundeter im Ersten Weltkrieg hier hängengeblieben. Er heiratete die Nachbarstochter von Lede Meier in Nr. 5, Margarete, die 1898 in Segeberg zur Welt kam. Ihre Mutter Mathilde geb. Löwenthal aus Duderstadt wurde am 15. Juli 1942 – Todesdatum vieler Segeberger Juden – von Hamburg nach Theresienstadt deportiert und ist laut einer Urkunde vom 21.9.1942 in Minsk „verschollen".

In der *Hamburger Straße Nr. 9* verkaufte Cäcilie Heilbronn, genannt Cile oder Cilly, Kurzwaren. Familie Heilbronn ist seit 1739 urkundlich belegt. In Nr. 15-17, heute Radio Baer, wohnten zwei Levys. Ludwig handelte ursprünglich im Haus Nr. 15, danach in Nr. 17 mit Häuten und Fellen, später sein Neffe Leo. Dieser war Schwiegersohn von Adolf Levy und 1891 in Friedrichstadt geboren. Leo hatte mit Frau Toni zwei Kinder: Resi, * 1927, gestorben 1929. Ihr Bruder Max Erwin, * 1922, verstorben 1988 in Frankfurt, war 1986 unser erster Gastredner in Segeberg.

In *Nr. 35*, heute Fliesen-Behnke, führte Rieke Levin mit ihrer Schwester Alice ein Kurzwarengeschäft. Rieke war 1861 in Lübeck geboren, wurde am 15. Juli 1942 von Hamburg nach Theresienstadt deportiert und dort am 2. August 1942 getötet.

Gegenüber der Marienkirche in der *Kirchstraße 26* – heute Restaurant Einstein – führte Adolph Labowsky, Sproß einer alteingesessenen Segeberger Familie, ein Manufakturwarengeschäft. Er war 1856 in Rendsburg geboren und starb 1923 in Segeberg. Mit seiner Frau Caroline geb. Levi, * 1857, hatte er vier Kinder: Irma, die in den USA verstarb; Walter, * 1887, Fahrradhändler in Hamburg, tauchte mit seinem Kompagnon in Holland unter, wurde nach Theresienstadt deportiert und ist dort „verschollen"; Marga, * 1890, auch in Theresienstadt umgekommen; Jean, * 1891, 1945 einziger überlebender Jude der Gemeinde in Segeberg, seit Kriegsende bis 1952 Stadt-Direktor in hohem Ansehen, starb hier 1964. Er war verheiratet mit Minna Saggau, * 1903. Ihre beiden Töchter leben in Segeberg, auch zwei Enkel. Noch 1936 gründete Jean Labowsky zusammen mit dem Drogisten Walter Cordts und dem Uhrmacher Hans Lund – beide renommierte Segeberger Kaufleute – den Fußballclub „Holstein Segeberg" – so eng waren seine Freundschaften.

Auch ein Besuch der *drei Grabmale vor St. Mariens* südlichem Längsschiff gehört zu unserem Stadtrundgang. Die besondere Struktur dieser steinernen und eisernen Zeugnisse aus dem 18. und 19. Jahrhundert erfahren Sie in den Beiträgen „Der erste Jude in Segeberg" und „Drei Grabmale vor St. Marien".

Sie dokumentieren, wie eng Christen- und Judengemeinde in unserer Stadt verflochten waren (s. S. 13, 84 und 85).

Der Vollständigkeit halber nenne ich noch zwei Häuser, deren jüdische Bewohner vor 1933 nicht mehr hier lebten: In der *Lübecker Straße 29* wohnte Familie Seligmann mit vielen Kindern durch mehrere Generationen hindurch, bis sie Anfang des 20. Jahrhunderts nach Hamburg umsiedelten; der Name steht auf manchen hiesigen Gräbern. Dann hatte *Oldesloer Strasse 9* Vollrath Hickstein in den 20er Jahren vorübergehend ein Herren-Konfektionsgeschäft. Die einzige Spur besteht in einem hölzernen Kleiderbügel mit eingebranntem Namen. Mit offenen Augen und Herzen kann man in dieser Stadt vieles entdecken, was unser Nachdenken herausfordert.

29. Jüdische Nachfahren besuchen uns

Nachdem man unsere Mitbürger alle hinausgejagt hatte, sehnten sich einige, die sich hatten retten können, zurück wie Auswanderer. Als erste kamen nach dem zweiten Weltkrieg *drei Töchter von Adolf Levy*, Kurhausstrasse 9: Toni, * 1890 und mit Leo Levy verheiratet; Erna, * 1891 und Alice, * 1900. Sie reisten aus den USA 1948 in ihre Geburtsstadt, um nach dem Jüdischen Friedhof zu sehen, der schon zu ihrer Segeberger Zeit schwer verwüstet worden war. Dort ließen sie zwei Tafeln für ihren Vater Adolf und dessen älteren Bruder Ludwig anfertigen und aufstellen. Beide Brüder waren in Hamburg verstorben und begraben, sollten aber durch diese Platten in Erinnerung bleiben. Eine dritte Platte galt Tonis Tochter Resi, die 1929 knapp zweijährig verstarb. Sie liegt über dem Platz, auf welchem sie 1929 beerdigt wurde. Erst 1986 besuchte der einzige Bruder Resis, *Max Erwin Levy* aus Frankfurt, zwei Jahre vor seinem Tod die Vaterstadt. Er sprach vor einem großen Publikum über seine gefahrvolle Flucht nach Kanada und vermittelte mir viele wichtige Daten seiner großen Familie.

Gerda Norden geb. Baruch aus der Kirchstraße 1-3 war vier Jahre nach den Levy-Töchtern in ihrem Geburtsort. Leo Baruch, ihr Vater, war im August 1930 verstorben und auf dem jüdischen Friedhof östlich der Linden beigesetzt worden. Sein Grabstein ist nicht mehr vorhanden, Judenfeinde haben ihn beseitigt. So kehrte Frau Norden trotz unserer Einladung später nicht wieder hierher zurück. Ich korrespondiere regelmäßig mit ihr, vor Jahren haben wir sie in London besucht.

Michael Heilbronn aus Kanada, ein Neffe von Cilly Heilbronn, Hamburger Straße 9, besuchte in den 60er Jahren Bad Segeberg. Ich habe später Briefe mit ihm gewechselt. Mitte der 80er Jahre begannen wir, aktiv Überlebende einzuladen. Nachdem uns 1986 bereits Max Erwin Levy besucht hatte, kam 1988

Rabbiner Tsevi Weinman aus Jerusalem, Enkel von Moritz Steinhof, zur Einweihung unserer Gedenktafel am Platz der ehemaligen Synagoge. Beim Besuch des Hauses Lübecker Straße 12, in welchem sein Großvater gelebt hatte, war er den Tränen nahe. 1989 reisten *Jakob Groß und sein Vater* nach Segeberg, beide aus Jerusalem, um das Haus der Tante Rieke Levin in der Hamburger Str. 35 zu besuchen.

Alice Calder geb. Baruch, Tochter von Siegfried Baruch, Kurhausstraße 31, kam mit ihrem Mann Roy 1996 aus San Rafael in den USA nach Bad Segeberg. Schon Anfang der 90er Jahre hatten sie eine Einladung vom Hamburger Senat zu einem Besuch der Hansestadt erhalten. Die Eheleute haben damals „aus familiären Gründen" abgesagt – das war eine Ausflucht. Nach Deutschland zurückkehren, in das Land, das die ganze Familie und deren Existenzgrundlage zerstört und alle ihre Glieder verfolgt, verjagt und getötet hatte? Auch Alices Vater Siegfried starb in einer Gaskammer. Nein – dort hätten sie nichts mehr zu suchen, meinten sie damals.

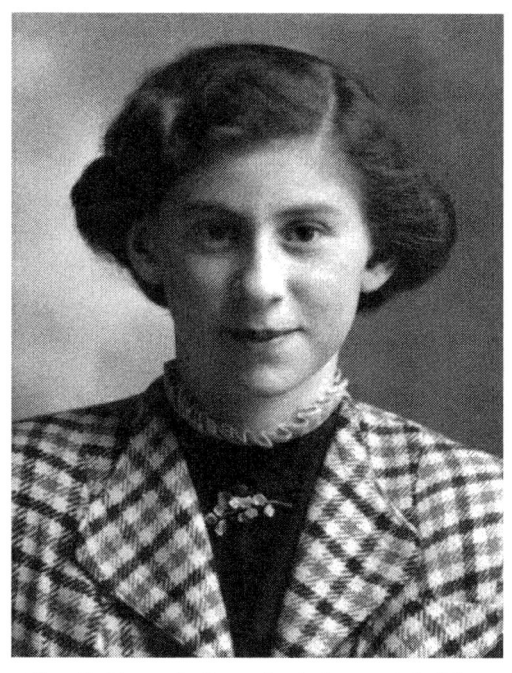

Alice Calder geb. Baruch als junges Mädchen.

Dann kam die zweite Einladung nach Hamburg. Erneut gab es zu Hause erregte Debatten. Schließlich überwog das Heimweh. Und so fuhren die Calders vom 6. bis 11. August 1996 nach Hamburg. Da Alice nun Bad Segeberg nahe war, traute sie sich einen Besuch in der Kalkbergstadt zu. Ihre in Segeberg geborenen Eltern waren früh nach Hamburg gezogen. In den Ferien war Alice aber oft bei ihrer Großmutter Klara Baruch, ab 1926 bei Tante Sally. Wir arrangierten hier ein Programm für sie und ihren Mann: einen Stadtrundgang auf den Spuren der Geflohenen, Besuch des jüdischen Friedhofs sowie des zweiten christlichen Friedhofs mit Gräbern von Israeliten (Emil Waldemar Selig, Louis Goldstein bei seiner Tochter Bertha Schmidt), ein feierliches Essen, Empfang im Rathaus durch den Bürgermeister. Am bewegendsten war der

Besuch des Hauses Kurhausstrasse 31, ihres Vaters Geburtshaus, der koscheren Pension ihrer Großeltern. Nach Rückkehr in ihre jetzige Heimat schrieb mir Alice, sie möchte Mitglied in unserem Verein werden. Dabei fragte sie, woher wir ihr hübsches Jungmädchenfoto in unserem Stadtführer hätten? Es sei ihr unbekannt, Kinder und Enkel wären begeistert darüber. Ich bekam es von Alices Tante Gerda Norden geb. Baruch in London.

Zu diesen rund zwanzig Nachkriegsbesuchern kamen vor einem Jahrzehnt noch einige *ehemalige Ferienkinder*, darunter im November 1991 *Gershon Netzer*, früher Gerd Pommerantz, aus dem Kibbuz Hukok in Israel. In den 20er und frühen 30er Jahren hatten Kinder eine vier- bis fünfwöchige Kur im „Sidonie Werner-Heim" der Bismarckalle machen können. Auf unsere Anzeigen hatten sich weltweit etwa dreißig gemeldet, viele über 80 Jahre alt und nicht mehr reisefähig. Ihre Antwortbriefe waren rührende Zeichen der Anhänglichkeit an unseren Kurort, aber auch voll trauriger Erlebnisse. So erinnerte sich einer an das Schild am Großen Segeberger See, wenige hundert Meter vom Kinderheim entfernt: „Baden für Juden verboten". *Heinz Feldblum* war eines dieser Ferienkinder. Er gab sich in Israel den Vornamen David. Im Juni 1992 besuchte er uns. Er war als Dreizehnjähriger 1932 zur Kur im Jüdischen Kinderheim und hinterließ ein stimmungsvolles Gedicht über den Großen Segeberger See.

Unser Verein ist inzwischen zur Anlaufstelle für suchende Nachfahren geworden. Die Gäste erweitern unsere Kenntnisse über das Leben ehemaliger jüdischer Familien in Segeberg. Angesagt hat sich u.a. der Gesandte *Dr. Rudolf Agstner* aus Wien, der uns mit seiner Mutter besuchen will. Er gehört zur Familie Seligmann aus der Lübecker Str. 29. Im Frühjahr 2000 fragte er im Hamburger Staatsarchiv nach dem Grab seiner Vorfahren Hesekiel und Sarah Seligmann, verstorben 1873 und 1874. Von dort verwies man ihn an mich – der fragliche Stein steht auf dem Segeberger Friedhof.

Frau Professorin *Miriam Gillis-Carlebach*, Tochter des ehemaligen Altonaer Oberrabbiners Dr. Joseph Carlebach, die in Israel lebt, lernte ich 1986 auf meiner zweiten Israel-Reise kennen. Zu Zeiten von Bürgermeister Jörg Nehter hatte die Stadt Bad Segeberg die schleswig-holsteinische Kulturwoche auszurichten. Dr. Nehter bat mich, der Stadt eine/n dafür geeignete/n Referenten/in zu nennen. Ich fragte Frau Gillis-Carlebach, und sie sagte zu. Ihr Vater war verantwortlich für die holsteinischen Gemeinden in Altona, Rendsburg, Glückstadt, Friedrichstadt, Elmshorn und Segeberg, und dessen Einsatz vor und nach 1933 stellte sie uns vor Augen. Die Besuche dieser Zeitzeugen haben neben unseren Recherchen dazu beigetragen, die jüdische Vergangenheit wieder lebendig zu machen.

30. Schüler reden mit den von Hitler Verfolgten

Allen Juden in der Welt galt Hitlers Haß. Ausnahmen bestimmte er allein, z.B. beim General-Feldmarschall Erhard Milch, oder beim jüdischen Arzt seiner Mutter Dr. Bloch. Alle anderen wurden verfolgt und größtenteils umgebracht. Seither sind zwei Generationen vergangen. Wenn die Heranwachsenden konkrete Anschauungen über die Shoah erhalten sollen, muß man ihnen Begegnungen mit Überlebenden vermitteln. Wenige der Betroffenen leben noch. Seit anderthalb Jahrzehnten haben wir daher arrangiert, daß alle von uns eingeladenen Referenten außer ihrem Abendvortrag für unsere Vereinsfreunde auch an einem Vormittag in eine hiesige Schule kommen. In einer Doppelstunde berichten sie aus ihrem eigenen Erleben, diskutieren mit den Jugendlichen und beantworten deren Fragen. Jeder Referent hat sich dieser Aufgabe gestellt. So können wir Weichen stellen, daß junge Menschen nicht zu Antisemiten werden.

Seit 1985 haben vier- bis fünftausend Schülerinnen und Schüler ab der 9./10. Jahrgangsstufe solche Stunden erlebt. Vielen sind sie unvergeßlich geblieben, wie ich immer wieder erfahre. Auch in Schul- und Konfirmandenstunden ohne Gäste, die ich mit eigenen Dias gestaltete, oder bei ungezählten Stadt- und Friedhofsführungen habe ich Jugendliche mit dem Segeberger Judentum und seiner Geschichte vertraut gemacht. An vielen Schülerstimmen in unserer Mitgliederzeitschrift *SCHALOM* sowie in unserem Gästebuch erkennt man die Wirksamkeit dieser Arbeit.

Den Anfang machte *Moritz Hammes* mit einem Bericht über unseren damals 83jährigen Gast Guyla Trebitsch aus Hamburg, Film-Produzent und -Regisseur. Er drehte u.a. so bekannte Streifen wie „Des Teufels General" und „Der Hauptmann von Köpenick". Moritz im *SCHALOM* 1/97 in Auszügen: „Gebannt dem Bericht folgend, erfuhren die Gymnasiasten von der alptraumartigen Leidensgeschichte des Mannes, der ihn über die Zwangsarbeit in eine Kupfermine, über das KZ Sachsenhausen in ein Lager bei Rostock führte. Auf 45 Kilo abgemagert, habe er dann die Befreiung durch die Amerikaner im KZ Wöbbelin erfahren. Trebitsch: ‚Das Leben muß man vorwärts leben, es verstehen dagegen rückwärts.' Als er nach seinem Bericht von einem Schüler gefragt wurde, wie er seine Freilassung durch die Besatzer erlebt hätte, begann er davon zu erzählen. Nach wenigen Minuten konnte er nicht mehr weitersprechen – Wasser stand in seinen Augen. Das schreckliche Erleben von damals holte ihn wieder ein. Mehr als hundert Schülerinnen und Schüler des 13. Jahrgangs im Städtischen Gymnasium hielten ihren Atem an, kein Laut und keine Frage kam auf.

Nach einigen Minuten sprach Trebitsch weiter. Ergriffen beendete der Schulleiter die Stunde, obwohl er eigentlich noch Wichtiges bekannt machen wollte."

Im *SCHALOM* 2/97 hat der Lehrer *Manfred Neumann* diese Arbeit mit Schülern so beschrieben: „Wann immer Nachdenken über Vergangenes, Klären des Gegenwärtigen, mutiger Entwurf des Künftigen, wann immer dialogische Geschichts- und Religionspädagogik gefordert wird, bietet sich Friedrich Gleiss als Vermittler an. Er kommt nicht mit leeren Händen, nicht mit Phrasen. Er füllt Schulräume mit Leben. Er ahnt, was Jugendliche fragen wollen und spürt, wie es in diesem Moment beantwortet werden kann. Sein Engagement führt Zuhörer und Vortragende zusammen. Auch am 14. Februar 1997 in der Dahlmann-Schule war zu beobachten, wie Friedrich Gleiss aus einem Funken ein Feuer entfacht, von dessen Glut alle zehren können. Gleiss tut nicht Dienst, er erweist einen Dienst, wenn er gefordert wird.

So war es für ihn auch an jenem Freitag selbstverständlich, den Gast des Vereins, Egon Kornblum aus Essen, 1918 geboren, in die Schule zu begleiten. Gleiss war inzwischen rund fünfzig Mal mit über 300 Jugendlichen und mehr als 600 Erwachsenen auf dem jüdischen Friedhof. Etwa dreißig Mal zeigte er in Doppelstunden Dias über die jüdische Gemeinde Segeberg. Mehr als 700 junge Lernende wurden so über das Judentum unterwiesen."

Im *SCHALOM* 3/97 schrieb *Kim Hellmann*, 9. Hauptschulklasse im Schul-Zentrum Segeberg, über Professor Ben Chanan aus Berlin: „Gleich, als ich Herrn Ben Chanan zum ersten Mal sah und reden hörte, wußte ich: das ist ein Mensch, wie es sie viel mehr auf dieser Welt geben sollte. Er machte uns mit jedem Wort nachdenklicher. Niemand von uns hat das Recht, zu sagen, daß er nichts mit diesem Verbrechen zu tun habe. Auch wenn ich und andere damals nicht dabei waren – wir sind es, die verhindern können, daß es irgendwann in unserer eigenen Zukunft noch einmal so viele sinnlose Tote gibt wie in der Hitlerzeit."

Christoph Bertram aus Norderstedt schrieb in derselben *SCHALOM*-Ausgabe: „Wir Leistungskursler des Faches Geschichte im Lise Meitner-Gymnasium besuchten auf Anraten der Mutter einer ehemaligen Mitschülerin Herrn Gleiss, der uns einen Einblick in das Schicksal der ehemaligen jüdischen Gemeinde Segeberg gab. Aber nach wie vor gibt es (Un)Menschen, die etwa durch vorsätzliche Aktionen gegen Grabsteine auf dem Jüdischen Friedhof für ein gefährliches Wiedererwachen dieser Zeit sorgen. Wir hoffen, es gäbe mehr Menschen, die so aufopferungsvoll für die Rechte der Minderheit kämpfen."

Nele Sperner, Klasse 7a der Realschule schrieb über meine Friedhofsführung im *SCHALOM* 4/99: „Wir finden es wichtig, daß es Gedenkstätten gibt, und darüber zu reden, damit es uns nicht passiert, Mitmenschen anderer Rassen oder anderen Glaubens zu diskriminieren." Zuletzt berichtet *Jan Brauer* aus dem 12. Jahrgang im Städtischen Gymnasiumim im S*CHALOM* 5/2000 über einen Besuch von Gerda Hoffer aus Jerusalem (s. S. 129), die der Frauenolle im Judentum nachging: „Wenn die komplette Oberstufe gefesselt und gebannt einer Frau zuhört, dann muß diese Frau etwas ganz Besonderes zu erzählen haben. So war es jedenfalls am Mittwoch, dem 20. September 2000 bei Gerda Hoffer ... Israel sei im Gegensatz zu England sehr viel ehrlicher und offener, nicht so schrecklich höflich. Erst hier habe sie ihren Charakter gefunden und Sachen tun können, zu denen sie Lust habe. In Israel brauche sie keine Angst zu haben. ‚Dieses Land ist immer für mich da.'" (Sie meinte die Angst vor Judenverfolgungen. Das war vor der zweiten Intifada, F.G.)

Nicht alle Äußerungen sind hier verzeichnet worden. Aus den wiedergegebenen Stimmen ist sicher erkennbar, wie notwendig diese Begegnungen sind und welche positiven Wirkungen sie bei den Heranwachsenden haben.

31. Jüdisches Segeberg - eine Ausstellung wirkt und wandert

1996/97 hat ein Arbeitskreis des Vereins Exponate für eine Ausstellung zusammen- und hergestellt. Ursprünglich hatten wir an zwölf Tafeln gedacht, inzwischen sind es 25 geworden. Deren Inhalt soll hier beschrieben werden. Zunächst enthalten zwei Rahmen tabellarische Zeitabläufe der Jüdischen Gemeinde Segeberg vom Anfang des 18. Jahrhunderts bis 1945. Dann werden antijüdische Erlasse des Nazi-Regimes (in Auswahl - es waren rund 2.000) ihren Wirkungen in Segeberg gegenübergestellt. In die Exponate sind neben erläuternden Texten Fotos und Dokumente eingearbeitet.

Eine erste Themengruppe führt uns die wichtigsten jüdischen Familien und Betriebe in der Kreisstadt vor: Adolf Levy, Kaufhaus, Kurhausstraße 9; Leo Baruch, Kaufhaus, Kirchstraße 1-3; Emil Waldemar Selig, Rechtsanwalt und Notar, Klosterkamp 6; Moritz Steinhof, Kleinhändler, Lübecker Strasse 12; Ludwig Levy, Abdeckerei, Hamburger Straße 15/17; Adolph Labowsky, Textilien, Kirchstraße 26. Dann folgen die Pensionen Klara, später Sally Baruch, Kurhausstraße 31 und Sally Goldschmidt, Kurhausstraße 53 sowie der Bäcker Louis Goldstein, Große Seestraße 2.

In weiteren Exponaten geht es um gemeindliche und übergemeindliche Einrichtungen: die Synagoge Lübecker Straße 2; den Jüdischen Friedhof an der Kurhausstraße 81; das Jüdische Kinderheim, ab 1920 „Sidonie Werner-Heim" in der Bismarckalle 5, 11 und 21; das „Fachinstitut für Heil-, Störungs- und see-

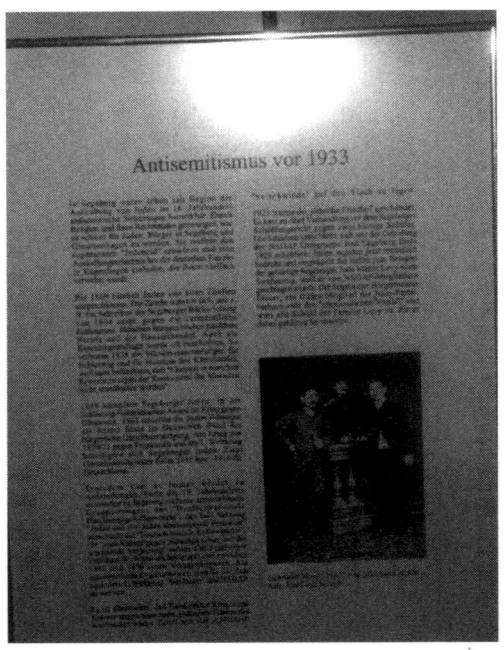

Vereins-Exponat „Antisemi-
tismus vor 1933" von 1998.
Foto von 1885, drei Brüder
Sali, Josef und Moritz Meier,
Hamburger Str. 3

lische Behandlung von Kindern und Jugendlichen" mit
30 Internatsplätzen unter
der Leitung von Direktor
Roman Bachmeier.

Die nächsten Rahmen zei-
gen Abbildungen jüdischer
Kunstwerke in Segeberg von
Ervin Bossanyi: den Brun-
nen am Schweinemarkt von
1928; das ehemalige Portal
der Imkerschule in der Burgfeldstraße, erneuert vor der
neuen Imkerschule am
Stadtausgang nach Hamburg; zwei Plastiken an der früheren Meierei in der
Hamburger Straße 14/16.

Dann folgen Dokumente, so der Abschiedsbrief der Suicidantin Friederike
Levy geb. Frank vom 9. Juni 1939 und ein Brief von Martin Levy aus Shanghai
von 1947 (vgl. „Zeitzeugen erinnern sich"). Es folgt eine Opferliste (noch
unvollständig) und eine graphische Darstellung der Fluchtwege Segeberger
Juden in alle Welt. Unser Stadtführer „Jüdisches Segeberg – *mehr* als ein Stadtführer" von 1997 mit 44 Illustrationen wird vorgestellt (wir verkauften bisher
über 700 Exemplare), dann die Arbeit unseres Vereins und viele unserer pro-
minenten Gäste.

Mit einem festlichen Rahmenprogramm – Prof. Ole Harck aus Kiel referier-
te über Jüdisches Familienleben, eine Band spielte Klezmer-Musik, sang und
begleitete uns mit jiddischen Liedern, Bürgermeister und Vereinsvorsitzender
sprachen – wurde die Ausstellung am 18. Januar 1998 vor vollem Saal eröffnet.
Die Exponate hingen im Neuen Rathaus bis zum 27. März 1998. Aus hiesigen
Schulen (Ober-, Real- und Hauptschulen, Kreisberufsschule, Schul-Zentrum)
kamen in den neun Ausstellungswochen 53 Klassen mit weit über 1.000
Schülern und -innen. 36 Klassen habe ich persönlich eingeführt. Viele Besucher haben sich in unserem täglich ausliegenden Gästebuch geäußert und mit
Namen eingetragen, junge ebenso wie erwachsene. Rund 1.400 Eintragungen

finden sich! Nach meinen täglichen Beobachtungen dürften insgesamt 3.000 bis 4.000 Besucher, oft von weither, dort gewesen sein. 40 junge Rekruten kamen aus Heide mit ihrem Militärpfarrer. Das Echo auf unsere Darstellungen drückt sich in den Sätzen der Besucher aus. Manche Betrachter, auch Jugendliche, sind mehrmals ins Rathaus gegangen.

Der erste Eintrag im Gästebuch vom 18. Januar 1998 wirkt fast wie eine Überschrift: „Das Heil kommt von den Juden." Die mir bekannte Schreiberin zitiert hier das Neue Testament, Johannes 4,22. Eine Schülerin bemerkt am 21. Januar 1998: „Ich finde es wichtig, den Gustav Frenssen-Weg umzubenennen. Wie kann es geduldet werden, wenn eine Straße in Bad Segeberg nach einem Mann benannt wird, der die NS-Herrschaft verherrlichte? Vorschlag: Jean Labowsky-Strasse."

Ein Besucher äußerte am 23.Januar 98: „Es ist unbegreiflich, daß trotz der Fakten so viele Unbelehrbare unter uns leben. Vielleicht dient auch diese Ausstellung dazu, ihnen neue Einsichten zu vermitteln." Der Schreiber ist zuversichtlich, daß unsere Aktion Veränderungen von Vorurteilen bewirken kann. So konstatiert eine Schülerin: „Es ist gut, daß man mehr über das jüdische Leben in Segeberg erfährt." Ein Erwachsener drückt das am 26. Februar so aus: „Es war sehr eindrucksvoll, bewegend und erschütternd. Schade, daß man erst jetzt so viel über die jüdische Gemeinde in Segeberg erfährt, die ein Teil von uns war."

Viele Besucher sprachen Dank und Bewunderung aus. Für sie alle schrieb am 18. Februar Prof. Dr. Gerhard Paul, Institut für schleswig-holsteinische Zeit-

Stein des Anstoßes: Gustav Frenssen-Weg in Bad Segeberg, benannt nach dem die Nazis verherrlichenden Heimatdichter

und Regionalgeschichte in Schleswig: „Meine Anerkennung für Ihre gelungene und eindrucksvolle Ausstellung!" Ein Plöner Besucher unterstreicht das am 2. März: „Der Wert dieser Ausstellung liegt für mich in der genauesten Aufklärung der Einzelfälle und der Vermeidung von Verallgemeinerungen." Die Eintragungen sind ambivalent: „mit dem Gefühl der Trauer und der Scham" sagt einer am 4. Februar. Dagegen ein Schüler am 27. Februar: „Schön, daß wir hier sein durften. Wir wären am liebsten gar nicht mehr gegangen." Dr. Michael Krupp aus Jerusalem schreibt am 6. März: „Tief beeindruckt von der gründlich vorbereiteten und gut dargestellten Dokumentation einer reichen jüdischen Vergangenheit in Bad Segeberg und zum tragischen Ende." Ein Schüler der 10. Hauptschulklasse im Segeberger Schul-Zentrum rief uns am 13. März zu: „Wichtige Erinnerungsarbeit – tragt sie weiter in die Bevölkerung!"

1998 verzeichnete unser Verein Mitgliederzuwachs: zwanzig Neue kamen, die Gesamtzahl wuchs auf 120. Auch außerhalb des Gästebuches äußerten sich Jugendliche in unserem Mitteilungsblatt *SCHALOM* zu den Exponaten (vgl. den vorigen Aufsatz). Eine kleine Begebenheit im Rathaus mag diese Stellungnahmen einleiten. Eine Segeberger Sextanerin saß vor einem Rahmen und machte eifrig Notizen in ein großes Heft. Ich fragte sie, ob sie einen Schulaufsatz schreiben soll. „Nein", gab sie mir zur Antwort, „ich bin so schlecht in Religion und möchte mich verbessern". Ich habe ihr spontan unseren Stadtführer geschenkt (*SCHALOM* 2/98).

In der *SCHALOM*-Ausgabe 3/98 kamen sechs Schülerinnen und Schüler der 7c des Städtischen Gymnasiums zu Wort. Exemplarisch die „persönliche Ergänzung" der 7. Klässlerin *Stefanie Wieck*: „Meine Urgroßmutter besuchte Friederike Levy in der Hamburger Straße 15/17 oft, mußte aber immer schnell in den Eingangsflur huschen, weil der Eingang regelmäßig fotografiert wurde. Friederike schenkte unserer Familie eine chinesische Bonbonniere, die jetzt bei meiner Großtante steht. Oma wusste noch, dass Friederike kurz vor ihrem Freitod am 9. Juni 1939 einen Fluch ausgesprochen hat: die Kinder und Kindeskinder derjenigen, die mir das angetan haben, mögen für immer verflucht sein. Mein Vater wußte noch, daß Bad Segeberg eine Hochburg der NSDAP war."

Aus der Parallelklasse 7c der Dahlmannschule schrieben im *SCHALOM* 4/98 insgesamt 21 Schüler mit anderen aus der 9c: „Christen begannen früh mit der Verfolgung der Juden. Sie suchten Sündenböcke für jegliche Vergehen. Im zweiten Weltkrieg nahmen die Deutschen den Juden alles weg, zwangen sie ins KZ oder brachten sie zum Selbstmord. *Katharina Ratke, Jule Meissner*" „Wir finden/fanden die Verfolgung der Juden gemein, weil jeder Mensch ein Recht auf ein friedliches Leben hat und gleich gewertet werden sollte." (*Mona Loose, Katharina Ignatov, Nicole Zanger, Caroline Schulze*)

Lehrer des Städtischen Gymnasiums machten sich bei einer Projektwoche die noch laufende Ausstellung zunutze. Die Eltern wurden animiert, ins Rathaus zu gehen. Darüber schreibt ein Vater, *Jochen Hamann* aus Rotenhahn im SCHALOM 5/98: „Ich bin geborener Segeberger. Es hat mich sehr betroffen gemacht, mit den Machenschaften der Nazis ,vor der eigenen Haustür', im ,eigenen Lebensbereich' konfrontiert zu werden. Zu erfahren, wie auch in unserer scheinbar so beschaulich harmlosen Kleinstadt aus Dummheit, Rassismus oder des eigenen Vorteils wegen die Vertreibung und Vernichtung jüdischer Menschen und Bürger betrieben wurde. Heute, in einer Zeit, in der Menschen, die in Not nach Deutschland flüchten, schon wieder diskriminiert und angegriffen werden, ist so eine Ausstellung besonders wichtig."

Nach den neun Segeberger Wochen sind unsere Exponate im Raum Holstein gewandert: ins Städtische Gymnasium Segeberg (2 Wochen), ins Jüdische Museum Rendsburg (6 Wochen), zur Holstenschule Neumünster (4 Wochen), in die IGS Trappenkamp (3 Wochen), in die IGS Bargteheide (4 Wochen), zu zwei Tagungen in die Ev. Akademie Bad Segeberg (2 Wochen), in die Hauptschule Bornhöved (2 Wochen). Das waren bisher 32 Wochen. Demnächst wird sie längere Zeit in der Segeberger Jugendbildungsstätte „Mühle" gezeigt werden. Aus Eutin, Ahrensbök, Hamburg und Hannover wurde sie angefordert.

Pastorin *Margitta Melzer*, damals in Wahlstedt, schrieb im SCHALOM 5/98: „Es bedarf nicht immer einer weiten Reise, um Vertrautes mit anderen Augen zu sehen. Das erfuhr ich anläßlich eines Rundganges durch das nahe gelegene Bad Segeberg. Dieser Stadtbummel ist ein besonderer, denn er führt zu Stätten der ehemaligen jüdischen Gemeinde. Unverzichtbar für die Entdeckung dieser Spuren ist der vom Verein zum Schutz des Jüdischen Friedhofs in Segeberg herausgegebene Stadtführer ,Jüdisches Segeberg'. Von mir früher kaum wahrgenommene Häuser erzählen plötzlich Geschichte. Ich erfahre von den Menschen, die hier einmal lebten, ihr Brot verdienten und ihre Religion pflegten. So etwa vom ,fliegenden Landhändler' Moritz Steinhof, der sich stark in der Gemeinde engagierte. Immer wieder gelang es ihm, die erforderlichen zehn Männer zum Gottesdienst zu versammeln – bei einer Gemeinde von knapp hundert schon ein Kunststück! Auch Skurriles findet sich: etwa die Geschichte von einem, der viele Spiegel anbrachte, um jeden vorüberkommenden Passanten auf den am Haus vorbeiführenden Straßen persönlich begrüßen zu können.

Ich erfahre Beschämendes: Während die Geschäftsfrau Emma Baruch ihren Mann beerdigte, wurden Steine auf den Trauerzug geworfen, und das schon 1930. Sie selbst wurde später in Theresienstadt ermordet. Ich erfahre aber auch Beeindruckendes. Unter der Vorsitzenden des ,Israelitisch-humanitären Frauenvereins zu Hamburg', Sidonie Werner, wurde in Segeberg ein Kinder- und Müttererholungsheim eröffnet. In der Großküche mit 200 Plätzen wurde koscher gekocht, christliches Personal jedoch mit anderer Kost versorgt. Gelebte religiöse Toleranz im Alltag!

Auf den Spuren dieser und weiterer Familien erwanderte ich mir die Einsicht, daß ein Nebeneinander verschiedener Religionen eine Bereicherung darstellt, die sicher nicht konfliktfrei ist, aber doch zugleich die weite Welt mit ihren Wegen zu Gott abbildet. Ich stieß dabei auch an das mitunter schmerzende Rätsel, warum sich Menschen unterschiedliche Wege suchen. Und doch scheint mir nicht so wichtig, dieses Rätsel lösen zu wollen, als vielmehr diese Unterschiedenheit zu akzeptieren. Es geschieht in der Hoffnung, daß Gottes Liebe umfassender ist, als die verschiedenen Religionen und wir alle zu diesem Gott der Liebe unterwegs sind.

Durch diesen Stadtrundgang nahm ich eine Lücke in meiner unmittelbaren Umgebung wahr. Sie entstand, weil ein Nebeneinander verschiedener religiöser Überzeugungen nicht ausgehalten werden konnte. Und da macht es sogar Sinn, wenn diese Lücke nicht sofort geschlossen wurde – wie etwa nach dem Abriß der Synagoge 1962. Nur so kann uns Jüngeren diese Verarmung, gewiß nicht nur für das Stadtbild, bewußt werden. Und dafür ist dem Segeberger Verein zu danken."

Der Verfasser bei einer Stadtführung mit Schülern am 13. März 2001

32. Manfred Neumann: Gedenktafeln für 55 Ermordete

Segeberg am Samstag, den 6. Januar 2001, 11.00 Uhr. Markt in Segeberg. Wir sind im neuen Jahr. Small talk ist angesagt. Zur selben Zeit: Bürgervorsteher Bruno Haaks und Bürgermeister Udo Fröhlich gestalten den Jahresempfang der Stadt. Jeder Gast wird einzeln begrüßt. So dauert es eben eine Weile, ehe ich an der Reihe bin.

Nun bin ich dran. Ich werde so angesprochen, daß ich mich willkommen und angenommen fühle. Ich habe eine Empfindung: Die Veranstalter sind mit ihren Gedanken bei der Sache.Sie sind vorbereitet. Sie arbeiten Hand in Hand. Hier wirkt ein Team. Small talk?

Haaks ist in schlichter, spürbar freundlicher Art in eben diesem Moment auf Empfang eingerichtet, Fröhlich hingegen nutzt den kurzen Augenblick des obligatorischen Händeschüttelns zu einem informell-informativen Gespräch über Dinge, die uns beide im vergangenen Jahr beschäftigt haben und uns wohl auch weiter miteinander im Gespräch und in Aktionen binden werden. Er ist auf Sendung. Er sagt: „Die Gedenktafeln werden einen Platz in der Öffentlichkeit bekommen! Das Bauamt hat Ideen entwickelt und mögliche Standorte benannt. Diese Ideen werden etwas bewegen. Und: Eine gute Hand bei den Dingen, die Sie verwirklichen wollen, Herr Neumann!"

Eigentlich könnte ich nun gehen. Genau das wollte ich doch wissen: Was, bitte, macht die Stadt mit dem Geschenk, das ihr am Tag der Shoa, am neunten November des vergangenen Jahres überreicht wurde? Ich habe soeben aus verläßlicher Quelle und ohne danach gefragt zu haben erschöpfende Klarheit erhalten: Die Vertreter der Stadt sind sich darin einig, daß die fünf Messingtafeln nicht in den Amtsstuben des Rathauses bleiben sollen.

Nun ist es bald so, wie von vielen Segebergern seit langer Zeit gewünscht und von einigen mit Eifer betrieben: Die Stadt unternimmt ihren Versuch, die Würde der 55 Menschen jüdischen Glaubens wieder herzustellen, die in den zwölf Jahren des deutschen Elends vertrieben, gequält und ermordet wurden. In jahrelanger, mühsamer und liebevoller Kleinarbeit hatten Friedrich Gleiss, Torsten Mußdorf und andere über Sprachgrenzen hinweg und Ressentiments hinaus Recherchen in der ganzen Welt angestellt und bezahlt, um nach dem Verbleib dieser Menschen zu forschen, die für die Segeberger ja Nachbarn, Vereinskameraden oder Arbeitskollegen gewesen waren. Im Archiv unseres Vereins befindet sich ein etwa einhundert Seiten umfassender Schriftverkehr zwischen der Stadt und dem Kreis Segeberg, dem Land Schleswig-Holstein, der

Jüdischen Gemeinde Hamburg und dem Verein zum Schutz des Jüdischen Friedhofs in Segeberg allein zu den Fragen um einen passenden Text und einen geeigneten Platz für ein Mahnmal. Das Ergebnis dieser Gedankenarbeit war bislang jenes Schild, das vor dem Platz der Segeberger Synagoge steht. Im Inhalt und in der Form ist es der – zumindest bescheiden zu nennende – Ausdruck eines Minimalkonsenses. Betroffene Betrachter vermißten an dieser Stelle die Namen der Opfer. Daß es eines anderen Inhalts und einer anderen Form für die Darstellung eines allseits bekannten, gleichwohl komplexen historischen Sachverhalts bedurfte, war auch jenen bewußt, die sozusagen nur en passant, eben als Passanten an der Tafel vorbeikamen. Wie dringend dieses Bedürfnis nach Korrektur war, läßt die Tatsache erahnen, daß die Geldgeber für die Herstellung der fünf Messingtafeln innerhalb von drei Stunden gefunden werden konnten.

Bei diesen Menschen, die wachen Auges durch Bad Segeberg gehen, bedanke ich mich für ihre spontane Bereitschaft, ein Zeichen zu setzen!

Manfred Neumann

Nachsatz

Seit über fünfzehn Jahren habe ich in den Archiven der Welt die Spuren der verschwundenen jüdischen Bürger ausgegraben und sichtbar gemacht. Dabei hat sich von Jahr zu Jahr immer genauer ihr bedrückender Lebensweg abgezeichnet. Weit mehr als die Hälfte dieser Schicksale endete im gewaltsamen Tod – *55 Morde* an ehemaligen Segebergern sind inzwischen nachgewiesen bei weniger als neunzig Gemeindegliedern aller Altersstufen.

Manfred Neumann ist schon jahrelang Vorstandsmitglied des Vereins zum Schutz des jüdischen Friedhofs und zum Kennenlernen des Judentums. Er hat im Namen hiesiger Juden fünf Messingtafeln mit den 55 Namen der Stadt gestiftet. Mit seiner Aktion vom 9. November 2000 hat Manfred Neumann dafür gesorgt, die Namen der Opfer festzuhalten. Wir danken ihm für seine mutige Idee.

Friedrich Gleiss

Maria Alexander geb. Michalowitz
Berman Baruch
Emma Baruch geb. Katz
Selly Baruch gen. Sally
Siegfried Baruch
Anna Beer geb. Baruch
Ernst Beer
Gisela Beer
Gittela Beer
Lea Beer
Samuel Beer
Rosa Behrend geb. Seligmann
Leopold Bornstein
Helene Dürkop geb. Goldschmidt
Minna Engel geb. Meier
Theodor Engel
Frieda Epstein geb. Dachauer
Alice Frankenthal
Sally Goldschmidt
Charlotte Gurwitsch geb. Baruch
Cäcilie Heilbronn
Gertrud Katzenstein geb. Michalski
Margaretha Labowsky
Walter Labowsky
Rieke Levin geb. Frankenthal
Ella Levy
Ernst Levy mit Frau und zwei Kindern
Frieda Levy
Friederike Levy geb. Frank (Suizid am 9.6.1939)
Ludwig Levy jun. mit Frau und Sohn
Martin Levys Frau mit Tochter
Paula Levy geb. Baruch verw. Brandl
Elsa Löwenstein geb. Baruch
Bernhard Meier
Josef Meier
Mathilde Meier geb. Löwenthal
Max Moddel
Alice Reyersbosch geb. Baruch
Liselotte Rosenmann
Recha Saalfeld geb. Levin
Emil Waldemar Selig (Suizid am 14.5.1934)
Gustav Seligmann
Jacob Seligmann
Martin Seligmann
Recha Seligmann
Dina Steinhof geb. Kleve
Moritz Steinhof
Paula Steinhof
Selma Steinhof

Quellen zum Schicksal der Segeberger Juden

a) Monographische Darstellungen

Joseph **Carlebach**, Ausgewählte Schriften, 3 Bände, Hildesheim 1982 und 2002; Naphtali **Carlebach**, Joseph Carlebach and his generation, New York 1959; Hermann **de Castro**, Über die Emanzipation der Juden in Schleswig-Holstein, Hamburg 1836; Adam **Czerniakow**, Im Warschauer Getto, Tagebuch 1939-1942, München 1986; Nikolaus **Falck**, Geschichte und Verfassung der Juden in S.H., Kiel 1832; Harry **Goldstein** (Bearbeiter), Die jüdischen Opfer des Nationalsozialismus in Hamburg, Deportiertenlisten der jüd. Gemeinden, Staatsarchiv Hamburg 1965 (zitiert als **Deportiertenlisten**); Hermann **Hagenah**, Segeberg, Deutsches Städtebuch Band I, 1939; Marion **Kaplan**, Die jüd. Frauenbewegung in Deutschland 1904-1938, Hamburg 1981; Walter **Kasch**, Segeberg in alten Ansichten, o.J.; Hans **Siemonsen**, Segeberg in neun Jahrhunderten, 1984; Alfred Udo **Theobald** (Hrg.), Der jüdische Friedhof, Karlsruhe 1984; Horst **Tschentscher**, Als Juden Segeberger Bürger wurden, C.H. Wäser Segeberg 1981; ders., Juden im Segeberger Bürgerbuch, Familienkundliches Jahrbuch S.H. 1981; Willi **Victor**, Die Emanzipation der Juden in S.H., Hamburg 1913; S. Ph. **de Vries**, Jüdische Riten und Symbole, Wiesbaden 1981; Oskar Jeshaia **Wolfsberg-Aviad**, Die Dreigemeinde (Altona, Hamburg, Wandsbek), München 1960; Hugo **Wulff**, Seebarg, de Stadt vun'n Middelstand, o.J.; Miriam **Gillis-Carlebach**, Jedes Kind ist mein Einziges, Lotte Carlebach-Preuß, Antlitz einer Mutter und Rabbiner-Frau, Hamburg 1992

b) Archive, Institute, Dokumentationen, Zeitschriften

Internationaler Suchdienst Arolsen; Opfer der Verfolgung der Juden unter der nationalsozialistischen Gewaltherrschaft in Deutschland 1933-1945, Bundesarchiv Koblenz, 2 Bände, 1986 (im Text: Gedenkbuch); Schl. holst. Landesarchiv Schloß Gottorf; Institut für die Geschichte der deutschen Juden, Hamburg; Yad Vashem, The Holocaust martyrs and heros remembrance authority, Jerusalem; The central archives for the history of the Jewish people, Jerusalem; Bibliothek „Germania Judaica", Köln; Segeberger Zeitung, Verlag C.H. Wäser, Bad Segeberg; Segeberger Grundbuchamt, Katasteramt und Stadtarchiv; Segeberger Adreßbuch von 1928; Jubiläumsschtift des Kirchenkreises Segeberg „Kirche im Travebogen", 1984; Die jüdischen. Gefallenen des deutschen Heeres, der Marine und der Schutztruppen, Berlin 1932; Statistische Jahrbücher des deutsch-israelitischen Gemeindebundes 1885-1933, im Besitz von Adolf Diamant, Frankfurt; Jahrbücher (Kalender) der jüdischen Gemeinden Schleswig Holsteins und der Hansestädte, Jahrgänge 1928-1938; Führer durch die jüdische Gemeindeverwaltung und Wohlfahrtspflege in Deutschland, Berlin 1932/33 (darin Fritz Bär, Der Ursprung der Chewra Kadisha, 1929); Jüdische Zeitschriften des 19. und 20. Jahrhunderts in Berlin, Frankfurt/Main, Kassel, Leipzig, Hamburg, vor allem Jüdisches Nachrichtenblatt und Jüdische Rundschau, Berlin; Sammlung Sidonie Werner im Leo Baeck-Institut New York; Zeitschrift für Demographie und Statistik der Juden, Berlin 1925; Dokumentation des Jüdischen Friedhofs Segeberg, 1989, Stadtarchiv Segeberg, Hrg. F. Gleiss; Segeberger Ratsprotokolle und Kirchenbücher; Congress Library Washington

c) Briefwechsel

zwischen Oberrabbiner Dr. Joseph Carlebach, Altona und Sidonie Werner, Segeberg; Anni Paape geb. Witte und Flora Schochat geb. Steinhof, Tel Aviv; Martin Levy und Konrad Harder, 1947 aus Shanghai; dem Verfasser und Yad Vashem, Jerusalem, allen oben genannten Instituten sowie Einzelpersonen: die Nachlebenden Rolf Alexander und seine Söhne, Martin Heilbronn, Frieda-Zippora Weinman geb. Steinhof, Gerda Norden geb. Baruch, H.Z. Bornstein, Alice Calder geb. Baruch, Max Erwin Levy s.A, Abraham Seligmann u.a. Außerdem mit den Kundigen: Miriam Gillis-Carlebach, Tel Aviv; Dr. Ole Harck, Kiel: Anna und Shlomo Marcus, Beer Sheva; Eli Rothschild, Tel Aviv; Joseph Walk, Jerusalem; Oberrabbiner Dr. Joseph Weiß aus Altona, Zürich

Zeittafel jüdischen Lebens in Segeberg

1738 stirbt der erste urkundlich erwähnte Jude Segebergs Claus Schnack

1739 stellen Levin Heydelbrun und Bendix Siemon einen Ansiedlungsantrag und erhalten

1744 Bürgerrecht

1747 erwirbt Carsten Heilbron Haus und Grundstück Lübecker Straße 2

1755 kauft Levin Joel Wessel das Grundstück und erhält Bürgerrecht

1792 Friedhof und Sterbegilde gegründet durch Moses Moses

1820 Gieschenhagen nach Segeberg eingemeindet

1840 Holsteinische Ständeversammlung lehnt Judenemanzipation ab

1842 Weihe der Segeberger Synagoge Lübecker Straße 2

1849 Ansiedlungsgesuche von 16 Juden genehmigt

1853 Petition der jüdischen Gemeinden Altona, Elmshorn, Glückstadt, Rendsburg und Segeberg zwecks „Gleichstellung der Israeliten mit ihren christlichen Mitbürgern" von der Ständeversammlung abgelehnt

1863 Holsteinischer Emanzipationserlaß - der letzte in Europa

1866 Gemeindevorstand verweigert Oberrabbiner Ettlinger Gehaltszulage

1867 Segeberg wird Kreisstadt

1869 Sabbat-Ordnung der Stadt Segeberg

1875 Bau des Leichenhauses auf dem Jüdischen Friedhof

1879 Kindervogelschießerverein gegründet (mit Adolf Levy)

1885 Kurhaus eingeweiht. Badeanstalt am Großen See gebaut (Brüder Levy). Sigmund Freuds Braut Martha Bernays kurt hier.

1886 Martha Bernays erneut zur Kur in Segeberg

1892 Solbad Segeberg A.G. gegründet. Ludwig Levy im Aufsichtsrat

1899 Erster Vertrag der jüdischen Gemeinde mit der Solbad A.G. zwecks Vorkaufsrecht für eine Friedhofserweiterung

1902 Städtisches Gemeinde- und Schulregulativ für die israelitische Gemeinde (judenfeindlich)

1908 Jüdisches Kinderheim Bismarckallee gegründet

1910 Beginn des Bachmeier-Instituts in der Marienstraße 37

1911 Kauf Bismarckallee 21 durch den „Israelitisch-humanitären Frauenverein zu Hamburg"

1913 Neumünsters Juden nach Segeberg eingemeindet

1917 35 Juden Klein Niendorfs einbezogen; Kauf Bismarckallee 11

1918 Kauf Bismarckallee 5 durch den Hamburger Verein. Eingemeindung aller Juden im Kreis Segeberg

1920 Bismarckallee 5 heißt „Sidonie Werner-Heim" (16. März)

1924 Segeberg wird „Bad"

1925 Dr. Joseph Carlebach, Altona wird Oberrabbiner für Holstein

1927 135. Stiftungsfest der Sterbegilde in der Pension Baruch. Sidonie Werner gründet in Wyk auf Föhr ein Tbc-Kinderheim.

1933 30. Januar Fackelzug für Hitler. 2 jüdische Geschäfte geplündert. 1. April reichsweiter Boykott gegen alle Juden

1934 Selbstmord von Rechtsanwalt Selig. 2. Vertrag der jüdischen Gemeinde mit der Solbad A.G.: Vorkaufsrecht am Friedhof

1937 Kommunale Eingemeindung Klein Niendorfs

1938 Reichspogromnacht, u.a. Schändung der Synagoge

1939 Friederike Levy begeht am 9. Juni Selbstmord

1945 Jean Labowsky Stadt-Direktor

1954 Ankauf Lübecker Str. 2 (ehemalige Synagoge) durch die Stadt von der „Jewish Trust Corporation" London

1962 Abriß der baufälligen ehemaligen Synagoge (Lübecker Straße 2)

1980 Beginn der Nachforschungen nach Segeberger Juden durch den Verfasser

1986 11./12. März besuchte Max Erwin Levy, Enkel von Adolf Levy, Segeberg. Er starb 1988 in Frankfurt/Main.

1987 Erste Publikation von F. Gleiss: Juden in Segeberg 1700-1945 im Heimatkundlichen Jahrbuch für den Kreis Segeberg 1987

1989 19. April Gründung des „Vereins zum Schutz des Jüdischen Friedhofs Segeberg und zum Kennenlernen des Judentums"; Dokumentation der jüdischen Gräber (im Stadt-Archiv)

1998 Januar bis März Ausstellung im Neuen Rathaus: „Jüdisches Segeberg". 25 Exponate. 53 Segeberger Schulklassen kamen

2000 9. November: Manfred Neumann übergibt 5 Messingtafeln mit den eingravierten Namen von 55 ermordeten Segeberger Bürgern namens hiesiger Juden der Stadt. Der Verein von 1989 erforschte ihre Namen.

Namensverzeichnis

Rose geb. Abraham gen. Rös-
chen 70, 79
Rose geb. Behrend 150
Sophie geb. Baruch gen. Rose
72, 73
Toni 44, 46, 129, 191, 192,
205, 206
Liebmann, Amalie geb. Joseph 74
Lienau, Magda geb. Voß 131
Lindau, Gretel 52
Lion, Händel (Hindel) geb.
Wolf 71
Hannchen geb. Moses 70
Lehmann 62, 71
Löwenstein, Elsa geb. Baruch
43, 162, 173, 175, 191, 193,
198, 201, 219
Lohmann, Hartwig 186
Lohse, Hinrich, NSDAP-Gau-
leiter 186
Loose, Mona 214
Lorenz, Ina 115
Louven, Astrid 188
Lucht, Kurt 184, 185
Lütje, Adolf 29
H.Chrsitian 138
Lund, Hans 40, 205
Luther, Martin 186

Maaß, Harry 60, 120
Wilma 120
Magnus, C.F. + C.S. 84, 85
Mahlau, Alfred 121
Mai, Auguste geb. Baruch 41,
203
Malone, Emmy 35
Maltzahn, von 57
Marcus, Alexander 70
Anna 220
Josef Alexander, Dr.med. 70
Sahra 70
Shlomo 220
Maser, Werner 189
Medow, Gerhard 202
Meier, Abraham(auch Meyer)
64, 65, 69, 79, 169
Aron 70
Bernhard 45, 191, 219
Joseph (Josef) 45, 96, 191,
212, 219
Juda 79
Karl 166, 174, 203
Levin 72
Levy 66
Levy gen. Lede 27, 40, 44, 45,
72, 75, 92-96, 135, 158, 163,
168, 169, 187, 191, 193, 195,
205
Margarete geb. Meier 93
Marianne geb. Samuel 72
Mathilde geb. Löwenthal 44,
45, 53, 93, 96, 169, 189, 191,
205, 219
Meier 72, 75, 168

Moritz 212
Sali 45, 212
Samuel gen. Semmi 96
Sophie geb. Heilbronn 72, 75
Vogel geb. Juda 69, 79
Meili, Wilhelm 88
Meißner, Jule 214
Melcher, Ernst 174
Melzer, Margitta 215
Meyer, Burchard 25
Charlotte geb. Matthias 79
Meier 72, 75, 168
Michmann, Pastor 139
Milch, Erhard, Generalfeldmar-
schall 209
Milz, Leon 152
Moddel, Max 27, 45, 156, 189,
219
Mohl, Waldemar von 171
Mordhorst, Adolf, Bischof 178
Moses 69, 78, 221
Moses, Eleasar 63, 69, 78, 79,
139
Hane geb. Lazarus 71
Hanna 71
Hannchen geb. Wulff verw.
Herzberg 71
Moses 23, 78, 137/8, 139, 221
Seligmann 147
Therese geb. Hirsch 71
Wolff Moses 71
Wulff 23
Müller, Anna geb. Goldstein 44
Ludwig, Reichsbischof 179,
180, 184
Waffen- 48
Wolfgang 23
Müller-Hellwig, Alen 141
Mußdorf, Torsten 8, 91, 134,
150, 164

Nachmann, Nathan 45
Nathan, Ari Ben 62, 79
Nehter, Jörg, Bürgermeister 127,
196, 208
Netzer, Gershon 208
Neufeld, Siegfried 152
Neumann, Manfred 8, 210,
217, 218, 221
Norden, Gerda geb. Baruch 43,
162, 173, 175, 191, 193, 198,
201, 206, 208, 220

O., Anna 34
Oepke, Albrecht 103
Oppenheimer, P. 159, 164

Paape, Anni geb. Witte 220
Panofsky, Hans 87
Pappenheim, Bertha (Anna O)
34, 109, 110, 111
Paul, Gerhard 9, 213,
Paulsen, Adalbert, Landesbi-
schof 179, 185, 186, 188

Peperkorn, Johannes 179, 180,
186
Peters, Hans 116
Petersen, Georg 150
Hans 194
Pfeiffer, Egon 77
Philipp, Erich 144
Plambeck, Johannes Friedrich
Ludwig, Bürgermeister 19,
29, 54-58, 86, 87, 91, 151
Podinsky, A. 159
Pommerantz, Gerd 208
Prehn, Wolfgang, Propst 183
Preminger, Moses 159
Osias 159
S. 159
Preuß, Charlotte verh. Carle-
bach 38
Prüss, F.M. 143
Puhl und Wagner 122

Quaatz, Kurt 132

Rabe, Werner 185
Rachmann, Josef 73, 81
Ratke, Katharina 214
Redeker, Martin 184
Rehn, Johann August von 129
Reichstein, Joachim 96,113
Reick, Hedwig geb. Gießing 172
Reyersbosch, Alice geb. Baruch
43, 162, 173, 175, 191, 193,
198, 201, 219
Rickert, Lina 131, 200
Riemann, Familie 513
Rönck, Hugo 186
Rohe, M.K. 125
Rohwedder, Werner 146
Rosenbom, Jona Hermann 73
Rosenmann, Hedwig geb. Levy
192
Liselotte 192, 219
Rosenthal, Peter 73
Rosin, Friedel 35, 45, 130
Rotermund, Robert, Propst 180,
181
Rothschild, Eli 220
Rosziko 124
Rueder, Adolf L. 142

Saager, Erhard 202
Saalfeld, Georg 41
Recha geb. Levin 219
Sach, Gustav 165
Sackenreuter, Gaswagenfahrer
181
Salomo, Jochebed 69, 80
Samuel, Friedchen 69
Samuel, Rabbi 70
Scharnweber, Richard 186
Scheuerer, Rudolf 197/8
Schirach, Baldur von 184
Schmidt, Bertha geb. Goldstein

Abbildungsverzeichnis

Segebergs jüdischer Friedhof von 1792

Lübecker Str. 2, Bad Segeberg